LE PHÉNOMÈNE

DANS LA MÊME COLLECTION

THEMA Θέμα **THEMA** Θέμα **THEMA** Θέμα **THEMA** Θέμα

LE PHÉNOMÈNE

sous la direction de
Laurent PERREAU

PARIS
LIBRAIRIE PHILOSOPHIQUE J. VRIN
6 place de la Sorbonne, Paris Vᵉ
———
2014

© *Librairie Philosophique J. VRIN*, 2014
Imprimé en France

ISSN 1772-631X
ISBN 978-2-7116-2580-2
www.vrin.fr

AVANT-PROPOS

Chaque volume de la collection « Thema » propose une approche pluraliste d'une notion susceptible d'être mise au programme des enseignements de philosophie générale. Il consiste dans un ensemble limité de contributions vouées chacune à l'analyse et à l'interprétation d'un moment significatif de l'histoire philosophique de cette notion. Afin d'éviter la dispersion des connaissances et d'ouvrir un accès aux doctrines mêmes, aux questions originales qu'elles soulèvent et aux profondes transformations qu'elles font subir à la notion, chaque volume consacre à ces seuls moments forts de larges exposés rédigés par des historiens de la philosophie spécialisés dans l'étude d'une période ou d'un auteur.

Ce volume est consacré au concept de phénomène. Les études rassemblées se proposent de contribuer à son intelligence en revenant sur quelques uns des moments les plus marquants de son histoire, sans prétendre à l'exhaustivité.

L'ouvrage s'inaugure par deux études de philosophie antique. Arnaud Macé restitue tout d'abord la problématique séminale du phénomène, telle qu'elle s'élabore chez les présocratiques (Homère, Anaxagore, Parménide) et chez Platon. Si le phénomène désigne généralement « ce qui apparaît », il est tentant d'y découvrir la révélation d'une réalité dissimulée. C'est d'ailleurs tout le sens de la formule d'Anaxagore, qui fait du phénomène une « vision du non-manifeste ». Cependant, dire cela, c'est aussi courir le risque d'en faire un simulacre, une pure apparence dénuée de tout fondement. La philosophie de Platon se situe dans le droit fil de cette problématique, qu'elle dépasse en un certain sens. C'est désormais la différence entre deux types de phénomènes qu'il convient de penser : d'une part, les corps et les actes qui se manifestent à nos sens, d'autre part, les unités intelligibles perçues par l'âme. À travers ce partage, la philosophie platonicienne tente de préserver à la fois la réalité de ce qui se manifeste et la transcendance de ce qui s'y affirme, toute la difficulté étant de savoir établir les justes rapports de l'un à l'autre.

Baptiste Bondu étudie ensuite la question du phénomène dans l'école stoïcienne. Le stoïcisme se distingue par la primauté gnoséologique reconnue à l'apparaître : toute connaissance commence avec l'observation des phénomènes. Il en résulte une remarquable analyse technique de l'apparaître lui-même en tant qu'apparaître, où la notion d'« impression appréhensive » joue un rôle cardinal. L'impression appréhensive a ceci de spécifique qu'elle recueille la plus parfaite coïncidence entre l'être et l'apparaître du phénomène. Elle constitue un critère précieux pour distinguer différents types d'impressions et différents modes de connaissances attachées aux phénomènes (pensée, imagination, phantasme, etc.). Le débat ouvert avec le scepticisme discute précisément cette conception.

À la période dite « classique » de l'histoire de la philosophie, certaines problématiques, centrales dans l'Antiquité, se reconfigurent, tandis que de nouvelles apparaissent. En témoigne exemplairement l'article de Delphine Bellis consacré à la philosophie cartésienne des phénomènes. Les définitions nouvelles de la métaphysique et de la philosophie naturelle modifient conjointement la donne. D'une part, dans le registre de la métaphysique, Descartes montre qu'il est possible de réduire le phénoménal à un état mental subjectif délié de tout corrélat objectif. Il fait ainsi la démonstration de l'existence de l'activité de la pensée dans la constitution de tout phénomène : le phénomène n'est pas un pur spectacle. D'autre part, c'est désormais depuis une certaine conception métaphysique de la nature comprise comme chose étendue qu'il faut envisager ce qui s'offre à l'expérience sensible. On doit pouvoir à la fois rendre compte de nos perceptions correctes des choses, ainsi que de nos erreurs, en montrant que les phénomènes ne sont que les effets visibles des causes mécaniques. Parce qu'ils relèvent de la géométrie naturelle et de la *mathesis* qui est à l'œuvre dans la nature, les phénomènes deviennent des objets physiques à part entière et, par suite, des objets de la science physique.

En guise de contrepoint, la contribution de Luc Peterschmitt revient sur le phénoménisme de Berkeley. Selon son principe cardinal, « *existere est percipi* » : une chose existe si et seulement si elle est perçue. L'auteur souligne l'importance de la question de l'ordre phénoménal pour la constitution de l'objectivité de la réalité. Il analyse avec précision les difficultés rencontrées par la théorie de Berkeley : le problème de l'unité de la chose perçue, la question de sa « publicité » (le fait qu'elle puisse être reconnue comme telle par tous), celle enfin de sa persistance par-delà le moment de sa perception actuelle.

L'idéalisme allemand a profondément renouvelé l'approche philosophique des phénomènes. François Calori rappelle à cet égard le rôle décisif joué par le criticisme en explicitant la définition kantienne du phénomène comme « objet indéterminé d'une intuition empirique ». Kant ne se contente pas d'établir la sensibilité comme unique source de donation pour la pensée. Il montre aussi et surtout que le phénomène, en tant qu'objet, est à la fois donné dans les formes *a priori* de la sensibilité (l'espace et le temps) et soumis aux catégories et principes de l'entendement. Dans le phénomène, nous trouvons l'occasion de constituer une objectivité théorique légitime. Cependant le phénomène demeure la chose *telle qu'elle nous apparaît* et c'est là seulement ce que l'on peut en connaître : la chose en soi demeure inconnaissable. La remarquable promotion gnoséologique du phénomène opérée par Kant ne va pas jusqu'à remettre en cause la dénivellation ontologique entre l'être et l'apparaître.

En un certain sens, Hegel compose avec le legs de la philosophie kantienne en déplaçant le site même de la réflexion conduite sur les phénomènes. Comme le souligne Olivier Tinland, Hegel réfère l'apparaître à une « idéalité objective ». C'est ainsi parce que la réalité est à la fois objective *et* idéelle que l'on peut en avoir l'expérience et qu'il y a phénoménalité. Les phénomènes forment l'expérience que nous avons de la réalité parce que celle-ci est en elle-même phénoménale. Le moment de l'*Erscheinung* fait ainsi l'objet d'une double interprétation. D'un côté, il s'y découvre le processus d'idéalisation du réel, le développement de l'idée absolue. De l'autre, la conscience finie s'y révèle à même de faire l'expérience de la réalité en tant qu'ensemble de phénomènes, dans le dépassement de la réalité finie, contingente et particulière, et vers le dégagement de structures rationnelles effectives, nécessaires et universelles.

Concernant la période contemporaine, Laurent Perreau examine la redéfinition du concept de phénomène opérée par la phénoménologie husserlienne. Celle-ci a fait du « phénomène » son thème d'élection en se concevant comme analyse descriptive et eidétique des vécus de la conscience intentionnelle. Cette approche du phénomène doit beaucoup à la théorie de l'intentionnalité, d'origine brentanienne, qui caractérise l'acte de conscience comme rapport à l'objet « visé ». Mais elle est aussi largement tributaire de la réflexion continue de Husserl sur ce qu'il peut être dit de spécifiquement « phénoménologique » à propos des phénomènes. Les différents registres sous lesquels le programme phénoménologique s'est trouvé réalisé (phénoménologie « pure », phénoménologie transcendantale, idéalisme transcendantal), donnent ainsi lieu à différents réinvestissements méthodologiques et ontologiques. À travers ces étapes, la phénoménologie nous « apprend à voir » les phénomènes sous un jour nouveau, à tout le moins d'un œil neuf.

Enfin, la contribution de Vincent Bontems est consacrée à la philosophie de G. Bachelard. Informée des développements historiques de la science physique, cette dernière voit dans le phénomène le produit d'une construction à la fois théorique et expérimentale. L'examen de la physique classique et de ses procédures d'approximation montre comment le sens du phénomène est réinvesti par la construction des concepts scientifiques, laquelle détermine ce qui est « observable » du phénomène. La prise en compte de la théorie de la relativité modifie cette première conception. Elle permet de situer le phénomène entre le noumène (ou structure algébrique) et sa production technique (la « phénoménotechnique ») pour le comprendre comme une « relation de relations ». Ultimement, Bachelard met en regard de cette rationalisation scientifique du phénomène un tout autre rapport à la phénoménalité, à la fois sensible et imaginaire.

D'HOMÈRE À PLATON :
LA RÉALITÉ DU PHÉNOMÈNE

Le phénomène est un concept issu de la pensée présocratique : la première occurrence du terme que nous connaissions apparaît chez Anaxagore, au pluriel – τὸ φαινόμενα, « les phénomènes »[1]. Il apparaît à la faveur d'une réflexion sur la façon dont les choses s'offrent à l'expérience que l'on peut en faire, sur la façon dont elles se montrent. Le phénomène, c'est ce qui apparaît, par rapport à ce qui n'est pas manifeste, à ce qui est resté caché. Depuis Homère, la culture grecque archaïque offre une riche exploration des différentes couches de ce qui se donne à voir des êtres et des choses, à travers leurs traits physiques, leurs actes et leurs paroles. Or le phénomène s'avère avoir ainsi sa surface et sa profondeur, avec des choses qui paraissent facilement, et d'autres plus profondes, qui ne se montrent que peu à peu, voir qui ne se montrent pas directement, mais viennent se manifester dans les couches les plus immédiates du phénomène. Ainsi la grâce d'un esprit vient-elle scintiller dans la douceur de la parole, l'élégance des gestes, l'allure d'une démarche.

Avec cette profondeur, il s'avère que le phénomène est donc capable de devenir l'apparition de quelque chose qui ne se montre pas, de quelque chose de non manifeste : l'apparition dans un ordre de réalité de quelque chose qui le dépasse et le transcende, comme lorsqu'un dieu se fait connaître aux hommes et donne ainsi de lui un « phénomène ». Telle est du reste l'étrange formule avec laquelle Anaxagore introduit le concept : « les phénomènes sont la vision du non-manifeste » – le phénomène donne à voir quelque chose

---

1. Anaxagore, fr. B 21 a de l'édition de H. Diels et W. Kranz, *Die Fragmente der Vorsokratiker : griechisch und deutsch*, Berlin, Allemagne, Weidmann, 1951.

qui ne peut pas se voir. Or le risque de cet étrange pouvoir du phénomène, c'est qu'il en vienne à se faire le simple fantôme de cette réalité à laquelle nous n'avons pas accès : une simple image, un simulacre, un φάντασμα. La question du phénomène se trouve donc ouverte par le paradoxe suivant lequel il constitue ce qui se présente de prime abord, ce qui se montre, tout en s'ouvrant sur une distance qu'il prétend pourtant combler : une immanence travaillée par une transcendance, un mode de présence de quelque chose de résolument absent, au risque de n'en être plus qu'un simulacre.

Nous présenterons l'exploration du phénomène telle qu'elle s'est déployée dans les poèmes homériques et la façon dont les penseurs présocratiques en ont perçu la profondeur et pressenti les risques inhérents. Nous considérerons ensuite la théorie platonicienne du sensible et de l'intelligible comme une façon d'approfondir l'exploration présocratique du phénomène, en préservant à la fois la réalité de ce qui se présente immédiatement dans le phénomène et la transcendance de ce qui s'y donne.

D'HOMÈRE À GORGIAS : L'APPARITION DU PHÉNOMÈNE

Ce fut une apparition : ce qui ne reste pas dissimulé

Le terme « phénomène » est dérivé du participe présent passif du verbe grec φαίνω, très courant dans la poésie grecque de l'époque archaïque. La signification de la forme active est proche de celle du français « je fais paraître », « je manifeste » ou « je montre » ; la forme médio-passive, φαίνομαι, signifie « je parais », « je me manifeste » ou « je me montre ». Une scène du premier chant de l'*Iliade* fournira un exemple de son usage. Il s'agit de la querelle entre Agamemnon et Achille. Au paroxysme de leur affrontement verbal au milieu de l'assemblée des Achéens, qui buttent depuis de si longues années devant Troie, Achille est tenté de sortir son épée pour tuer le chef de l'expédition grecque. Héra, qui protège les deux héros, dépêche Athéna pour s'interposer :

> Elle s'arrête derrière le Péléide et le saisit par sa chevelure blonde, se montrant à lui seul (οἴῳ φαινομένη) : aucun des autres ne la voit.

Achille est surpris, puis il se retourne, et, aussitôt, il reconnaît Pallas Athéna[1].

L'événement dont il s'agit est l'apparition d'Athéna, qui choisit de ne révéler sa présence qu'à Achille, tandis qu'elle reste invisible pour les autres protagonistes de la scène. Cette apparition est saisissante. Elle est ce par quoi la déesse se fait connaître, reconnaître par celui qu'elle choisit. La façon qu'à un dieu de paraître est particulière – elle traduit une volonté délibérée de lever le voile qui dissimule d'ordinaire la présence divine aux yeux des mortels et la capacité de le faire de manière sélective. On mesure à quel point cette apparition de la déesse n'est pas une simple apparence, au sens d'une vision éventuellement trompeuse de ce qui pourrait être autre chose en réalité : elle est bien plutôt ce par quoi la déesse se fait activement connaître, elle-même, telle qu'elle est. Le phénomène n'est pas l'apparence de quelque chose qui pourrait se montrer autrement, il est ce par quoi une présence se fait sentir et s'atteste, au lieu de ne pas se montrer, de se réserver, de se dissimuler.

Cette dimension est palpable dans d'autres phénomènes que ceux de la divinité, ainsi ce que l'on pourrait appeler, avec Théognis, les phénomènes de l'amitié :

> Je ne veux point d'une amitié toute en paroles, je la veux aussi agissante ; qu'on accoure avec le double appoint de son bras et de sa fortune ; qu'au lieu de m'enjôler devant le cratère avec de vains discours, on me montre, si l'on peut, le bien que l'on sait faire (ἀλλ᾽ ἔρδων φαίνοιτ᾽, εἴ τι δύναιτ᾽, ἀγαθόν)[2].

Que paraissent donc les preuves, les actes, attestant le bien que l'on sait faire – au lieu que l'on s'en tienne aux mots. Là encore, le phénomène n'est pas l'apparence trompeuse de ce qui pourrait être autrement en réalité, mais au contraire la traduction effective de ce qui ne doit pas rester lettre morte ou rester en retrait. L'opposition à laquelle nous avons affaire n'est pas ici entre la réalité et ce qui la travestirait en offrant d'elle une image fallacieuse, mais entre ce dont on pourrait craindre que cela ne se montre pas et ce qui comble cette distance pour

---

1. *Iliade*, I, v. 197-200, nous traduisons le texte de T. W. Allen, *Homeri Ilias*, Oxford, Clarendon press, 2000 [1931], désormais abrégé *Il.*
2. *Théognis*, I, v. 979-982, texte et traduction de J. Carrière, Collection des Universités de France.

se montrer effectivement. Le phénomène, ce n'est pas l'apparence de l'amitié, c'en est au contraire la preuve espérée.

Quelques dérivés de ce verbe en confirment encore le sens. Prenons le cas de l'adjectif φανερός, qui signifie qu'une chose est « manifeste », « visible », ou même « illustre », ou de l'adverbe φανερῶς qui permet de désigner les choses faites « ouvertement », « au grand jour ». Celui qui agit ainsi voit ses actions attestées de tous. C'est la défense que Xénophon utilise contre l'accusation d'impiété faite à Socrate. Il a toujours agi aux yeux de tous, ouvertement :

> En premier lieu, lorsqu'ils prétendent qu'il ne reconnaissait pas les dieux que la cité reconnaît, sur quel témoignage se sont-ils donc appuyés ? En effet, on le voyait (φανερὸς ἦν) bien faire souvent des sacrifices chez lui, souvent aussi sur les autels communs de la cité, et il était bien visible aussi qu'il avait recours à la divination [1].

Ce qui se montre se signale à tous et s'oppose ainsi à ce qui serait resté clandestin, caché, dissimulé, dans l'ombre où l'impiété aurait pu croître. Le phénomène est ce qui se montre en s'arrachant à l'obscurité. Certains événements célestes, ainsi lorsque les astres parviennent à s'extraire de la nuit qui les entoure pour briller jusqu'à nous, manifestent tout particulièrement cette dimension. La Lune, telle que la décrit Parménide, illustre d'autant mieux cette idée qu'elle est caractérisée par un adjectif, lui aussi dérivé du verbe φαίνω·

> Une lumière d'emprunt, brillante dans la nuit (νυκτιφαὲς), errante autour de la Terre [2].

La Lune paraît dans la nuit et ceci est d'autant plus remarquable qu'elle ne tient pas sa luminosité d'elle-même, comme l'indique Parménide – c'est la première fois que nous trouvons en Grèce l'évocation du fait que cet astre tient sa lumière d'un autre astre [3]. C'est ce qui

---

1. *Mémorables*, II, 2, trad. V. Azoulay et P. Pontier, dans A. Macé (éd.), *Choses privées et chose publique en Grèce ancienne. Genèse et structure d'un système de classification*, Grenoble, Millon, 2012, Xénophon A 16.

2. Parménide, fr. B 14 dans l'édition de H. Diels et W. Kranz, *Die Fragmente der Vorsokratiker, op. cit.*

3. Cette compréhension serait une étape décisive dans l'explication de certains phénomènes célestes, comme l'éclipse, expliquée à partir de l'interposition. Certains attribuent cette découverte à Parménide, voir D. W. Graham, « La lumière de la lune dans la pensée grecque archaïque », dans A. Laks et C. Louguet (éd.), *Qu'est-ce que la*

permet à la Lune d'avoir des «phases», c'est-à-dire sa portion illuminée par le Soleil, pour reprendre un autre terme grec, φάσις, dérivé du verbe φαίνω. La phase des astres est le phénomène par excellence : ce qui fait apparition en s'arrachant à l'obscurité où elle aurait pu rester cachée.

Les couches du phénomène : traits corporels, discours et esprit

Quelle est l'extension du phénomène ? Quelles types de choses peuvent servir de phénomène à qui veut se montrer ? En ce qui concerne les dieux et les humains, il y a, dans les poèmes homériques, surtout deux types de phénomènes. Voyez ainsi la façon dont Arêtê, la reine des Phéaciens, femme d'Alkinoos, s'extasie devant Ulysse, qui vient de terminer son récit.

> Phéaciens, comment cet homme vous paraît-il être (φαίνεται εἶναι), sous l'espèce de la beauté (εἶδός), de la stature (μέγεθός), aussi bien que pour l'esprit (φρένας) droit qui est en lui ?[1]

Comment cet homme vous «paraît»-il être ? L'intérêt de la question d'Arêtê est aussi qu'elle déploie plusieurs dimensions de l'apparaître de l'homme : la beauté et sa taille, d'un côté, son esprit, de l'autre, qui est «en lui», et qui se révèle principalement, comme on en trouvera confirmation, par d'autres phénomènes encore, à savoir les actes et les paroles. Ulysse vient justement de cesser de parler : ses mots ont révélé son esprit et l'assistance peut ajouter à la beauté de ce qu'elle voit la beauté de ce qui ne se voit pas. C'est l'ensemble de ce paraître que la reine contemple, trouvant Ulysse beau aussi bien par son corps que par l'esprit qu'il vient aussi de faire connaître. Ce sont des compliments que l'on fera aussi à son fils Télémaque : Eumée dit ainsi espérer retrouver le père dans le fils, avec «ses traits et son admirable beauté (δέμας καὶ εἶδος ἀγητόν)», mais se demande pourtant si c'est un homme ou un dieu qui a affolé «l'esprit droit qui est en lui (φρένας ἔνδον ἐΐσας)»[2].

---

philosophie présocratique ? = What is presocratic philosophy ?, Villeneuve d'Ascq, Presses universitaires du Septentrion, 2002, p. 350-380.

    1. *Odyssée*, XI, v. 336-337, nous traduisons le texte de P. von der Mühll, *Homeri Odyssea*, Bâle, Helbing und Lichtenhalm, 1962, désormais abrégé *Od.*

    2. *Od.*, XIV, v. 177-178.

Il y a donc un phénomène du corps, avec sa beauté, ses dimensions, comme il y a un phénomène de l'esprit, avec sa droiture. Parmi ses phénomènes, les façons de se montrer doivent peut-être être différenciées. La stature, la carrure d'Ulysse se donnent à la vue, tandis que ce sont principalement les mots qui ont, semble-t-il, manifesté son esprit. La diversité de ces manifestations apparaît d'autant mieux lorsqu'il y a discordance entre les différentes parties du phénomène d'un même homme. Ulysse parcourt la variation de ces discordances en réponse à l'insolent Euryale, l'un des jeunes Phéaciens qui vient de le provoquer afin qu'il entre en lice au cours des jeux donnés en son honneur.

> Étranger, tu ne parles pas comme il faut, mais comme un homme insolent. Ainsi les dieux ne donnent pas tous les charmes à chacun des hommes : la beauté (φυὴν), l'esprit (φρένας), l'art de parler (ἀγορητύν)[1].

Ulysse parcourt tout ce qui peut paraître : la grâce du corps, celle de l'esprit, qui se manifeste dans la parole. Plusieurs combinaisons sont alors possibles, qu'Ulysse prend plaisir à énumérer avec application. Les dieux ont pu donner l'art de parler sans la beauté :

> L'un est un homme à l'apparence (εἶδος) plus médiocre,
> mais le dieu couronne ses mots de beauté (μορφὴν), et dès lors
> tous le regardent et se pâment, il s'adresse à la foule avec assurance,
> avec une douce réserve, il brille (πρέπει) au milieu des assemblées
> et lorsqu'il se promène en ville, ils l'admirent comme s'il était un dieu[2].

On peut fort bien briller sans être beau. La parole, qui s'entend mais ne se voit pas, reste une manière d'attirer néanmoins les regards sur soi et de se faire connaître à tous : elle est bien un phénomène. La combinatoire amène à envisager le cas inverse, où la beauté n'est pas accompagnée de la grâce du discours. On anticipe déjà qu'il va s'agir du cas d'Euryale, si l'on se souvient qu'il a été présenté comme le plus beau des Phéaciens après Laodamas[3] et que l'on ajoute à cela la réflexion qu'Ulysse vient de faire sur sa façon de parler.

---

1. *Od.*, VIII, v. 166-168.
2. *Od.* VIII, v. 169-173.
3. *Od.* VIII, v. 116-117.

L'autre, au contraire, de son côté, a une apparence (εἶδος) qui ressemble à celle des immortels, mais la grâce n'est pas tressée en couronne autour de ses mots. C'est ainsi que sur toi brille une beauté singulière (εἶδος μὲν ἀριπρεπές), telle qu'un dieu ne l'aurait pas mieux ouvragée, mais par l'esprit, tu es vide [1].

Les mots sont bien l'autre phénomène, à côté de l'apparence du corps. Ils sont ce par quoi s'atteste la plénitude ou la vacuité d'un esprit. Il y a donc là déjà deux formes de phénomènes à distinguer : le corps dont la beauté et la taille se donnent immédiatement à voir, l'esprit dont la droiture ou le vide se donnent à entendre par les mots. À chaque fois quelque chose se révèle à l'un de nos sens et se fait par là connaître. Est-ce que cette différence n'introduit pas pourtant le risque d'un écart ? Souvenons-nous que Théognis tenait à ce que l'amitié ne se paye pas de mots, mais se montrent en actes. Les mots sont-ils une manifestation fiable de l'esprit ?

Phénomène et apparence : le redoublement du phénomène

Les poèmes homériques nous livrent aussi des exemples de doute sur l'authenticité de ce qui se donne à voir. Ainsi lorsque Hector, le héros troyen, se moque de la beauté de son frère, qui est certes le plus beau (« εἶδος ἄριστε[2] »), et un beau coureur de jupons. Or, précise-t-il un peu plus loin, les Achéens doivent bien se réjouir…

…en supposant que l'homme qui marche au devant doit être valeureux (καλὸν), puisqu'il est beau (εἶδος ἔπ᾽), alors qu'en fait il n'a ni force ni vaillance en lui (βίη φρεσὶν οὐδέ τις ἀλκή)[3].

La beauté du corps – la chevelure, la beauté (III 55) –, ces dons qu'Alexandre a reçus d'Aphrodite, son talent à jouer de la cithare, tout cela ne le protégera pas, continue Hector, lorsqu'il roulera dans la poussière. Le phénomène immédiat d'Alexandre, sa belle apparence, dissimule sa faiblesse physique comme celle de son φρήν, ce cœur ou cet esprit, qui est sans vaillance. Il y aurait donc bien, dans les phénomènes, des apparences trompeuses. Est-ce pourtant bien exact ? Il y a quelque d'étrange dans façon dont Hector présente les choses.

---

1. *Od.* VIII, v. 174-177.
2. *Il.*, III, v. 39.
3. *Il.*, III, v. 44-45.

Pourquoi la beauté d'Alexandre, qui en elle-même est un phénomène tout à fait satisfaisant, serait-elle une apparence dissimulant autre chose ? Pourquoi devrait-on faire la supposition qu'Alexandre, parce qu'il est beau, devrait être fort et vaillant ? La force n'est pas moins physique que l'apparence, c'est simplement qu'elle ne s'atteste pas immédiatement : il faut voir le corps à l'œuvre pour avoir des phénomènes de sa force. De même, l'esprit ne se manifeste pas forcément immédiatement, mais sa vaillance pourra elle aussi se montrer en s'attestant par des actes. Bref, tout ce que nous voyons là, ce ne sont pas des apparences qui dissimulent des réalités, mais tout simplement le décalage entre deux formes de temporalisation de phénomènes tout aussi valables les uns que les autres : la beauté qui se donne à voir immédiatement, la force et la vaillance qui attendent qu'on ait vu le corps à l'œuvre. Le corps n'est pas ici moins caché ou moins profond que l'esprit : sa force, comme la vaillance de l'esprit, peut différer ses preuves et ne pas les montrer dès la première apparition.

La seule chose qui a pu constituer la beauté initiale d'Alexandre en mirage, c'est la supposition que la beauté se soit fait le lieu d'une promesse de vertu – comme si y on avait vu briller le phénomène de la vertu. Une telle chose semble pourtant être attendue. Ainsi lorsqu' Ulysse, à la fin de l'*Odyssée*, s'adresse à son père, alors qu'il ne s'en est pas encore fait reconnaître. Il commence par faire l'éloge de son jardin, bien tenu, puis déplore son vêtement négligé. Il note néanmoins que son corps est resté d'une digne apparence.

> à te regarder rien de servile ne transparaît (ἐπιπρέπει), ni dans la beauté, ni dans la taille [1].

Rien ne transparaît de servile dans la beauté et la taille de Laërte : la figure de style, sinon la logique, suggère qu'au contraire quelque chose de noble y paraît. La simple supposition que quelque chose de servile aurait pu y paraître – l'état négligé des vêtements amenait Ulysse à faire l'hypothèse d'une certaine négligence chez son père –, signifie qu'on en est venu à s'attendre à ce que la beauté et la taille se fassent ici le lieu d'un autre phénomène : que les vertus du cœur ou de l'esprit viennent s'annoncer dans la beauté et la grandeur du corps.

1. *Od.*, XXIV, v. 252-3.

La situation qui nous a amené à douter de certains phénomènes est donc plus complexe qu'il n'y paraît. Ce n'est pas le phénomène en soi qui est défectueux : ni le phénomène de la beauté, ni celui d'une vertu physique ou morale ne sont ici en cause, puisqu'ils savent venir attester de leur valeur chacun en leur temps. C'est leur conjonction qui donne lieu à un autre type d'événement : le fait qu'un phénomène serve de lieu d'apparition à un autre. La possibilité d'une illusion apparaît alors, lorsque l'emboîtement des phénomènes ne s'est pas produit comme on l'attendait : la beauté n'était pas le phénomène de la vaillance comme on a trop vite voulu le croire. Deux couches du phénomène sont susceptibles de se superposer et l'un peut servir de support à l'autre : voilà la complexité qui est à l'origine de nos erreurs, qui nous font prendre un phénomène pour autre chose que ce qu'il est, au risque d'en faire une apparence – alors que dans toutes les choses que nous avons examinées, corps, actes et paroles, il n'y a rien d'autre que des phénomènes, des choses capables de se montrer. Mais ils peuvent aussi être le support d'autres phénomènes, lorsque quelque chose s'annonce en eux, en plus d'eux-mêmes. La déception provient non pas du fait qu'ils soient de pures apparences, mais qu'ils entendent manifester plus qu'eux-mêmes, et que l'on peut soi-même se tromper sur ce qui s'y manifeste. La solution ne serait-elle pas de s'en tenir aux phénomènes ? Nous allons voir néanmoins que c'est le phénomène lui-même qui insiste pour donner voix à autre chose que lui-même.

Le phénomène et le non manifeste au Vᵉ siècle (de Parménide à Gorgias)

Approfondissons le problème qui est nous apparu avec la possibilité de faire d'un phénomène le lieu d'un autre phénomène, possibilité qui a ouvert celle que l'on se trompe sur ce qui se manifeste d'autre que lui-même dans un phénomène donné. Appelons ces phénomènes des phénomènes d'ordre second : des phénomènes redoublés, des phénomènes de phénomènes, ainsi le fait que la propriété d'un corps manifeste la valeur d'un esprit. La première occurrence dans un texte que l'on considère aujourd'hui comme « philosophique » du terme de « phénomène » est peut-être celle du fragment 21 a d'Anaxagore, où il est dit que « les phénomènes sont la vision de ce qui n'est pas manifeste (ὄψις ἀδήλων τά φαινόμενα)»[1]. C'est bien la double dimension du phénomène qui est ici visée : la capacité qu'ont les choses que nous voyons de manifester une autre chose qui ne se montre pas elle-même. Anaxagore réduit ici le phénomène à la vision – il y a des corps ou des actes dont nous pouvons prendre conscience par d'autres sens, ainsi les discours par l'ouïe – ou fait peut-être de la vision, par métonymie, l'exemplaire type de toute forme de perception. Il se pourrait que pour Anaxagore, les phénomènes résultent d'éléments qui échappent à nos sens : que les traits que nous voyons, la couleur des fleurs, les formes des arbres, résultent d'éléments microscopiques imperceptibles. Si les phénomènes manifestent une multiplicité de qualités, c'est parce que celles-ci sont contenues dans les corps microscopiques et divisibles à l'infini dont ils sont composés. Les qualités se « phénoménalisent » dans ce que nous voyons, mais ce faisant elles parviennent dans le champ de nos sens depuis une dimension qui excède celui-ci.

L'infiniment grand ou l'infiniment éloigné échappent aussi bien que l'infiniment petit à nos sens. Ainsi Gorgias, en passant en revue, dans l'*Éloge d'Hélène*, les différents pouvoir du discours, affirme « qu'il faut apprendre d'abord que les discours de ceux qui se penchent sur les choses d'en haut (τοὺς τῶν μετεωρολόγων λόγους), en supprimant ou produisant une opinion à la place d'une autre, font apparaître aux yeux de l'opinion les choses incroyables et non manifestes (τὰ ἄπιστα καὶ ἄδηλα φαίνεσθαι τοῖς τῆς δόξης ὄμμασιν ἐποίησαν)»[2]. Avec cette merveilleuse possibilité du discours de produire la manifestation de ce qui n'est pas manifeste, Gorgias insiste sur le fait que le discours est un lieu où paraît le phénomène. On pourrait y insister en déclinant tous les dérivés du verbe φαίνω qui servent à désigner des opérations qui ont lieu dans le langage, ainsi la « déclaration », φάσις, qui devient affirmation (κατάφασις) ou négation (ἀπόφασις), selon que l'on affirme d'une chose qu'elle est telle ou telle, ou qu'on l'infirme au contraire.

Cette reconnaissance du fait que le phénomène soit phénomène de ce qui se refuse à paraître, du non-manifeste, est néanmoins quelque peu inquiétante. Les merveilles que propose Gorgias pour illustrer les pouvoirs du discours laisse en effet craindre que l'on ne puisse pas

---

1. *Die Fragmente der Vorsokratiker : griechisch und deutsch, op. cit.*, fr. B 21a.
2. *Éloge d'Hélène*, 13, l. 2-5, nous traduisons le texte de Diels et Kranz dans l'édition déjà citée.

vérifier ce dont nous parlent ces gens qui ont fait des recherches sur la nature, examinant les objets célestes, trop éloignés de nous pour que nous puissions bien les percevoir, aussi inaccessibles que l'infiniment petit d'Anaxagore. C'est une crainte que l'on entend dans les conseils de méthode d'un médecin, probablement de la même époque que Gorgias, ou immédiatement ultérieur, à la fin du Vᵉ siècle. Il s'agit de l'auteur de l'*Ancienne Médecine*, précisément au moment où il récuse qu'on ait besoin, en médecine, de faire des « hypothèses », « comme on le fait pour les choses invisibles et douteuses (τὰ ἀφανέα τε καὶ ἀπορεόμενα) », car alors, il est nécessaire de « recourir à un postulat, comme c'est le cas pour les choses qui sont au ciel et sous la terre (περὶ τῶν μετεώρων ἢ τῶν ὑπὸ γῆν) » : or, dans ce cas, il n'y a pas moyen de vérifier si ces choses sont vraies ou ne le sont pas, car il n'y a rien sur quoi on peut s'appuyer pour les connaître véritablement[1]. Les choses non manifestes sont au-delà de nos capacités de perception – sous la terre ou dans le ciel. Nous ne pouvons pas vérifier si elles sont bien comme elles semblent se donner. Peut-être faudrait-il cesser de les faire paraître dans nos mots.

Le danger qui guette le phénomène en tant qu'apparition du non-manifeste, c'est qu'il devienne pur simulacre, φάντασμα, image devenue errante, fantôme coupé de son origine, qui n'atteste plus rien d'autre que lui-même. On peut faire l'hypothèse qu'en affirmant que les phénomènes sont la vision du non-manifeste, Anaxagore tente de conjurer un danger : celui qui était apparu dans le poème de Parménide. Ce dernier a en effet décrit le monde du mouvement, du chatoiement des couleurs et des formes que nos sens voient paraître, comme un pur fantasme mis en scène par le langage des hommes.

> Ce ne sera donc qu'un nom, toutes les choses que les mortels ont établies, convaincus qu'elles étaient vraies : venir au jour et disparaître, être et ne pas être, et aussi changer de place et manifester la variation de ses couleurs (διά τε χρόα φανὸν ἀμείβειν)[2].

Le phénomène, le miroitement de ses couleurs et le flux de ses mouvements, toutes ces choses, dont les mots des hommes sont

---

1. Hippocrate, *Tome II, Première partie, L'ancienne médecine*, éd. J. Jouanna, Paris, Les Belles Lettres, 1990, I, 3, p. 119, l. 4-11.
2. Parménide DK B 8, v. 39-41, nous traduisons le texte de H. Diels, et W. Kranz, *Die Fragmente der Vorsokratiker, op. cit.*.

remplis, tout cela, révèle la déesse de Parménide, ce ne sont précisément que des mots. Au fond, il ne faudrait rien chercher de plus dans nos mots et dans nos sensation que ce qui s'y trouve – un ballet de formes ne valant que par lui-même. Pour Parménide, tout ne s'arrête pas là, car une autre réalité peut nous être révélée, mais il faut pour cela, comme pour Achille, qu'une déesse vienne se montrer.

PLATON. PROLIFÉRATION DU PHÉNOMÈNE
ET TRANSCENDANCE DU NON-MANIFESTE

Corps et actes comme lieu de manifestation

Il faut revenir au niveau des corps et des actes pour voir ce qui, sur leur surface même, vient se montrer. Un texte de la *République* de Platon permet en effet d'affirmer que corps et actes sont, au même titre, des choses qui se prêtent à devenir les supports d'autres réalités, qui en viennent à se manifester en eux : ils en deviennent par conséquent les phénomènes.

> Et le raisonnement est le même en ce qui concerne le juste et l'injuste, le bien et le mal et toutes les autres Formes : chacune elle-même est une, mais paraît multiple en se manifestant partout en communauté avec les actes et avec les corps, comme aussi les unes avec les autres (τῇ δὲ τῶν πράξεων καὶ σωμάτων καὶ ἀλλήλων κοινωνίᾳ πανταχοῦ φανταζόμενα πολλὰ φαίνεσθαι ἕκαστον) » [1].

Les Formes de Platon : voici un nouveau type de choses dont il pourrait y avoir phénomène. Nous allons progressivement essayer de comprendre ce dont il s'agit. Dans le présent texte, Platon en nomme quatre, le juste et l'injuste, le bien et le mal, et ajoute que la liste serait encore longue. Il précise qu'à chaque fois il s'agit d'un réalité unique – la réalité même de l'être juste et de l'être injuste, du bien et du mal –, qui néanmoins peut se multiplier à travers ses manifestations dans les actes et dans les corps. La chose se complique aussi du fait que ces Formes peuvent se phénoménaliser en communauté les unes avec les autres : ainsi un acte habité par le bien sera-t-il aussi habité par le

---

1. *République*, 476a4-7, nous traduisons le texte de Burnet, Platon, *Platonis opera IV*, éd. J. Burnet, Oxford, Clarendon Press, 1902.

juste ? Plusieurs phénomènes de choses différentes pourraient donc cohabiter dans un même corps ou un même acte, en même temps qu'une même chose pourrait se phénoménaliser dans une multitude de corps et d'actes.

Pourquoi des corps et des actes ? Nous reconnaissons bien la matière même des phénomènes homériques. Platon va-t-il nous expliquer ce qui qualifie ainsi ces deux éléments pour être ce qui se montre et ce qui aussi se prête à l'apparition d'autre chose ? Les discours peuvent-ils être aussi classés parmi les actes ? Nous allons consacrer l'ensemble des analyses qui suivent à explorer une partie des questions posées par ces quelques lignes de la *République*.

La foule des phénomènes de la beauté

Il semble en outre que les différentes Formes n'aient pas le même type de pouvoir de phénoménalisation. Ces mêmes Formes que Socrate énumère dans le passage que nous venons de citer – en tout cas la partie positive de ces contraires, la justice, le bien, à quoi on pourrait ajouter la tempérance et les autres choses que l'âme estime, sont perçues de manière très affaiblies dans le phénomène :

> Ce qu'il y a de sûr, c'est que la justice, la sagesse et tout ce qu'il peut encore y avoir de précieux pour l'âme, tout cela est dépourvu d'éclat dans ce qui se trouve ici-bas en être l'image. Voilà pourquoi seul un petit nombre d'êtres humains arrivent, non sans difficulté, – car ils se servent d'organes qui ne donnent pas des choses une représentation nette – à contempler à travers les images de ces réalités, les « airs de famille » qui y subsistent [1].

Comment percevoir dans les choses les images de la vertu ? À quoi reconnaît-on un acte ou une parole vertueuse, signe manifeste de l'invisible justice des âmes ? Voilà qui est très difficile. Au contraire, la beauté jouit du privilège d'être, parmi toutes les Formes, la plus éclatante dans ses propres images, et la plus désirée [2]. Une Forme comme la beauté est donc susceptible de se multiplier avec une générosité étonnante. L'ensemble des phénomènes de la beauté devient alors un ensemble considérable. Prenons-en la mesure.

---

1. Platon, *Phèdre*, 250bc, trad. L. Brisson, Paris, GF Flammarion, 2008.
2. *Phèdre* 250c8.

Une marmite, une jeune femme, être en bonne santé, un singe, une cuillère en plaqué or, une science ou un art, atteindre la vieillesse, une déesse, un discours, enterrer ses parents dignement – ce sont là autant de choses où la beauté peut se manifester, selon des personnages des dialogues de Platon. Ainsi dans l'*Hippias Majeur*: la belle jeune femme fait son apparition en 287e4, la belle jument en 288b9, la belle lyre en 288c6, la belle marmite en 288c10. On y reconnaît aussi la beauté de l'objet bien fabriqué, en général (288e6-7), et on y compare défavorablement, en citant Héraclite, le plus beau des singes à la beauté du premier venu parmi les hommes (289a3-4) et le plus beau des hommes à la beauté de n'importe quel dieu (289b4-5). On y rencontre aussi la beauté de l'or et de ce qui est paré d'or, recouvert d'une dorure [1], la beauté de l'ivoire [2]. On reconnaît implicitement la beauté d'une statue comme celle d'Athéna par Phidias [3]. La pierre, aussi, peut être une belle chose [4]. Le fait, pour un homme, d'être riche, en bonne santé, honoré par les Grecs, d'être parvenu à la vieillesse, d'ensevelir de belle manière ses parents à leur décès et d'être enterré à son tour, d'une manière belle, magnifique, par ses enfants sont autant de choses dites belles par Hippias [5]. On reconnaît encore la beauté de l'homme dont les vêtements et les chaussures sont bien ajustés – quand bien même il serait un peu ridicule [6]. De manière générale, les us et coutumes et les conduites sont des choses qui peuvent être belles [7]. On admet encore que nous nommons beaux les yeux [8] en pensant à leur utilité, et il y a de nombreuses choses que nous nommons belles de la même manière [9], c'est-à-dire avec la même idée d'utilité en tête : « l'ensemble des corps », en pensant par exemple à leur capacité à la course ou la lutte, ou encore tous les vivants – le beau cheval, le beau coq, la belle caille [10] –, tous les objets et ustensiles, les véhicules terrestres et mari-

---

1. *Hippias Majeur*, 289e3-6.
2. *Ibid.*, 290c1-2.
3. *Ibid.*, 290b
4. *Ibid.*, 290c5-6.
5. *Hippias Majeur*, 291d10-e2.
6. *Ibid.*, 294a4-5
7. *Ibid.*, 294c9.
8. *Ibid.*, 295c4.
9. *Ibid.*, 295d6.
10. *Ibid.*, 295c8-d1.

times[1], tous les instruments de musique et ceux de nombreux autres arts et techniques[2] et, là encore, les conduites et les lois[3] ; Hippias ajoute à cela le fait d'avoir la puissance dans la cité, qui est bien utile et donc bien beau, à quoi Socrate oppose la sagesse : la sagesse et l'ignorance sont respectivement la plus belle et la plus laide des choses[4]. Enfin, on accueille cette beauté que nous trouvons dans le plaisirs des sens, « non pas tous les plaisirs mais ceux qui sont causés par l'ouïe et la vue »[5] : il s'agit du plaisir que nous prenons à voir et à entendre, par exemple voir les choses dont la vue nous transporte, comme les beaux hommes, les ornements de toutes sortes, les peintures, les sculptures, ou bien entendre les choses belles à entendre qui produisent le même effet, comme la musique sous toutes ses formes, les discours et les mythes[6]. Voilà un bel inventaire à la Prévert. Il correspond aussi à « l'océan du beau » évoqué dans le *Banquet*[7], au terme du parcours de toutes les choses belles – corps, âmes, activités, discours, sciences.

C'est une étrange chose que ce pouvoir, donné à toutes ces choses qui se présentent à nous, de manifester la beauté. Y a-t-il la moindre unité entre ces choses qui peuvent toutes être des phénomènes de la beauté ? Nous devons répondre à cette question, à partir des phénomènes eux-mêmes, dans leur immanence, si nous voulons espérer trouver une consistance au concept de phénomène.

La nervure du phénomène. Les actes et les corps.

Considérons quelques instants cet ensemble de choses belles, ce champ de phénomènes que l'*Hippias Majeur* a ouvert devant nos yeux. Si nous devions tenter de faire un tri parmi ces choses, nous pourrions commencer par y reconnaître la division proposée par Socrate dans le passage de la *République* précédemment cité. Or, à parcourir les exemples de choses belles évoquées dans l'*Hippias Majeur*, nous reconnaissons bien qu'une même qualité, la beauté,

1. *Ibid.*, 295d1-3.
2. *Ibid.*, 295d3-4.
3. *Ibid.*, 295d5-6.
4. *Ibid.*, 296a4-6.
5. *Ibid.*, 297e5-7.
6. *Ibid.*, 298a1-5.
7. *Banquet*, 210d3.

se manifeste dans une grande multiplicité des choses, mais que ces choses se laissent bien distinguer selon la polarité du corps et de l'acte. Commençons par l'ensemble des corps qui nous a été énuméré. Nous avons bien perçu des jeunes femmes, des chevaux, des lyres, des marmites, des meubles et objets divers (bateaux, statues, pierres), des hommes, des singes, peut-être des dieux si nous avons eu cette chance, de l'or et de l'ivoire. On pourrait se poser une question à propos de l'or et de l'ivoire. Il s'agit bien de quelque chose de corporel et de perceptible. Seul des corps sont bien en or, ou parés d'or, ou recouverts d'une dorure, ou en ivoire.

À côté des corps, il y a des actes. Pour Platon, une action, une πρᾶξις (au sens général d'acte, et non pas de ce type très particulier d'acte qu'Aristote appelle parfois πρᾶξις en un sens restreint, c'est-à-dire les actes dans lesquels l'activité est le but visé[1]), est une chose qui se divise immédiatement en une face active et une face passive. Si quelque chose aime, quelque chose est aimé, si quelque chose agit alors nécessairement quelque chose pâtit[2], et si quelque chose est aimé, quelque chose aime, s'il y a un patient alors il y a aussi nécessairement un agent[3], bref tout action suppose un agent et un patient[4]. Il y a toujours un agir et un pâtir corrélatifs[5]. Il faut bien reconnaître ces deux faces de l'action, sinon on manque la moitié des actes ou des « faces » d'actes décrites dans l'*Hippias*. On a en effet trouvé beau aussi bien des actions actives (ensevelir de belle manière ses parents) et passives (être enterré à son tour par ses enfants), certaines conduites et coutumes, qui sont autant d'actions accomplies, et de nombreux plaisirs pris à simplement voir et entendre de belles choses.

Les actes sont-ils des choses sensibles ? Ce n'est pas trivial de le préciser, car il est possible de penser que les actes excèdent l'imma-

---

1. Voir en effet les premières lignes de l'*Ethique à Nicomaque* pour cette distinction, I, 1, 1094a3-6.
2. Voir *Gorgias* 476b4-5, et nos analyses, A. Macé, *Platon, philosophie de l'agir et du pâtir*, Sankt Augustin, Academia Verlag, 2006, p. 20-23.
3. Cela se déduit d'*Euthyphron* b1-c11, qui montre que l'action subie (être aimé) est le résultat d'une activité préalable, voir là encore nos analyses, *ibid.*, 13-15.
4. Voir *Euthyphron*, 10a5-8 : il y a ce qui porte et ce qui est porté, ce qui voit et ce qui est vu, et il en va de même pour tout.
5. Voir encore *Théétète*, 156a4-7 : tout est mouvement, et du mouvement il y a deux espèces, ayant chacune pour puissance l'une d'agir, l'autre de pâtir. Voir nos analyses, *op. cit.*, p. 120-123.

nence du perçu. C'est une doctrine que l'on trouve dans le *Théétète* de Platon : l'acte (πρᾶξις) et le devenir (γένεσις) relèveraient, avec d'autres choses encore, de l'invisible (ἀόρατον)[1]. Nous n'aurions jamais vu le rougissement du ciel ni le verdoiement de la prairie, ni le coup porté ni le coup reçu. On peut imaginer que telles idées se fondent sur l'exemple des actes qui se dérouleraient en deçà ou delà du seuil de notre perception, par exemple l'action d'éroder les rochers pour la mer. Nous n'avons pas vu la mer éroder le rocher : nous en voyons un jour le résultat. L'acte et le devenir ont été invisibles, imperceptibles. Platon précise dans ce même passage que les gens qui en arrivent à cette conclusion sont ceux qui voudraient s'en tenir à une échelle macroscopique de mesure des actes – à ce qu'ils peuvent attraper dans leurs mains. Mais il y a une chose que la perception du toucher, par exemple, ne peut saisir en elle-même, c'est l'acte même de toucher. Ceux qui veulent tout pouvoir toucher, et ne tenir pour existant que ce qu'ils tiendront dans leurs mains, risque de voir le toucher lui-même filer entre leurs doigts[2]. Au contraire, le Socrate de la *République*, en nous disant que les corps et les actes sont ce par quoi par exemple les vertus se font phénomène, met sur le même plan les corps et les actes, aussi fugaces soient-ils, au sein de l'immanence. C'est en offrant aux actes la possibilité de porter plus qu'eux-mêmes que l'on n'oublie pas de leur donner toute leur place parmi les choses qui existent de manière tout aussi véritable que les corps. Ouvrir la dimension transcendante du phénomène permet aussi d'établir l'égalité entre les composants de sa partie immanente, quelles que soient leur consistance et leur durée. Cela doit permettre de reconnaître aussi les discours parmi les actes, comme manifestation physique d'un corps doté de voix.

Le phénomène du phénomène : ce qui brille dans ce qui est là et vient d'ailleurs

Il nous faut maintenant comprendre de plus près la nature de cette chose transcendante qui permet d'ouvrir toute la diversité du champ du phénomène en la regardant se multiplier dans les corps et dans les

---

1. Voir *Théétète*, 155e5-6, et nos analyses *Ibid.*, p. 120-123.
2. Sur le fait que ce modèle du *Théétète* a un écho dans les difficultés de certains stoïciens à reconnaître l'existence des actes, voir nos analyses, A. Macé, « Les Stoïciens du *Théétète*, La causalité des corps et l'inexistence des actes », dans D. El Murr (éd.), *La mesure du savoir : études sur le « Théétète » de Platon*, Paris, Vrin, 2013, p. 267-293.

actes. L'unité du phénomène, corps et acte, serait celle d'un plan : ce qui se montre à nos sens. De quoi relèverait la dimension transcendante qui s'ouvre en lui ?

Dans le *Phédon*, Socrate évoque les mêmes choses que celles qu'il évoque dans le passage de la *République* que nous avons déjà cité : « nous affirmons qu'il existe quelque chose de juste en soi », et de même « quelque chose de beau, et quelque chose de bon » [1]. Voilà donc la Forme, ainsi celle du beau qui, dans l'*Hippias*, a permis de rassembler toute la collection hétéroclite que nous avons rencontrée. Or le texte du *Phédon* offre une hypothèse pour différencier ces choses de ce qui se manifeste à nos yeux : « est-ce qu'une chose de ce genre tu en as déjà, en quelque façon, vu la moindre, de tes yeux vu ? » ; tu les a saisies « par une certaine perception, différente de celle qui passe par le corps » ? Des objets viennent d'être projetés hors de l'immanence de ce qui apparaît dans la perception, arrachés à la sphère de ce que nous percevons par l'intermédiaire du corps. Des exemples de tels objets transcendants, après la beauté, la bonté et la justice, sont pris : « je veux parler de toutes ces choses telles que la grandeur, la santé, la force et toutes ces autres choses qui, pour le dire en un mot relèvent de la réalité (οὐσία) – je veux parler de ce que chacune de ces choses se trouve être » [2]. Beauté, bonté, justice ; grandeur, santé, force : nous reconnaissons toutes ces qualités dont les corps, les actes et les discours, dans les poèmes homériques, se faisaient les phénomènes. Or Socrate nous dit simplement : ces choses-là, en elles-mêmes, vous ne les avez jamais vues, de vos yeux vues. Voilà qui est extrêmement étonnant. N'avons-nous pas vu la beauté de la fleur, la justice de l'acte, la santé, la force et la vigueur de l'athlète ? Ou est-ce autre chose que nous avons vu ? Un doute s'installe. Si nous consultons les données immédiates de la perception, il faut peut-être avouer que nous n'avons jamais vu la « beauté » de la fleur, mais plutôt le chatoiement de ses couleurs et la grâce de ses formes. Non pas la « justice » de l'acte mais la restitution d'une chose précise à qui elle était due. Non pas la « vigueur » ou la « santé » de l'athlète mais la mesure de sa performance exceptionnelle, la fraîcheur de son teint, la saillance de ses muscles. Mais alors la question ne fait que rebondir : le chatoiement, la

---

1. Nous suivons, dans le paragraphe qui suit, *Phédon*, 65d4-e5, en citant la traduction de Monique Dixsaut, parfois un peu modifiée.
2. *Phédon*, 65d12-e1.

grâce, la restitution, la fraîcheur et la saillance, est-ce que ce ne sont pas à leur tour des propriétés susceptibles de s'appliquer à de multiples occasions ? Peut-être ne les avons-nous jamais vues non plus, de nos yeux vues.

La réponse ne peut être donnée par la sensation elle-même. C'est en se détournant du corps que l'on sera au mieux « réfléchir à chacune, elle-même », venir « au plus près » « du fait de connaître chacune ». On notera que les exemples pris dans ce texte du *Phédon* – la santé, la taille, la force –, sont les mêmes que ceux du *Ménon* 72d. Or Socrate y demande à Ménon s'il pense qu'il existe une santé de l'homme et une autre de la femme ? Ou bien, si tant est que la santé soit la santé, ne consiste-t-elle pas dans tous les cas en la même Forme (εἶδος) caractéristique, que celle-ci se trouve chez un homme ou chez n'importe qui ? C'est bien cette unité que le *Phédon* introduit aussi : ce que chacune de ces réalités se trouve être, voilà l'εἶδος, voilà ce que nous n'avons jamais vu – l'unité que partagent toutes les choses grandes, fortes, ou en bonne santé, et se trouve être leur unique point commun malgré leur infinie diversité. Dans chacune de ces occasions, si nous en avons conçu l'unité, c'est que nous accédions à l'apparition d'autre chose que ce que nous pouvions voir.

Socrate oppose alors deux façons pour l'âme de tenter de se saisir du vrai : l'une où « elle se sert du corps pour tenter d'examiner quelque chose » et l'autre qui consiste à « raisonner », en se détournant des sensations. C'est alors que, rompant avec le corps, elle « désire ce qui est », « fuit celui-ci » et « cherche à être elle-même auprès d'elle-même[1]. Or c'est alors que se produit quelque chose d'inédit : l'ouverture d'un autre champ du phénomène. En effet, « dans l'acte de raisonner », mieux qu'en quoi que ce soit d'autre, « lui devient manifeste (κατάδηλον) quelque chose parmi les choses qui sont »[2]. Lorsque celui qui pense se sépare « autant qu'il peut de ses yeux, de ses oreilles, et pour ainsi dire de son corps tout entier »[3], alors ces réalités se manifestent. Cela signifie donc que le perçu n'est pas le seul lieu du phénomène : un autre accès existe pour que des choses s'annoncent et se montrent à nous. Or cet accès, c'est tout simplement le discours, qui déjà, chez Homère, étaient un lieu de manifestation. Platon semble

---

1. *Phédon*, 65b9-d3.
2. *Phédon*, 65c2-3.
3. *Phédon*, 65e6-66a10.

privilégier néanmoins un type de discours parmi les autres, le dialogue
par question et réponse, seul susceptible de permettre à ces nouveaux
objets de faire leur apparition : «tout ce à quoi nous imprimons la
marque «ce que c'est», aussi bien dans nos questions quand nous les
questionnons que dans nos réponses quand nous répondons»[1], c'est-
à-dire ce que c'est qu'être beau, bon, fort, sain, tout cela, est l'objet
d'un autre regard que celui des sens – et le fruit d'une autre origine.
Platon donne le nom de ressouvenir, ou de réminiscence à cette
origine : l'âme se souvient de visions qu'elle a eues sans le corps. Il
affirme que cette origine est nécessaire pour la saisie de toute propriété : ainsi l'égalité et toutes les propriétés qui se trouveront par
exemple «dans les bouts de bois»[2]. Seuls ces objets-là sont immua-
bles et invisibles. D'un côté les corps et leurs effets, de l'autre les
propriétés qui s'y manifestent : «Or les unes, tu peux les percevoir à la
fois par le toucher, la vue, et tous les autres sens ; mais les autres, celles
qui restent même qu'elles-mêmes, absolument impossible de les saisir
autrement que par l'acte de raisonnement propre à la réflexion ; car
elles sont invisibles, les réalités de ce genre, elles ne se donnent pas à
voir»[3]. Tel est donc l'équilibre où Platon veut nous mener : toutes les
propriétés qui se manifestent dans le perçu sont en elles-mêmes, dans
leur unité constitutive, invisibles. Ce que nous voyons, ce que nous
touchons, porte irrémédiablement la trace de l'invisible qui s'y manifeste. Le sensible est un phénomène : quelque chose qui le dépasse s'y
montre en s'y multipliant.

Être dans un corps ou dans un acte sans en être une partie :
le mode de présence du phénomène

En ce sens, Platon préserve l'équilibre que nous avions trouvé chez
Homère. Un niveau de réalité n'est pas l'apparence qui en trahit
un autre. Le sensible n'est pas le simulacre qui trahit l'intelligible. La
question est celle du rapport entre deux types de phénomènes : les
corps et les actes qui se manifestent à nos sens, d'un côté ; les unités
réelles qui se manifestent directement à l'âme, de l'autre. Toute la
question est celle du rapport entre ces deux niveaux du phénomène. Il

1. *Phédon,* 72d2-5.
2. *Phédon,* 74d4-5.
3. *Phédon* 79a1-5.

convient de tenter, pour finir, de saisir plus précisément leur point de rencontre.

Réfléchissons à un exemple que nous avons croisé dans le texte de Platon, l'or ou l'ivoire. Pour ce faire, nous nous aiderons de développements ultérieurs à Platon, chez Aristote et Epicure, pour mieux comprendre comment Platon a ouvert la question du point exact où s'articulent immanence et transcendance dans le phénomène. L'or et l'ivoire ne sont pas exactement des corps, mais ce en quoi un corps peut être fait, ce qu'Aristote appellera la matière ou la cause matérielle, en prenant des exemples semblables, non pas l'or et l'ivoire, mais le bronze de la statue et l'argent de la coupe[1]. Or cela n'est qu'un élément constitutif d'un corps, de la statue comme de la coupe. Aristote nous permettrait d'atteindre plus de précision en nommant la réalité première (οὐσία, terme que les spécialistes d'Aristote traduise en général par «substance»): cet individu, le cheval, l'homme – les deux premiers exemples donnés en *Catégories* 4[2], exactement comme dans l'*Hippias*, où tout commence avec une jeune femme et une jument, morceaux de réalité première. Or le matériau dont nous parlions n'est qu'une partie de la réalité. Comme le dit Aristote : « par matière j'entends quelque chose comme le bronze, par la forme la configuration propre à la forme, et des deux est fait le composé, la statue »[3]. Il s'agissait donc d'une manière partielle de se référer à la même chose. Il faut insister sur ce point : une partie, c'est toujours de la réalité, par opposition à ce qui est déjà autre chose. Ce point est d'une importance cruciale. La ligne de partage entre l'immanence du sensible et ce qui l'excède passe exactement à cet endroit, entre la partie et ce qui est «dans», qui sont deux choses qu'il faut absolument distinguer selon Aristote. Il y a cette réalité immanente que nous voyons et touchons, il y a ces parties que nous voyons et touchons, les doigts et les pieds de l'homme, les feuilles de la plante. Et il y a d'autres choses qui sont «en» elles sans en être des parties. En effet lorsqu'Aristote définit la réalité par opposition à ce qui n'est pas une telle réalité mais n'existe que par le truchement de celle-ci ou comme «posée» sur celle-ci, il dit que ces choses-là ne sont pas «en autre chose», «dans un substrat»: «j'appelle "dans un

---

1. Voir *Physique* II 194b24-26.
2. Voir *Catégories* IV, 1b. 27-28.
3. *Métaphysique* Z 1029a3-5.

sujet"» ce qui existe dans quelque chose mais non comme partie et qu'il est impossible de dire exister séparément de ce en quoi cela existe »[1]. Non pas en tant que partie ? La reprise de ce point par Epicure est particulièrement éclairante :

> Et les formes, les couleurs, les grandeurs, le poids et toutes les choses que l'on attribue au corps à titre de propriétés qui accompagnent toujours soit tous les corps soit ceux d'entre eux qui sont visibles et sont connaissables par la sensation, il ne faut pas penser que ce sont des natures qui existent par elles-mêmes – cela est impossible à concevoir en effet – ni non plus que de manière générale elles n'existent pas, ni comme des choses différentes, incorporelles, qui s'adjoindraient au corps, *ni non plus comme des parties de celui-ci :* il faut penser que le corps dans son ensemble possède sa nature permanente comme une chose générale constituée à partir de toutes ces choses[2].

La partie n'est pas une chose qui s'oppose au tout comme une autre chose, numériquement différente. La jambe en tant que partie du corps n'est pas un autre corps, elle fait partie de la continuité constituant le corps. « Exister dans » suppose en réalité davantage d'altérité, une altérité numérique – mais pas suffisamment d'altérité pour être une chose qui puisse exister par soi. Avoir une partie n'est pas avoir une propriété. On peut reconnaître là deux modes différents de la catégorie de l'avoir, de la possession. Pour reprendre l'énumération faite par Aristote au chapitre XV des *Catégories* des façons usuelles et non impropres de dire que l'on a[3] : « avoir » se dit en plusieurs sens – avoir une qualité (état, disposition ou une autre qualité), une quantité, par exemple telle ou telle grandeur, avoir « au sens des choses qui sont sur le corps » comme le manteau ou la tunique, avoir « dans une partie du corps », comme un anneau à la main ; avoir « en tant que partie », comme la main ou le pied ; avoir « comme dans un récipient » ; comme ce que l'on possède. La réalité et ses parties, par opposition aux vêtements et aux qualités, aux quantités, sont toujours dans la catégorie de la réalité (οὐσία). Même la feuille d'or est déjà une partie. Immanence du manteau, transcendance de la couleur : avec le manteau et le doigt, nous restons au ras des choses, tandis que la couleur nous fait décoller. Dans la propriété, quelque chose se rend présent qui excède le corps et

1. *Catégories* II 1a24-25.
2. *Lettre à Hérodote*, 68, 6-69, 4, nous soulignons.
3. *Catégories*, 15b17-27.

l'acte : c'est là que, pour Platon, la Forme se phénoménalise. Lorsque la Forme se manifeste en communauté avec les corps et les actes, pour reprendre cette formule de la *République* qui aura guidé toute notre réflexion, cela signifie qu'elle leur confère la propriété dont ils se font alors les porteurs, et dont le mode d'existence est différent de celui des parties de ces mêmes corps et de ces mêmes actes. La différence avec l'analyse d'Aristote, c'est simplement que c'est la Forme, et non l'individu, qui est la réalité (οὐσία), et chaque participation à celle-là donne de la réalité à celui-ci.

Au total, nous aurons parcouru les grands traits d'une pensée ancienne du phénomène conçu comme apparition d'une réalité – apparition dont la déesse Athéna nous a d'abord donné le modèle. Une telle pensée du phénomène ouvre la voie au déploiement de plusieurs niveaux de phénomènes : parmi les choses qui se donne à nous pour apparaître, il y a des corps, il y a des actes, il y a des discours et des mots. Ce que nous prenons pour de l'apparence trompeuse peut être analysé comme un problème d'interférence entre différents niveaux du phénomène, en particulier lorsque l'un de ces niveaux a pu sembler vouloir annoncer ce qu'un autre de ces niveaux aurait à révéler.

C'est sur la question du rapport entre niveaux du phénomène que les difficultés se concentrent dans ce type de modèle, en particulier dans le fait que certains niveaux de phénomènes semblent pouvoir se prêter à ce que d'autres s'y manifestent, si par exemple on les tient pour incapables de se manifester autrement. Nous avons suivi la façon dont Platon recueillait ces problèmes pour leur donner une solution originale, qui tient au fait que tous les niveaux du phénomène sont reconnus dans leur réalité, que ce soit celui des corps, des actes ou des discours. Simplement, les choses qui se manifestent dans les discours sont les unités qui à leur tour sont capables de se multiplier dans les corps et dans les actes, pour y nourrir le contenu de la sensation. L'apparence, ou l'illusion, commence lorsque l'on perd la liaison entre les phénomènes, ou que l'on se trompe sur la façon dont l'un se fait le véhicule de l'autre. Le phénomène est toujours la présentation d'une réalité. L'apparence, c'est une erreur sur la façon dont les phénomènes se relient effectivement entre eux. La difficulté principale n'est pas qu'un phénomène trahisse sa source : c'est plutôt que celle-ci perde de sa vigueur et que ses phénomènes soient faibles, de telle sorte qu'à l'œil inexercé il soit facile de se méprendre sur ce qui s'annonce dans ce que l'on voit.

Arnaud MACÉ
Maître de conférences en philosophie ancienne
Université de Franche-Comté

LE PHÉNOMÈNE CHEZ LES STOÏCIENS

INTRODUCTION
PARTIR DES PHÉNOMÈNES

Traiter de la notion de phénomène chez les stoïciens rencontre d'emblée deux limites. Premièrement, le terme de phénomène est le calque du participe substantivé τὸ φαινόμενον. Comme dans tout calque, la signification première de l'expression dans la langue source est gommée, ce qui crée un inéluctable décalage entre le sens du mot phénomène en français – et tout particulièrement dans le français philosophique qui en a fait l'un de ses concepts clés – et le sens originel qu'il conviendrait de ressaisir dans les textes anciens. Les traductions diverses de τὸ φαινόμενον ou du pluriel τὰ φαινόμενα selon les contextes, tantôt rendu par «ce qui paraît», «les apparences», «les faits», «l'avis», «les sensations», rendent manifeste cette première difficulté. Deuxièmement, «le phénomène» est, dans la plupart des textes stoïciens et, plus généralement, dans la philosophie hellénistique et impériale, davantage une notion commune qu'un véritable concept philosophique. Ainsi par exemple de l'expression courante λέγειν τὸ φαινόμενον, que l'on pourrait traduire par «dire ce qui nous en semble», c'est-à-dire donner son sentiment, expression qui peut faire référence de manière très vague à toute la variété des impressions que l'on éprouve à l'occasion d'un fait ou d'une idée qui se présente à nous. C'est vraisemblablement à cela que pensent avant tout les philosophes de l'antiquité quand ils utilisent les mots το φαινόμενον. C'est pourquoi, en particulier chez les stoïciens, le sens qu'il convient de leur donner est extrêmement large : elles désignent tout *ce qui apparaît*, traduction sans doute la plus littérale de l'expression grecque, soit ce qui va de tel sentiment affectif ou tel percept sensoriel à telle pensée ou tel produit de l'imagination [1].

Ces remarques liminaires, qui valent comme autant de mises en garde, nous conduisent toutefois au cœur du sujet. En effet, ce qui est particulièrement remarquable dans l'épistémologie des stoïciens, laquelle conditionne l'élaboration de leur philosophie de la nature et de leur philosophie morale, est qu'elle confère une place centrale à l'apparaître (τὸ φαίνεσθαι) et aux problèmes qui en résultent en termes de constitution de la connaissance. Cette problématique phéno-ménologique, qui fait de ce qui apparaît, et donc du phénomène, le point de départ de la réflexion philosophique, est sans nulle doute à la fois un héritage des penseurs précédents, des philosophes de la nature présocratiques à Platon et Aristote en passant par Démocrite et les sophistes, et un sujet de préoccupation partagé avec les épicuriens et, bientôt, les sceptiques, académiciens et pyrrhoniens. Mais on pourra dire, sans trop schématiser, que les stoïciens ont sorti la discussion sur les phénomènes de l'opposition entre sens commun et pensée philo-sophique, ou entre sensation et raison, discussion tout à fait centrale chez les prédécesseurs, qui demeure fortement présente chez les épi-curiens mais aussi chez les sceptiques, et qui le redeviendra dans l'antiquité tardive. En effet, la pensée stoïcienne est celle qui, plus qu'aucune autre dans l'antiquité, a proposé une analyse technique de l'apparaître lui-même en tant qu'apparaître, sans se contenter de reconduire au phénomène comme à une notion bien connue de tous et en acceptant d'affronter les plus grandes difficultés épistémologiques posées par cette réalité labile.

Une fois posé ce point, il convient de revenir au point de départ, soit l'acception commune de la notion de phénomène, car, passé le constat de sa grande généralité, on pourra noter qu'elle n'en demeure pas moins polarisée par deux distinctions structurantes qui la font entrer d'emblée dans le champ des investigations les plus philoso-phiques qui soient. D'une part, ce qui apparaît se distingue de ce qui n'apparaît pas. D'autre part, ce qui apparaît se distingue de ce qui est. Ces deux polarités dessinent une quadripartition première des réalités

---

1. Voir Diogène Laerce, *Vies et doctrines des philosophes illustres* [désormais abrégé *DL*], Livre VII, § 51, trad. fr. M.-O. Goulet-Cazé (dir.), Paris, Livre de Poche, 1999.

axée sur leur rapport à l'apparaître. En effet, premièrement, ce qui apparaît peut aussi être ; mais, deuxièmement, ce qui apparaît peut aussi ne pas être. Inversement, et troisièmement, ce qui n'apparaît pas peut ne pas être, mais peut aussi, quatrièmement, être. Cette quadripartition peut être figurée par le tableau ci-dessous.

Apparaître et être	Ne pas apparaître mais être
Apparaître mais ne pas être	Ni apparaître ni être

C'est ce qu'Epictète exprime de manière très claire et lapidaire : « Les impressions (φαντασίαι) nous adviennent de quatre manières : ou bien certains choses sont ainsi qu'elles apparaissent (ἔστι τινὰ <καὶ> οὕτως φαίνεται) ; ou bien, n'étant pas, il n'apparaît pas non plus qu'elles sont (οὐκ ὄντα οὐδὲ φαίνεται ὅτι ἔστιν) ; ou bien elles sont et n'apparaissent pas (ἔστι καὶ οὐ φαίνεται) ; ou bien elles ne sont pas et apparaissent (οὐκ ἔστι καὶ φαίνεται) »[1]. On notera qu'Epictète, y compris pour désigner les deux sortes de réalité qui n'apparaissent pas, parle alors de quatre modalités de « l'impression » (φαντασία), la traduction française ne rendant pas la racine du terme qui renvoie bien au fait d'apparaître (φαίνεσθαι), lequel constitue le cœur de la catégorisation opérée par le philosophe dont Arrien rapporte les propos dans les *Entretiens*. C'est une manière de souligner que c'est bien l'apparaître qui constitue le point de départ premier pour comprendre notamment ce qui *n'apparaît pas*, la formule négative elle-même exprimant ce mode d'existence conçu seulement par privation. Mais c'est aussi une manière de souligner, à l'aune de la deuxième distinction, que c'est bien l'apparaître qui constitue le point de départ premier pour comprendre ce qui est.

De fait, pour les stoïciens, les phénomènes sont la base première à partir de laquelle se constituent toutes les formes de connaissance, de la prénotion (πρόληψις) qui vient de la simple accumulation dans la mémoire des phénomènes perçus au concept (ἔννοια) que l'on acquiert par l'apprentissage et l'exercice méthodique de la pensée[2].

1. Epictète, *Entretiens*, Livre I, chapitre 27, § 1, dans *Les Stoïciens* II, éd. P.-M. Schuhl, Paris, Gallimard, 1962.
2. Voir A. Long et D. Sedley, *Les philosophes hellénistiques* [désormais abrégé *LS*], chapitre 39 C-F, trad. J. Brunschwig et P. Pellegrin, Paris, GF, 2001, tome II, p. 177-180 : Cicéron, *Académiques*, II [*Lucullus*], § 21, éd. J. Kany-Turpin, Paris, GF, 2010 ; *DL* VII,

C'est ce qu'exprime Dioclès de Magnésie de la manière la plus claire : « Il suffit aux stoïciens de commencer par un discours sur l'impression (φαντασία) et la sensation, dans la mesure, d'une part, où le critère, par quoi l'on connaît la vérité des choses, est génériquement une impression et dans la mesure, d'autre part, où le discours sur l'assentiment, l'appréhension et la pensée, qui précède tous les autres, ne peut s'établir sans impression. En effet, l'impression vient d'abord, puis la pensée, laquelle est verbalisable, exprime par le discours ce qui est éprouvé sous l'effet de l'impression[1]. » L'apparaître est au début de tout, au début de la constitution de la connaissance et donc au premier chapitre de la théorie de la connaissance, qui est elle-même le premier chapitre de la philosophie. C'est pourquoi les thèses antiphénoménistes, qui nient que les phénomènes puissent constituer la base de la connaissance, sont réfutées au moyen de deux arguments principaux : d'une part, la vie qui ne renvoie pas aux phénomènes est tout simplement impossible à mener ou est réduite à celle d'une pierre ; d'autre part, la négation de la valeur épistémologique des phénomènes est elle-même dépendante des phénomènes, dès lors qu'il n'y a pas de pensée ou de discours sans phénomènes préalables[2]. Ces arguments stoïciens sont communs aux épicuriens[3] et l'empirisme constituera le fondement de toute l'épistémologie hellénistique et impériale jusqu'à Galien et Ptolémée, les divisions doctrinales portant seulement sur la capacité de la raison à apporter une connaissance propre supplémentaire par rapport à ce qu'indiquent les phénomènes eux-mêmes.

Cette primauté gnoséologique de l'apparaître, au sens où le phénomène serait le point de départ chronologique pour connaître, ne

---

§ 53 ; Aetius, Livre IV, chapitre 11, § 1-4 [= Pseudo-Plutarque, *Opinions des philosophes*, 900 B] ; Plutarque, *Des notions communes*, 1084F-1085A. Voir J.-B. Gourinat, « Epistémologie, rhétorique et grammaire », dans J.-B. Gourinat et J. Barnes (dir.), *Lire les stoïciens*, Paris, P.U.F., 2009, p. 24-26.

1. *DL* VII, § 49 (*LS* 39 A 1-2).

2. Voir Cicéron, *Académiques*, II, § 31 (*LS* 40 N5), § 37-38 (*LS* 40 O) ; Sextus Empiricus, *Contre les logiciens* [désormais abrégé *SE M*], Livre VII, § 259-260 (*LS* 40 K 5-7), *SE M* VIII, § 56-62.

3. Voir Epicure, *Doctrines capitales* 23 (*LS* 16 D), dans *Lettres, maximes, sentences*, éd. J.-F. Balaudé, Paris, Livre de Poche, 1994 ; Lucrèce, *De la Nature*, Livre IV, v. 469-521 (*LS* 16 A), éd. J. Kany-Turpin, Paris, GF, 1997. *Cf.* A. Long et D. Sedley, *Les philosophes hellénistiques*, *op. cit.*, I, p. 173-176.

signifie pas cependant une primauté ontologique de l'apparaître, au sens où le phénomène serait la réalité la plus réelle. En effet, les stoïciens donnent une place éminente tant à ce qui n'apparaît pas, c'est-à-dire notamment à tout le champ des concepts et des dicibles (τὰ λεκτά), qu'à ce qui est, qui demeure la pierre de touche de la vérité comme dans toute la philosophie ancienne. Il n'en demeure pas moins que, comme Epictète le précise lui-même dans la suite du texte, « bien viser parmi toutes ces choses est la tâche de l'apprenant »[1], ce qui souligne l'importance conférée à l'analyse des phénomènes, y compris chez un auteur qui semble moins préoccupé par la théorie de la connaissance que par le progrès moral. C'est que le second dépend, au moins sur ce point, de la première : une claire compréhension des distinctions au sein de la sphère phénoménale est un préalable à la vie bonne et heureuse. Comme l'énonce ailleurs Epictète, « c'est ce qui apparaît (τὸ φαινόμενον) qui est, pour l'homme, la mesure de toute action »[2], ce qu'il développe de la façon suivante, sous la forme d'un dialogue imaginaire : « - Ainsi, c'est ce qui apparaît (τὸ φαινόμενον) qui est au principe d'actions si grandes et si terribles ? - C'est cela et rien d'autre. L'Iliade n'est rien qu'impression (φαντασία) et usage d'impressions (χρῆσις φαντασιῶν). Il est *apparu* (ἐφάνη) à Pâris d'enlever sa femme à Ménélas ; il est *apparu* à Hélène de le suivre. Et s'il était *apparu* à Ménélas d'éprouver qu'il y avait un gain à être privé d'une telle femme, que serait-il advenu ? »[3]. Par ces exemples extrêmes, Epictète ne fait au fond que dramatiser l'enjeu qui est commun aux stoïciens : toute la philosophie, et donc toute la stratégie pour atteindre une vie heureuse, part des phénomènes et de la capacité à y voir clair dans les phénomènes.

PHÉNOMÈNE, IMPRESSION, CHOSE APPARENTE

Tout le problème des non-philosophes est qu'ils prennent les phénomènes comme ils viennent. L'acte philosophique premier, selon les stoïciens, est de prendre du recul par rapport aux phénomènes.

---

1. Epictète, *Entretiens*, I, 27, § 2.
2. *Ibid.* I, 28, § 10.
3. *Ibid.* I, 28, § 12-13.

« Face à toute impression rude, prends soin d'ajouter aussitôt la parole
suivante : tu n'est qu'une impression (φαντασία) et pas du tout ce qui
apparaît (τὸ φαινόμενον)[1]. » L'apprenant en philosophie est invité
à passer du phénomène à l'impression : que signifie exactement
ce déplacement qui peut sembler assez déconcertant, tant les deux
notions peuvent à première vue largement se confondre ? La description canonique de l'impression (φαντασία) chez les stoïciens est
la suivante : c'est une affection (πάθος) qui se montre elle-même en
même temps qu'elle montre la chose qui la produit[2]. « Par exemple,
quand nous regardons quelque chose, notre mode d'être, du point de
vue de la vision, est disposé d'une certaine manière, et le mode d'être
de notre vision n'est pas le même qu'avant d'avoir regardé cette chose.
Or, à l'occasion d'une telle modification (ἀλλοίωσις), deux choses
sont appréhendées, d'une part la modification elle-même, c'est-à-dire
l'impression, et d'autre part le facteur de la modification, en l'occu-
rence la chose vue[3]. » Même si le modèle de la vision est très prégnant,
et qu'il est encore renforcé par le renvoi stoïcien de l'impression
(φαντασία) au paradigme emprunté à Aristote de la lumière (φῶς) qui
se montre elle-même en même temps qu'elle montre les choses qu'elle
éclaire[4], cette description vaut pour toute la variété des formes de
l'impression. En d'autres termes, pour le dire de la manière la plus
générale, quand un phénomène se présente à nous, que ce phénomène
soit un objet de la perception (par exemple, la couleur blanche ou le
froid) ou un contenu de la pensée (par exemple, la mort d'un proche ou
l'opinion politique d'un ami), il convient de distinguer entre l'effet en

---

1. Epictète, *Manuel*, Livre I, chapitre 5. Sur ce passage, voir P. Hadot, *Manuel
d'Epictète*, Paris, Livre de poche, 2000, p. 52-56. *Cf.* Epictète, *Entretiens*, III, 12, § 15 :
« de la même manière que Socrate disait de ne pas vivre une vie sans examen, de la même
manière il ne faut pas admettre d'impression sans examen (ἀνεξέταστον φαντασίαν)
mais dire "montre-toi, laisse-moi voir qui tu es et d'où tu viens", comme le veilleur de nuit
dit "montre-moi tes papiers". »
    2. Voir Aetius (citant Chrysippe), IV, 12 § 1-2 = Pseudo-Plutarque, *Opinions des
philosophes*, 900 E (*LS* 39 B2-3) ; Sextus Empiricus (citant Antiochus d'Ascalon), *M* VII,
§ 161-163. Le cœur de la description tient dans l'identification de l'impression comme
affection, comme en témoignent d'autres passages : Cicéron, *Académiques*, I [*Varron*],
§ 40 ; Epictète, *Entretiens*, I, 6, § 10 ; *SE M* VII 239.
    3. *SE M* VII, § 162. *Cf.* Aetius, IV, 12 § 2 (*LS* 39 B2) ; *SE M* VIII, § 397, § 409.
    4. Voir Aetius, IV, 12, § 1 (*LS* 39 B3) ; *SE M* VII, § 162. *Cf.* Aristote, *De l'âme*, Livre
III, 1. 429a3, éd. R. Bodéus, Paris, GF, 1993.

nous, qui est l'impression proprement dite, et la cause de cet effet, que les stoïciens désignent techniquement comme «la chose apparente» (φανταστόν)[1]. Alors que le phénomène implique ordinairement une impression à laquelle on donne immédiatement notre assentiment, la distinction entre impression et chose apparente permet de ménager une place à la réflexion, laquelle nous conduit à donner ou non notre assentiment à ce qui se présente, ce qui est la condition d'une action véritable et non d'une pure et simple réaction. Il est possible en effet que ce ne soit pas la chose apparente en elle-même qui soit effectivement de telle ou telle nature mais que ce soit l'effet de cette chose sur moi et l'affection en moi qui me fasse attribuer des caractéristiques qui ne sont pas dans la chose. Ainsi, la mort du proche n'est pas triste en elle-même, mais seulement du fait de la tristesse que j'éprouve en moi à cette occasion : c'est cette prise de distance elle-même qui me permettra d'atténuer la douleur[2]. Quant au froid que j'éprouve à un moment donné, il n'est peut-être pas dans l'air lui-même mais seulement dans mon impression, car d'autres n'ont pas froid et que moi-même, à un autre moment et à la même température, je n'avais pas froid.

Cette compréhension stoïcienne de la φαντασία a conduit certains traducteurs français à rendre le terme dans ce contexte par celui de « représentation ». Ce terme semble pourtant assez trompeur. En effet, une représentation est une reproduction, dans un nouveau contexte ou sur un nouveau support, de la chose représentée. Cette reproduction s'accompagne nécessairement d'une certaine modification, qu'elle soit une modification de taille (comme dans la représentation du peuple par ses députés), de forme (comme dans la représentation d'une peinture sur une affiche) ou de support (comme dans la représentation sur scène d'une pièce de théâtre écrite). Plus spécifiquement, la théorie de la perception comme représentation pose de fait une différence entre la chose représentée et la représentation, qui tient tout à la fois à la taille (le paysage que je contemple est dans mon esprit en plus petit), à la forme (une représentation en largeur et hauteur mais sans profondeur, alors que ce qui est représenté a cette troisième dimension),

---

1. Aetius, IV, 12, § 3 (*LS* 39 B4).
2. *Cf.* Epictète, *Manuel*, Livres IX à XI.

au support (la modification de l'esprit qui accompagne la perception d'une chose n'est pas fait de la matière de cette chose-même que je perçois). La notion de φαντασία n'implique pas une telle modification de la chose quand elle m'apparaît et ne crée donc pas un écart du même type entre la chose et son image : la φαντασία désigne le mode même d'apparition de la chose pour un sujet, toute la question étant de savoir si le mode d'apparition s'identifie à la chose ou non. Inversement, traduire φαντασία par « représentation », c'est déjà postuler une modification de la chose dans l'esprit. D'une certaine manière, c'est avoir rendu les armes à une première forme de scepticisme afin de reconstruire les conditions de possibilité de la connaissance des choses. C'est le point de départ des idéalistes modernes, c'est l'effort de Descartes et de ses successeurs : ce n'est pas le point de départ des Anciens, qui prennent le réel comme donné premier, même s'il peut s'avérer ponctuellement que ce que nous prenions pour le réel ne le soit pas vraiment, ou que certains philosophes, sceptiques au sens large, aient généralisé cette impossibilité à distinguer le réel et ce qui ne l'est pas [1]. Un autre point important, qui empêche la traduction de la notion de φαντασία par celle de représentation, est que la φαντασία est décrite par les stoïciens en termes physiques de l'ordre de l'effet ou du résultat d'une action ou production alors que la notion de

---

1. L'orthodoxie interprétative, depuis notamment les articles de M. Burnyeat (« Idealism and greek philosophy : what Descartes saw and Berkeley missed », *Philosophical review*, 91, 1982, p. 3-40 ; « The sceptic in his place and time », *in* R. Rorty, J.-B. Schneerwind, Q. Skinner, *Philosophy in History*, Cambridge, 1984, p. 225-254), veut que la philosophie ancienne ne soit jamais allée jusqu'à la remise en cause du monde extérieur, ce dont B. Russell faisait le premier de ses *Problems of philosophy* (London, Williams & Norgate, 1912), et qui était de fait une question classique de la modernité, tant dans les *Méditations métaphysiques* de Descartes, que chez Berkeley (*Principes de la connaissance humaine*) ou Leibniz (« Comment distinguer les phénomènes réels des imaginaires », dans *Discours de métaphysique et autres textes*, éd. C. Frémont, Paris, GF, 2001, p. 191-199), jusqu'à l'Esthétique transcendantale de la *Critique de la raison pure* de Kant. Certains interprètes ont toutefois contesté le fait que le problème n'ait pas été soulevé par certains auteurs antiques, même si l'argument n'a pas acquis la centralité qu'il eut plus tard : voir G. Fine, « The Cyrenaics, Sextus and Descartes », *in* J. Miller et B. Inwood (eds), *Hellenistic and Early Modern Philosophy*, Cambridge, 2000, p. 192-231 ; « Sextus and External World Scepticism », *Oxford Studies in Ancient Philosophy*, 23, 2003, p. 341-385, qui renvoie surtout à certains passages que l'on trouve chez Sextus Empiricus (*M* VII, § 191-200 ; *Esquisses pyrrhoniennes* [désormais abrégé *PH*], Livre II, § 72-75, éd. P. Pellegrin, Paris, Seuil, 1997 ; *PH* I, § 19-20).

représentation exprime l'idée d'une médiation en nous et par notre esprit qui transforme le réel en image de ce réel. Pour les stoïciens, comme pour tous les penseurs antiques, la φαντασία *est*, sans intermédiaire, la brûlure produite par le feu, le sucré du miel que l'on goûte, le blanc de l'objet que l'on voit [1]. On trouvera tout au plus une structure du type de celle de la représentation dans le cas des impressions rationnelles ou concepts, qui seraient à comprendre comme des impressions produites *à l'occasion* des choses apparentes (ἐπὶ τοῖς φανταστοῖς) et non pas *sous l'effet* des choses apparentes (ὑπὸ τῶν φανταστῶν), c'est-à-dire selon un modèle de l'ordre de l'imitation (μίμησις) et non du contact d'un corps contre un autre corps, même si cette hypothèse pose d'innombrables difficultés conceptuelles aux stoïciens [2].

Distinguer entre la dimension affective, plus que subjective, de l'impression et la dimension effective, plus qu'objective, de la chose apparente, c'est ouvrir la voie à la distinction entre impression vraie et impression fausse. Nous sommes conduits à un problème classique de la philosophie dont les stoïciens ont produit un traitement particulièrement précis et détaillé, celui du caractère parfois trompeur des phénomènes. L'exemple par excellence est celui de la rame qui apparaît brisée quand elle est plongée dans l'eau. Le phénomène de la rame brisée dans l'eau s'accompagne en nous d'une impression que les stoïciens qualifieront de « convaincante » (πιθανός) au sens où elle ne détourne pas immédiatement notre assentiment à la manière d'un fait manifestement absurde mais, au contraire, suscite en nous un mouvement d'adhésion comme lors de toute perception sensible [3]. Cependant, l'examen de cette impression, qui passe éventuellement par le fait de sortir la rame de l'eau pour constater sa droiture ou par le souvenir d'une illusion perceptive du même type, conduit à considérer que l'impression est fausse et le phénomène trompeur, c'est-à-dire qu'une qualité qui n'appartient pas à la chose lui a été attribuée

---

1. *Cf. SE M* VIII 397.
2. *SE M* VIII, § 406-410 (*LS* 27 E). cf. Senèque, *Lettres*, n°117, § 13 (*LS* 33 E). A proprement parler, selon les stoïciens, le concept n'a pas d'existence réelle (ὕπαρξις), mais tout au plus une subsistance (ὑπόστασις) : *SE M* VIII, § 12, § 70 ; *DL* VII 63. Voir *LS* 27 (II, p. 16-24).
3. Voir *SE M* VII, § 242.

de manière erronée[1]. Une telle conception a été contestée par les épicuriens pour lesquels il n'y a pas de phénomène trompeur ou d'impression fausse[2]. Prenons l'exemple qu'affectionnent particulièrement les épicuriens, celui de la tour qui apparaît ronde de loin et carrée de près. Chacun des deux phénomènes exprime une réalité physique dont rend compte un processus complexe fondé sur l'effet combiné d'émanations venant des corps solides eux-mêmes, de petites images ou simulacres (εἴδωλα) de ces corps qui traversent l'espace qui nous en sépare à grande vitesse et de la déformation éventuelle liée au milieu dans lequel se trouvent les corps perçus et percevants (par exemple, un air sec ou humide)[3]. En rester aux phénomènes ne conduit à aucune erreur : ce qui est vrai ou faux est le jugement selon lequel c'est *la même* tour qui apparaît ici et là, or ce jugement vient de l'opinion (δόξα)[4]. Ainsi, les stoïciens auraient tort de justifier la nécessité de distinguer entre impressions vraies et impressions fausses à partir du conflit des phénomènes : c'est qu'ils ne comprennent pas le processus physique à l'œuvre et qu'ils ne voient pas l'intervention subreptice de l'opinion dans l'attribution de l'identité à deux choses réellement distinctes[5]. En effet, l'impression (φαντασία), contrairement à l'opinion, n'ajoute ou ne retire rien à ce qui apparaît : elle est pure passivité, sans mémoire et sans raison (ἄλογος)[6]. C'est pourquoi toute impression, comme toute affection (πάθος), est vraie : la sensation de bleu, le plaisir que j'éprouve et même sans doute le sentiment

---

1. Voir *SE M* VII, § 244.

2. Voir *LS* 15, p. 164-179 ; A. Gigandet, « La connaissance : principes et méthodes », dans A. Gigandet et P.-M. Morel (dir.), *Lire Epicure et les épicuriens*, Paris, P.U.F., 2007, p. 76-83.

3. Epicure, *Lettre à Hérodote*, § 46-53 (*LS* 15 A) ; Lucrèce, *De la Nature*, IV, v. 722-822 (*LS* 15 D) ; *SE M* VII, § 207-209 (*LS* 15 E2-4). *Cf.* Lucrèce, *De la Nature*, IV, v. 353-363 (*LS* 16 G). Voir J.-F. Balaudé, « Introduction », dans Epicure, *Lettres, maximes, sentences*, Paris, Livre de poche, 1994, p. 75-82 ; A. Gigandet, « La connaissance : principes et méthodes », art. cit., p. 81-83 : « Le monde baigne donc dans le flux innombrables de ses propres répliques, les images du monde sont des objets du monde, partie intégrante et bien réelle de lui-même » (p. 82).

4. Voir Epicure, *Lettre à Hérodote*, § 50-51 (*LS* 15 A10-12) ; Lucrèce, *De la Nature*, IV, v. 802-818 (*LS* 15 D8-9) ; *SE M* VII, § 209-210 (*LS* 16 E4-6).

5. Voir *SE M* VII, § 206 (*LS* 15 E1). *Cf.* Lucrèce, *De la Nature*, IV, v. 379-386 (*LS* 16 H).

6. Voir Epicure, *Lettre à Hérodote*, § 50 ; *SE M* VII, § 210 ; *M* VIII, § 9 ; *DL* X, § 31.

d'injustice, pris en eux-mêmes, expriment des réalités phénoménales qui s'imposent à nous (quelque chose de bleu, quelque chose de plaisant, quelque chose d'injuste) et que l'on ne saurait contester[1]. Ce qui peut être faux, en revanche, c'est de passer du phénomène à la nature de l'objet en général, car ce qui est perçu comme bleu peut-être vert pour un autre, ce qui est éprouvé comme plaisant peut-être douloureux dans d'autres circonstances, ce qui est conçu comme injuste peut être considéré comme juste d'un autre point de vue : mais ce passage relève précisément de l'opinion. Les stoïciens divergent ici des épicuriens au sens où, selon eux, les impressions, en tant qu'affections, ne peuvent être dites vraies en elles-mêmes précisément dans la mesure où elles ne sont qu'un effet passif en nous : l'attribution d'une réalité à ce qui nous affecte (ceci est douloureux, bleu, injuste) est déjà de l'ordre d'une sortie de la dimension affective, et relève d'une activité immédiate de jugement qui est présente dans l'impression, qui « s'indique elle-même et ce qui apparaît (φαινόμενον) la produire »[2], mais qu'il convient précisément d'examiner avec précaution et sans précipitation[3]. C'est que, profondément, épicuriens et stoïciens n'ont pas la même conception de la vérité : alors que, pour les épicuriens, il n'y a pas à distinguer entre ce qui est vrai (ἀληθές) et ce qui existe (ὑπάρχον)[4], pour les stoïciens, le vrai est une proposition, c'est-à-dire un contenu rationnel ou discursif (λεκτόν) qui vient exprimer la correspondance entre l'impression et l'existant[5]. C'est pourquoi pour les épicuriens il n'y a pas vraiment d'écart entre la réalité du phénomène et la vérité de l'impression, alors qu'il est essentiel pour les stoïciens de prendre du recul par rapport aux phénomènes (φαινόμενα) pour mettre au jour ce qui relève de la chose apparente (φανταστόν) et ce qui relève de l'affection (πάθος) afin de se rendre capable de décider si l'attribution de la réalité à ce qui apparaît est justifiée ou non.

---

1. Voir *SE M* VII, § 203 ; *DL* X 32.

2. Sextus Empiricus (citant Antiochus d'Ascalon) *M* VII, § 161.

3. Voir Cicéron, *Académiques* II, § 21 (*LS* 39 C1) ; *SE M* VII, § 344-345. *Cf.* Epictète, *Manuel*, X.

4. *SE M* VIII, § 9.

5. *SE M* VIII, § 10, § 12 (*LS* 33 B2), § 70 (*LS* 33 C).

PHÉNOMÈNE, IMAGINATION, FANTASME

Cette divergence épistémologique majeure entre épicuriens et stoïciens est particulièrement manifeste dans l'examen du cas des impressions qui apparaissent dans le rêve, l'ivresse, la folie et les divers états littéralement désignés en grec comme « contre nature » (παρὰ φύσιν) mais qu'il est d'usage de traduire par « anormaux » au sens de ce qui sort de la norme ou du standard des impressions ordinaires, mais aussi au sens où les sujets sont alors dans un état tout à fait particulier qui justifierait un traitement philosophique spécifique. Les épicuriens ne proposent pas de traitement spécifique de ces impressions : en ce sens, ce qui apparaît aux rêveurs et aux fous est vrai « car cela meut, alors que ce qui n'existe pas ne meut pas »[1]. Il n'y aurait pas de différence à faire avec les autres phénomènes : ils sont vrais en eux-mêmes, la fausseté ne naissant qu'avec l'intervention de l'opinion. On notera néanmoins que les épicuriens utilisent alors la notion de « fantasme » (tantôt φάντασμα, tantôt φαντασμός) et qu'ils différencient parfois clairement ce mode d'apparition, qui se produit alors même que la chose apparente n'est pas présente, et l'impression proprement dite, qui provient d'une chose apparente présente[2]. Or ce terme et cette caractérisation se retrouvent précisément chez les stoïciens, qui distinguent même entre quatre façons d'apparaître[3]. L'impression (φαντασία) et la chose apparente (φανταστόν) sont les deux premières et font le pendant à l'imagination (φανταστικόν) et au fantasme (φάντασμα). Selon la description technique proposée par les stoïciens, l'imagination est une « attraction vide » (διάκενος ἑλκυσμός), c'est-à-dire une affection dans l'âme qui ne provient d'aucune chose apparente, une pure et simple affection en nous qui ne renvoie pas à un impact extérieur[4]. Le fantasme, quant à lui, est un « semblant de la pensée » (δόκησις διανοίας), une « vacuité affectante et une fiction de la pensée » (κενοπάθημα καὶ ἀναπλάσμα

1. DL X 32.
2. Voir J.-F. Balaudé, « Introduction », dans Epicure, Lettres, maximes, sentences, op. cit., p. 84-86 ; dans Diogène Laërce, Vies et doctrines des philosophes illustres, Livre X, n. 3 p. 1263.
3. Aetius, IV, 12, § 1-5 (LS 39B). Cf. DL VII, § 50.
4. Aetius, IV, 12, § 4 ; SE M VII, § 241, § 245.

τῆς διανοίας), soit ce qui nous attire dans l'attraction vide qu'est l'imagination[1]. En d'autres termes, l'imagination répond à l'impression comme le fantasme répond à la chose apparente. Le tableau suivant permet de mettre en relation de manière évidente ces différents modes de l'apparaître (φαίνεσθαι) dans le stoïcisme.

	Impact extérieur	Seulement en nous
Affection (πάθος)	Impression (φαντασία)	Imagination (φανταστικόν)
Cause de l'affection	Chose apparente (φανταστόν)	Fantasme (φάντασμα)

Pour un stoïcien, il n'y aurait tout simplement aucun sens à dire que l'imagination ou le fantasme sont vrais, comme le font les épicuriens, dans la mesure où il ne serait y avoir de vérité que dans la correspondance entre ce qui apparaît et ce qui est effectivement le cas[2] : dès lors que la cause de l'imagination est un fantasme et non une réalité, la question de la vérité ne se pose même pas. Toutefois, on ne dira pas non plus en toute rigueur que l'imagination ou le fantasme sont faux. Nous avons vu que pour les stoïciens il y a impression fausse quand une qualité qui n'appartient pas à la chose lui a été attribuée par erreur : la brisure dans la rame, la voix que l'on ne reconnaît pas bien, le caractère redoutable de la mort. Le modèle est celui de l'illusion perceptive, qui peut être élargi à toutes les formes de jugement erroné : il y a bien quelque chose qui se présente à nous, mais nous nous trompons dans sa caractérisation ou son identification. Or, puisque dans l'imagination rien ne se présente ou tout au plus un simulacre de réalité forgé par l'esprit, elle n'est pas plus fausse que vraie. Les stoïciens parlent parfois à propos de tels phénomènes d'impressions à la fois vraies et fausses : selon l'exemple canonique pris alors, quand Oreste prend sa sœur pour une Erynie, l'impression est en partie vraie, dès lors qu'il y a bien quelqu'un près de lui, et en partie fausse, dès lors qu'il s'agit d'Electre et non d'un dragon assoiffé de sang[3]. Mais la notion qui tend à s'imposer pour parler de ces impressions qui n'en sont pas vraiment, car elles ne sont pas produites par une chose

1. Aetius, IV, 12, § 5 ; *DL* VII, § 50 ; *SE M* VIII, § 354. *Cf.* Plutarque, *Coriolan*, XXXVIII, § 4 ; *Brutus*, XXXVII, § 4 ; *Du défaut des oracles*, 437 E-F.
2. Pour une telle description de la vérité, voir *SE M* VII, § 143. *Cf. M* VIII § 213, § 354.
3. *SE M* VII, § 244-245. *Cf.* Euripide, *Oreste*, v. 255-259.

apparente mais par un fantasme, est celle d'impression non
appréhensive (οὐ καταληπτική, ἀκατάληπτος)[1].

La notion d'impression non appréhensive, qui renvoie à celle
d'impression appréhensive (φαντασία καταληπτική), est tout à fait
centrale dans le stoïcisme. En tant que véritable critère de vérité, l'impression appréhensive constitue la pierre angulaire de l'épistémologie
stoïcienne depuis Zénon et son rôle a été affermi par Chrysippe[2].
Toutefois, comme nous l'avons vu, cette notion ne prend tout son sens
qu'une fois mesuré le contexte épistémologique précis dans lequel elle
se situe. L'impression appréhensive ne se confond pas avec l'impression vraie : alors que l'impression vraie a pour contrepoint l'impression fausse dont le modèle est l'illusion perceptive, l'impression
appréhensive a pour contrepoint l'impression non appréhensive dont
le modèle est l'hallucination du rêve et de la folie, et que les notions
d'imagination et de fantasme permettent d'expliquer. La description
même de l'impression appréhensive est précisément articulée aux
différentes formes de phénomènes dûs à une affection (πάθος) pure de
tout contact extérieur. Ainsi, premièrement, l'impression appréhensive est celle qui provient de l'existant (ἀπὸ ὑπάρχοντος), par opposition aux cas des rêves ou de certaines formes de délire hallucina-
toire. Deuxièmement, l'impression appréhensive est aussi celle qui
est conforme à l'existant (κατ᾽ αὐτὸ τὸ ὑπάρχον), alors même que,
comme dans le cas de la folie d'Oreste, il peut arriver qu'une
impression non appréhensive provienne de quelque chose d'existant
tout en n'y étant pas conforme[3]. D'une manière générale, une attention
toute particulière est donnée par les stoïciens à la vérification du
caractère à la fois clair (τρανής), c'est-à-dire qui atteste de la provenance à partir de quelque chose d'existant, et distinct (ἔκτυπος), c'est-
à-dire qui atteste du caractère conforme à ce qui est existant, de
l'impression[4]. C'est ce qu'exprime l'idée qui veut que l'impression

---

1. *SE M* VII, § 247 ; *DL* VII, § 46. Il y a débat entre les interprètes pour savoir si les
deux termes οὐ καταληπτική et ἀκατάληπτος sont strictement identifiable : voir *LS* 40,
p. 188 n. 3, p. 189 n. 1, p. 190 n. 1.

2. Voir *LS* 40 ; J.-B. Gourinat, *op. cit.*, p. 26-30.

3. *SE M* VII, § 249 ; *DL* VII, § 46 (*LS* 40 C3). et. *DL* VII, § 51 : il est des impressions
sensorielles qui ont seulement l'air de venir de ce qui existe.

4. *Cf.* Descartes, *Méditations métaphysiques*, VI : les idées claires renvoient à
l'existence de la chose et les idées distinctes renvoient à la nature de la chose. Ainsi, je

appréhensive soit celle qui est «bien imprimée et bien modelée» (ἐναπεσφραγισμένη και ἐναπομεμαγμένη), ce qui constitue selon certains interprètes, une troisième caractéristique de ce type d'impression, bien qu'elle soit intrinsèquement liée aux deux premières[1]. Il convient d'ailleurs de préciser que Zénon, s'inspirant sans doute de Platon[2], décrivit l'impression (φαντασία) comme une empreinte (τύπωσις) dans l'âme selon une métaphore du cachet de cire qui fut contestée par Chrysippe, lequel préférait parler d'altération ou de modification (ἀλλοίωσις / ἑτεροίωσις), afin de rendre compte du fait que plusieurs impressions fort différentes pouvaient avoir lieu à la fois sans pour autant impliquer que l'âme prenne la forme de ces impressions diverses[3].

En portant l'attention sur l'impression appréhensive et, parallèlement, en concentrant l'effort définitionnel sur les éléments qui permettent de distinguer l'impression de l'imagination et la chose apparente du fantasme, les stoïciens ont proposé un déplacement d'accent épistémologique. Si la connaissance des choses demeure bien la finalité, elle ne se constitue plus à partir d'un éloignement loin des mensonges des phénomènes, comme chez Platon ou Démocrite, ou, à l'inverse, à partir d'une confirmation ou non infirmation sur le sol ferme des phénomènes, comme chez Epicure[4]. Pour les stoïciens, les phénomènes ne méritent ni cet excès d'infamie ni cet excès d'honneur, tout simplement parce qu'ils ne sauraient être considérés en bloc. S'attarder sur les phénomènes, c'est prendre conscience de leur grande variété et, en particulier, de la variété de ses leurres. Les distinctions que proposent les stoïciens entre, premièrement, les impressions fausses, deuxièmement, les impressions non appréhensives qui ne proviennent pas d'une chose existante, troisièmement, les im-

puis avoir une idée claire de l'union du corps et de l'âme, au sens où l'existence de cette union ne fait guère de doute, sans en avoir d'idée distincte, au sens où cette union reste mystérieuse pour moi.

1. Cicéron, *Académiques*, II, § 77 (*LS* 40 D4) ; *SE M* VII, § 248, § 250-251 (*LS* 40 E3, 6) ; *DL* VII, § 46 (*LS* 40 C2). Voir D.Sedley, « La définition de la *phantasia Kataleptike* par Zenon », in G.Romeyer-Dherbey (éd.), *Les Stoïciens*, Paris, Vrin, 2005.

2. *Cf.* Platon, *Théétète*, 191c-195d, éd. M. Narcy, Paris, GF, 1995.

3. *SE M* VII, § 228-231, § 236, § 239 ; *DL* VII, § 50 (*LS* 39 A3).

4. Sur la confirmation et la non infirmation par le renvoi aux phénomènes dans l'épicurisme, voir *LS* 18 (I, p. 187-199).

pressions non appréhensives qui proviennent d'une chose existante mais ne lui sont pas conformes, sont autant d'approfondissements de l'appréhension du monde phénoménal dans toute sa richesse. On pourra ajouter à cette liste le cas de l'impression rationnelle (φαντασία λογική), parfois nommée pensée (νόησις)[1]. En tant qu'impression, la pensée est conçue aussi comme une affection causée par un objet, lequel est nommé «concept» (ἐννόημα)[2]. Or, les stoïciens considéraient que les concepts étaient une espèce du genre «fantasme»: «un concept est un fantasme de la pensée (φάντασμα διανοίας), qui n'est ni quelque chose ni une qualité de quelque chose mais un quasi-quelque chose et une quasi-qualité de quelque chose, comme c'est le cas pour le schème du cheval bien qu'il ne soit pas présent[3]». Comme l'exprime la fin du texte, les concepts sont des fantasmes et non des choses apparentes (φανταστά) dans la mesure où est produite une impression sans que la chose soit présente. Mais, est-ce à dire que la pensée soit génériquement une imagination, c'est-à-dire une attraction vide, une pure et simple affection en nous, et, partant, une forme de l'impression non appréhensive? Plusieurs caractéristiques empêchent de faire une telle identification. Premièrement, la pensée est une activité de l'esprit qui n'est pas liée à un état «anormal» (παρὰ φύσιν) comme la folie, l'ivresse, la mélancolie voire le rêve: c'est même l'activité de l'esprit la plus normale pour un animal rationnel comme l'être humain, et la pensée est précisément l'effort de mise en cohérence (παρακολούθησις) de l'usage des impressions alors même que l'imagination se caractérise par l'inconséquence de ses fantasmes[4]. Deuxièmement, alors que l'imagination ou impression non appréhensive peut être décrite en termes d'impression à la fois vraie et fausse, comme dans le cas d'Oreste qui prend sa sœur pour une Erynie, la pensée ou impression rationnelle est parfois exprimée en termes

---

1. *DL* VII, § 51.

2. Pseudo-Plutarque, *Opinions des philosophes*, 900 C ; *DL* VII, § 61.

3. *DL* VII, § 61. *Cf.* Pseudo-Plutarque, *Opinions des philosophes*, 900 C: «le concept est un fantasme de la pensée chez l'animal rationnel (…) ce sont génériquement des fantasmes et spécifiquement des concepts.»

4. *Cf.* Epictète, *Entretiens*, II, 8, § 4-7, qui montre les degrés des êtres animés, de la plante qui se contente de recevoir les impressions à l'animal qui fait usage des impressions, et de l'animal non rationel à l'animal rationnel qui s'assure de la mise en cohérence de cet usage des impressions.

d'impression ni vraie ni fausse dans la mesure où un concept, par sa fonction générique, ne saurait désigner une réalité individuelle : le schème de cheval est ni vrai ni faux – c'est tout au plus son attribution à une impression de cheval réel qui rend cette impression vraie, et fausse si la chose apparente ne s'avère pas un cheval mais un âne ou un zèbre[1]. Ainsi, si le concept est un fantasme, c'est dans un sens très général de la notion de fantasme, et non pour désigner cette forme de fantasme qui vient créer de la confusion dans les phénomènes.

PHÉNOMÈNES ET SCEPTICISME

Par une série de distinctions conceptuelles, les stoïciens ont proposé une véritable typologie des formes de l'apparaître, qui s'organisent principalement autour de la notion d'impression appréhensive, laquelle désigne la coïncidence la plus parfaite de l'être et de l'apparaître. La question qui reste pendante est de savoir comment discerner une telle impression. En effet, la définition de l'impression appréhensive comme celle qui provient de l'existant conformément à l'existant, qui permet de la distinguer *de jure* des autres modes d'apparition, ne donne pas les moyens de la distinguer *de facto*. C'est de fait l'argument que leur ont rétorqué les philosophes sceptiques de la Nouvelle Académie, Arcésilas d'abord, puis Carnéade : une impression ne saurait provenir de ce qui existe de telle manière qu'elle ne pourrait provenir de ce qui n'existe pas[2]. Les stoïciens ne nieront pas qu'il est des impressions qui tombent dans cet écueil, dans la mesure où elles sont dépourvues de la clarté et de la distinction requises : à ce type d'impressions, le sage ne donnera pas son assentiment[3]. Mais l'impression appréhensive est précisément celle qui est « telle qu'elle ne saurait provenir de ce qui n'existe pas »[4]. Cette caractéristique supplémentaire, qui semble avoir été formulée par les stoïciens préci-

---

1. *SE M* VII, § 246. *Cf.* J.-B. Gourinat, *op. cit.*, p. 27.
2. Cicéron, *Académiques*, II, § 77-78 (*LS* 40 D) ; *SE M* VII, § 154-155 (*LS* 41 C8-9), § 164 (*LS* 70 A8), § 252 (*LS* 40 E7).
3. Cicéron, *Académiques*, II, § 57 (*LS* 40 I1). cf. *SE M* VII, § 155 (*LS* 41 C9).
4. Cicéron, *Académiques*, II, § 78 (*LS* 40 D8) ; *SE M* VII, § 248 (*LS* 40 E3), § 252 (*LS* 40 E7).

sément en réponse à l'objection sceptique, implique de considérer le phénomène non plus dans son rapport à ce qui existe (que ce soit un rapport de provenance ou de conformité) mais dans son rapport à sa façon d'apparaître : il s'agit de voir ce qui, dans le phénomène lui-même, peut garantir sa réalité. La définition de l'impression appréhensive invitait à partir de l'existant pour attester de la nature appréhensive de l'impression, ce qui conduisait à un cercle vicieux souligné par certains sceptiques[1]. En partant des phénomènes eux-mêmes, l'effort des stoïciens consiste à faire valoir *l'évidence* (ἐναργεία) qui attestera par elle-même du caractère appréhensif de l'impression : « une telle impression a quelque chose de particulier par rapport aux autres impressions, comme le crotale par rapport aux autres serpents »[2]. Or c'est cette évidence épistémologiquement autosuffisante que les sceptiques de la Nouvelle Académie vont s'attacher à contester : ils parlent à ce propos d'indiscernabilité (ἀπαραλλαξία)[3]. On peut distinguer deux types d'arguments des indiscernables. Premièrement, il s'agit de montrer qu'une impression non appréhensive est tout aussi évidente qu'une impression appréhensive dans la mesure où l'une et l'autre sont causes d'actions tout à fait conséquentes du point de vue de celui qui les reçoit : ainsi de celui qui étanche sa soif en rêve, ou d'Héraclès qui, dans sa folie, tue ses propres enfants à la place de ceux d'Eurysthée[4]. Deuxièmement, il s'agit de montrer, à partir de cas-limites, qu'il est parfois impossible de distinguer entre deux phénomènes pourtant réellement distincts : ainsi du cas des œufs ou des jumeaux[5]. Comment sortir de cette impasse ? Au premier argument, un stoïcien répondra que l'évidence la plus commune nous empêche de considérer l'état de rêve ou de folie comme une condition satisfaisante pour juger des impressions : personne ne considérera qu'une impression reçue dans un état anormal de la sorte puisse valoir comme contrepoint à l'impression appréhensive. Quant au deuxième argument, le stoïcien répondra que là où il y a une

---

1. *SE PH* III, § 242 ; *M* VII, § 426 ; *M* VIII, § 86 ; *M* XI, § 183.

2. *SE M* VII, § 252 (*LS* 40 E7).

3. *SE M* VII, § 252 (*LS* 40 E7), et surtout *M* VII, § 402-410 (*LS* 40 H).

4. *SE M* VII, § 403-407 (*LS* 40 H 2-3). Cf. Cicéron, *Académiques*, II, § 88-90

5. *SE M* VII, § 408-410 (*LS* 40 H 4). cf. *DL* VII, § 177 (*LS* 40 F); Cicéron, *Académiques*, II, § 84-86

différence de nature il peut y avoir une distinction d'impressions : ce n'est pas parce que la plupart des hommes en sont incapables qu'il faut conclure à l'impossibilité *de jure*. Ainsi, la mère est-elle capable de distinguer entre ses jumeaux : tout est question de connaissance, et le sage accompli est celui qui s'approche le plus de la capacité à toujours distinguer entre les phénomènes [1].

En répondant aux arguments des sceptiques de l'Académie, les stoïciens en sont comme venus à reconnaître l'insuffisance de l'évidence de l'impression pour prouver son caractère appréhensif : en effet, ils renvoient tantôt aux conditions dans lesquelles l'impression est reçue (anormales ou normales) et tantôt à la qualité même de celui qui reçoit l'impression (ignorant ou sage). On passerait alors d'une approche internaliste, qui voit dans l'analyse de l'impression elle-même les moyens de sa validation ou de son invalidation, à une approche externaliste, qui s'appuie sur des critères extérieurs à l'impression pour juger de sa validité. Certains textes stoïciens insistent sur cet aspect, en donnant une liste des conditions nécessaires à l'obtention d'une impression appréhensive : « si une seule vient à manquer, alors même que les autres sont présentes, par exemple si l'esprit se trouve dans un état anormal (παρὰ φύσιν), l'appréhension ne pourra être sauve – c'est pourquoi certains disaient que l'impression appréhensive n'est pas, d'une manière générale, critère mais seulement quand elle ne connaît aucun obstacle » [2]. D'une certaine façon, comme l'exprime la fin du passage, le fait de réunir toutes les conditions, autrement dit être « sans obstacle », est même un préalable requis pour bien user des impressions : le critère externe vient compléter le critère interne, la médiation de l'évaluation rationnelle vient compléter l'immédiateté de l'évidence. La charge de la preuve est même inversée : alors que l'évidence s'impose d'elle-même et que les adversaires du stoïcisme doivent soulever les limites de cette évidence, la vérification des conditions est désormais l'étape première qui incombe aux stoïciens. Si les stoïciens ont recouru à cette stratégie défensive, sans doute tardivement, c'est parce qu'ils se devaient de répondre aux objections sceptiques d'une manière plus systématique

---

1. Cicéron, *Académiques*, II, § 57 (*LS* 40 I 2) ; *SE M* VII, § 416 (*LS* 37 F).
2. *SE M* VII, § 424 (*LS* 40 L).

et argumentée que par le simple renvoi à la normalité et au paradigme du sage [1]. Toutefois, les sceptiques ne furent pas convaincus. Poser que le phénomène fiable est celui auquel aucun obstacle ne s'oppose, c'est se référer à ce qui est comme des conditions normales de perception. Or, le problème est de savoir si de telles conditions normales existent.

Il y a en fait plusieurs niveaux d'objections. Premièrement, les conditions normales seraient celles qui permettent d'appréhender les choses comme elles sont : mais n'y a-t-il pas là une pétition de principe qui postule la corrélation entre telles conditions de perception et l'appréhension des choses-mêmes alors qu'il s'agit précisément de se demander comment distinguer la réalité dans les phénomènes ? Il y a même une forme de circularité : les impressions appréhensives ne sont perçues que dans des conditions normales, mais les conditions normales sont elles-mêmes édictées à l'aune de ce qui est considéré comme des impressions appréhensives [2]. Deuxièmement, on pourra se demander si la liste des conditions normales ne renvoie pas seulement à faire primer le point de vue de sens commun sur les autres : est-ce que le point de vue majoritaire, qui veut par exemple que les phénomènes perçus dans un état de folie ont moins de valeur de vérité que ceux perçus par celui qui est « sain d'esprit », est un bon critère ? Un monde de fous considéreraient alors que c'est l'impression du fou qui doit être la norme [3]. Ces deux objections sceptiques se rejoignent en fait dans un argument général : il n'y a pas de conditions privilégiées, ce qui est parfois exprimé par la formule « il n'y a pas d'impression sans obstacle », qui est une réponse directe à la défense stoïcienne d'un critère externe [4]. Dire qu'il n'y a pas d'impression sans obstacle, c'est renvoyer chaque phénomène à la singularité des circonstances de son apparition et à la singularité de l'état de celui auquel il apparaît. D'une certaine manière, le propre d'une condition de perception, quelle qu'elle soit, est de constituer une certaine limitation du point de vue à telle circonstance et telle disposition particulières : c'est cette limitation qui constitue l'obstacle à l'assurance que mon impression est plus vraie qu'une autre.

---

1. Voir *SE M* VII, § 253-256 (*LS* 40 K1-3).
2. *Cf. SE PH* II, § 54.
3. Voir *SE M* VIII, § 53-54.
4. *SE M* VII, § 412-414, § 425. cf. *SE PH* I, § 102-103, § 104 (*LS* 72 E1-3).

Cet argument fondamental, qui a parfois été formulé comme l'argument du relatif (πρός τι), a été développé non par les sceptiques de la Nouvelle Académie mais par les sceptiques pyrrhoniens, d'Énésidème à Sextus Empiricus[1]. Avec la réfutation pyrrhonienne, le stoïcisme perd le fondement externe de sa théorie des phénomènes, comme il en avait perdu le fondement interne avec la réfutation académicienne. En posant l'irréductible relativité des phénomènes, les sceptiques pyrrhoniens recréent de la confusion, comme les académiciens par les arguments des indiscernables, là où tout l'effort stoïcien était de produire une série de distinctions au sein des phénomènes. Mais c'est ici que les stoïciens pourront répliquer : s'il n'est pas de distinction entre les phénomènes, s'il y a partout de la confusion entre ce qui se présente à l'homme fou et à l'homme sensé, entre ce qui apparaît dans le rêve et à l'état réveillé, comment la vie sera-t-elle tenable ? Comment, comme certains le dirent de Pyrrhon, ne pas se ruer dans le précipice qui est là devant nous mais qui pourrait bien ne pas être si tout phénomène est indiscernable et relatif[2] ? Académiciens et pyrrhoniens ne répondirent pas tout à fait de la même manière à cette objection fondamentale. Les Académiciens, et notamment Carnéade, auraient proposé de considérer que ce qui permet de guider notre vie sans tomber dans les impasses stoïciennes est l'impression convaincante (φαντασία πιθανή)[3]. Cette impression, dont seule la dimension affectante est prise en compte (φαντασιούμενον) sans considération de la chose apparente (φανταστόν), est celle dont la clarté propre suffit pour faire des choix dans la plupart des cas, même s'il peut arriver qu'un examen complémentaire soit nécessaire ou que l'on s'assure que les conditions soient réunies pour qu'elles ne soient pas trompeuse, même si les académiciens se gardent de se prononcer définitivement sur la vérité ou la fausseté de ce qui leur apparaît

---

1. Voir *SE PH* I, § 135-140 (*LS* 70 I). cf. *SE PH* I, § 36-39 (*LS* 70 A7-10).

2. *DL* IX, § 62 (*LS* 1 A3).

3. Cicéron, *Académiques*, II, § 103 (*LS* 69 I1), § 108 (*LS* 69 J) ; *SE M* VII, § 166-175 (*LS* 69 D). Arcésilas aurait, pour sa part, défendu la thèse que la vie peut être conduite en suivant le raisonnable (*SE M* VII, § 158) : mais il est possible qu'il n'ait professé cette thèse, de manière dialectique, que pour réfuter la morale stoïcienne, qui fait du raisonnable et du convenable les formes faibles de l'action vertueuse, laquelle s'accomplit dans les « actions droites ».

alors [1]. La difficulté de cette position, comme le leur reprochèrent les stoïciens [2], mais aussi et surtout les pyrrhoniens [3], est qu'elle semble inexorablement glisser vers une distinction entre les phénomènes, selon qu'ils produisent une impression convaincant ou non, distinction dont les académiciens reprochaient précisément aux stoïciens le caractère infondé. Les pyrrhoniens tentèrent d'échapper à cette difficulté en posant qu'il suffit pour vivre de se référer aux phénomènes, sans se prononcer sur le caractère vrai ou faux, voir convaincant ou non convaincante, de ce qui apparaît [4]. Dans ce cadre, le phénomène est « ce qui me conduit involontairement, par la dimension affective de l'impression, à l'assentiment [5] ». Le périmètre des phénomènes, tels que conçus par les pyrrhoniens, est très large, puisqu'il contient aussi bien les affects de faim, de soif, de froid et de chaud que toute la variété des percepts et des concepts : et c'est ainsi que, dans la situation extrême d'avoir à choisir entre le parricide commandé par un tyran et le suicide, le pyrrhonien choisira l'un ou l'autre en se fiant simplement aux phénomènes, c'est-à-dire à ce qui lui apparaît sur le moment [6]. En d'autres termes, le pyrrhonien retournerait en positif ce qui valait comme un argument négatif contre l'épistémologie stoïcienne : il n'y a rien d'autre que des phénomènes toujours relatifs, ce qui nous empêche d'attribuer le vrai ou le faux, mais ce qui ne nous empêcherait pas de vivre, et même de vivre heureux [7]. On peut toutefois demeurer très « sceptique » sur cette conclusion, comme ne manquerait pas de le souligner un stoïcien, et ce d'autant plus que la voie pyrrhonienne semble tout simplement nous reconduire au point de départ, soit à cette adhésion non philosophique aux phénomènes

---

1. *SE M* VII, § 176-184 (*LS* 69 E), Cicéron, *Académique*, II, 98-105.

2. Cicéron, *Académiques*, II, § 59 (*LS* 69 F1).

3. Photius (citant Enésidème), *Bibliothèque*, 169b18-170b3 (LS 71 C) ; *SE PH* I, § 226-230, *M* VII, § 435-438.

4. *SE PH* I, § 19-24 ; *M* VII, § 29-30 ; *DL* IX, § 106-107 (LS 71 A) ; *Commentaire anonyme sur le Théétète*, l. 60, 48 – l. 61, 46 (*LS* 71 D). Sur l'interprétation de ce que désigne « ce qui apparaît » dans le scepticisme pyrrhonien, voir la controverse célèbre entre J.-P. Dumont (*Le scepticisme et le phénomène*, Paris, Vrin, 1985) et M. Conche (*Pyrrhon ou l'apparence*, Paris, P.U.F., 1994).

5. *SE PH* I, § 19.

6. *SE M* XI, § 166 ; *DL* IX, § 108.

7. *SE M* XI, § 118. cf. *SE M* XI, § 141-166.

qui traverse l'*Illiade* et toutes les tragédies de l'aventure humaine. Sommes-nous condamnés à nous faire balloter par les phénomènes, sans légitimité épistémologique pour tracer un chemin sur la base d'impressions plus vraies que d'autres ? A contrario, est-on autorisé à en rester purement et simplement aux phénomènes, alors même que nous sommes comme poussés par notre nature rationnelle à chercher le vrai, propos d'allure stoïcienne que ne renierait pourtant pas d'une certaine manière un pyrrhonien comme Sextus Empiricus [1] ?

Baptiste BONDU
Docteur de l'Université Paris Ouest Nanterre La Défense

---

1. *SE PH* I, § 12, § 25-30. *Cf.* Cicéron, *Académiques*, II, § 30-31 (*LS* 40 N), § 37-38 (*LS* 40 O).

DE PHENOMENIS SIVE EXPERIMENTIS

STATUT ET FONCTION DE LA VISIBILITÉ DE LA NATURE
DANS LA MÉTAPHYSIQUE ET LA PHYSIQUE CARTÉSIENNES

Si le terme de « phénomène » peut renvoyer, sous la plume de Descartes, à des apparitions particulières, voire peu fréquentes, se produisant dans la nature, telles que les parhélies de Rome de 1629[1], il est aussi utilisé comme un synonyme d'expérience[2], c'est-à-dire comme ce qui est perçu par les sens. Or, l'on ne peut que rappeler que, dans les *Méditations métaphysiques*, la procédure de recherche d'un fondement certain pour la connaissance a conduit Descartes, en s'appuyant sur le constat des erreurs ponctuelles des sens, à révoquer en doute toute l'expérience sensible. Pourtant, Descartes déclare également que les phénomènes sont l'objet même de la physique[3], autrement dit l'élargissement de la signification du terme à tout ce qui s'offre à l'expérience est révélateur du projet cartésien de connaissance de la nature à partir de la phénoménalité même, que les phénomènes soient exceptionnels de par leur fréquence ou leur apparence ou qu'ils soient ce qu'il y a de plus commun dans la nature. Les phénomènes sont les effets visibles des causes mécaniques à

---

1. *Cf.* Descartes à Mersenne, 8 octobre 1629, AT I, p. 23 ; *Météores*, AT VI, p. 356, 366 (par l'abréviation AT, nous nous référons à *Œuvres de Descartes*, publiées par Charles Adam et Paul Tannery, 2ᵉ éd., Paris, Vrin, 1996, suivie du numéro de tome en chiffres romains).

2. C'est le cas dans le texte latin des *Principia philosophiae*, III, 4, AT VIII-1, p. 81 : « *De phenomenis, sive experimentis* ».

3. *Cf.* Descartes à Mersenne, 13 novembre 1629, AT I, p. 70 : « au lieu d'expliquer un phénomène seulement, je me suis résolu d'expliquer tous les phénomènes de la nature, c'est-à-dire toute la physique. »

l'œuvre dans la nature[1]. Autrement dit, ce qui s'offre à l'expérience sensible, alors même qu'il semblait avoir été exclu du champ de la connaissance par la métaphysique, devient central pour la philosophie naturelle. Comment cela est-il possible ? Comment s'assurer que les phénomènes, c'est-à-dire la façon dont les choses m'apparaissent, au sein de la conscience percevante, s'accordent avec la réalité de la nature que la métaphysique a définie, mais de façon simplement générale, comme chose étendue[2] ?

LES PHÉNOMÈNES RÉDUITS À L'IMMANENCE DE LA CONSCIENCE : LA DÉMARCHE MÉTAPHYSIQUE DES *MÉDITATIONS*

Dans les *Méditations métaphysiques*, au cours de sa quête d'un fondement certain pour la connaissance, Descartes rencontre en premier lieu la phénoménalité comme ce qui semble offrir une première certitude, celle de l'accointance directe du sujet avec le monde. Mais l'immédiateté apparente et la familiarité de ce qui nous apparaît dans la sensation ne sauraient offrir une résistance suffisante au doute, précisément parce que nous avons déjà éprouvé un écart, pour ne pas dire une contradiction, entre le phénomène et la réalité : « Tout ce que j'ai reçu jusqu'à présent pour le plus vrai et assuré, je l'ai appris des sens, ou par les sens : or j'ai quelquefois éprouvé que ces sens étaient trompeurs [...][3]. » Alors même qu'un sceptique n'aurait pas hésité à accumuler les exemples d'erreurs perceptives en tâchant à chaque fois de mettre en contradiction les uns avec les autres différents phénomènes, Descartes se contente donc de rappeler que les sens peuvent nous tromper, sans distinguer aucun cas particulier. Tant que Descartes est engagé dans la recherche d'un doute maximal qui sera la condition d'émergence de la certitude conçue comme ce qui seul est

---

1. C'est ce qu'explicite la traduction française des *Principia philosophiae* avec un ajout significatif : « il faut maintenant essayer si nous pourrons déduire de ces seuls principes l'explication de tous les phénomènes, *c'est-à-dire des effets qui sont en la nature et que nous apercevons par l'entremise de nos sens.* » (AT IX-2, p. 103 ; les italiques indiquent l'ajout de la traduction française).

2. Cf. *Méditations métaphysiques*, V, AT IX-1, p. 50-51.

3. AT IX-1, p. 14.

capable d'y résister, il ne sert de rien d'opérer des distinctions ou des hiérarchies, en fonction de leur prétendu degré de certitude, entre les phénomènes, si ce n'est dans l'intention de dégager un champ d'impressions sensibles qui pourrait résister à tout doute possible. Ce qui compte n'est pas tant la plus ou moins grande probabilité que les phénomènes ne soient pas conformes à la réalité extérieure que la possibilité, qu'ouvre une occurrence singulière d'illusion visuelle, que chaque phénomène soit en porte à faux par rapport à la réalité. Il importera donc à Descartes que le doute puisse s'appliquer à tous les phénomènes, non pas parce que chacun serait susceptible d'être ramené à une situation possible d'erreur précisément identifiée (distance trop importante, objet trop petit, etc.), mais parce que les sens eux-mêmes seront destitués de leur prétention cognitive, quelles que soient les conditions dans lesquelles ils s'exercent.

Descartes va alors rejeter par étapes successives la phénoménalité comme fondement de la connaissance. Dans un premier temps, il dit seulement qu'« il est de la prudence de ne se fier jamais *entièrement* à ceux qui nous ont une fois trompés[1] ». Il y a par conséquent peut-être des cas où nous pouvons néanmoins nous fier aux sens :

> Mais, encore que les sens nous trompent quelquefois, touchant les choses peu sensibles et fort éloignées, il s'en rencontre peut-être beaucoup d'autres, desquelles on ne peut pas raisonnablement douter, quoique nous les connaissions par leur moyen : par exemple, que je sois ici, assis auprès du feu, vêtu d'une robe de chambre, ayant ce papier entre les mains, et autres choses de cette nature. Et comment est-ce que je pourrais nier que ces mains et ce corps-ci soient à moi[2] ?

Le mouvement de résistance au doute par la limitation de la portée de celui-ci repose sur une distinction entre « les choses peu sensibles et fort éloignées » d'une part et les choses sensibles et proches (mon corps est en effet ce qui m'est le plus proche) d'autre part. Il s'agit de circonscrire les conditions objectives selon lesquelles les sens peuvent réaliser leur office cognitif convenablement. À ce moment de la réflexion, il ne semble pas que les erreurs des sens puissent provenir du sujet percevant lui-même, mais bien de la distance à laquelle se

---

1. AT IX-1, p. 14 (nous soulignons).
2. AT IX-1, p. 14.

trouvent les objets vus et de leur taille, deux données objectivement mesurables. Pour rompre tout lien entre la phénoménalité et la réalité, il faut alors que Descartes passe à un argument proprement métaphysique, celui de l'apparente indistinction entre nos états de veille et nos états oniriques. Cet argument suggère que les phénomènes ne sont peut-être pas causés par le monde extérieur et peuvent se réduire à de purs états psychiques. Certes, la formulation cartésienne de l'argument du rêve ne revient pas expressément à dire qu'aucun monde n'existe en dehors de nous, mais il ouvre cette possibilité en déconnectant ce qui nous semble le plus suggérer cette existence, c'est-à-dire nos sensations, d'un monde matériel[1]. Les phénomènes sont alors privés de leur fonction de mise en relation du sujet et de l'objet, par la dissolution du second pôle de la phénoménalité.

Du point de vue métaphysique, Descartes, par la mise en cause de l'existence du monde extérieur dépasse la radicalité du scepticisme antique. Pour le scepticisme antique, c'est seulement la possibilité d'une relation transparente entre l'objet et la sensation que nous en avons qui était mise en question, sans que par ailleurs la véracité de la sensation en elle-même et la certitude de l'existence de l'objet soient jamais mises en doute[2]. La procédure des sceptiques de l'Antiquité consiste à mettre en évidence l'incertitude de notre connaissance, précisément dans son échec à nous faire saisir cette réalité indépendante, parce qu'il n'est pas possible de distinguer, dans le phénomène,   ce qui relève de l'objet et du sujet[3]. Pour Descartes, au contraire, à ce stade métaphysique, la phénoménalité ne se caractérise pas tant par le mélange entre le sujet et l'objet que par la réduction du phénomène à la pure conscience subjective, à la pure apparence. Descartes ne se

1. AT IX-1, p. 61 : « La première est que je n'ai jamais rien cru sentir étant éveillé, que je ne puisse aussi quelquefois croire sentir quand je dors ; et comme je ne crois pas que les choses qu'il me semble que je sens en dormant, procèdent de quelques objets hors de moi, je ne voyais pas pourquoi je devais plutôt avoir cette créance, touchant celles qu'il me semble que je sens étant éveillé. »

2. *Cf.* M. Burnyeat, « Idealism and Greek Philosophy : What Descartes Saw and Berkeley Missed », *The Philosophical Review*, 1982, 91/1, p. 3-40.

3. Jean-Paul Dumont définit ainsi le phénomène antique comme « un produit mixte né de la rencontre de l'effluence du sens avec celle du sensible » (*Le Scepticisme et le phénomène*, Paris, Vrin, 1985, p. 3).

contente pas d'attaquer la fiabilité de la relation établie entre les phénomènes et la réalité, ni de considérer que cette relation est assez largement trompeuse, inadéquate ou qu'elle nous donne une image déformée de l'objet, mais s'emploie à dissoudre toute relation potentielle entre les deux pôles. La nouveauté que ce type de scepticisme introduit, dans son approche de la sensation, réside dans le fait que les phénomènes sont réduits à n'être que des états mentaux, au risque de conduire à un solipsisme radical. La radicalité de cette analyse induit, de fait, la mise en doute de tous les phénomènes sans distinction. C'est alors le fondement même d'un rapport possible entre les choses et les phénomènes que la métaphysique cartésienne invite à repenser. Pour Descartes, la procédure du doute radical soit détruira complètement toute possibilité de recourir aux sens dans l'ordre de la connaissance, soit permettra de dépasser les apparences sensibles non réfléchies pour connaître les choses mêmes. On comprend alors que Descartes soit devra renoncer complètement au sensible pour la connaissance si le doute ne parvient pas à être surmonté, soit sera tenu de déterminer le statut épistémologique des phénomènes en les reliant à l'être dont ils procèdent.

Les *Deuxième*, *Troisième* et *Quatrième Méditations* permettent de lever progressivement les doutes les plus radicaux auxquels Descartes avait fait appel pour trouver la certitude. Néanmoins, la métaphysique n'a pas répondu à tous les problèmes suscités par l'argumentation sceptique. Dans la *Sixième Méditation*, Descartes revient alors sur l'existence des corps et de leurs propriétés qu'il avait mise entre parenthèses au cours de la *Première Méditation*. Une fois l'existence de Dieu et la nature de corps pouvant exister établies, devient-il alors concevable d'envisager à nouveau la possibilité d'une relation entre les phénomènes et la connaissance des corps de la nature ? Cela présuppose de surmonter l'argument sceptique sur les erreurs des sens qui avait été employé dans la *Première Méditation*. L'auteur des *Meditationes* se fait alors plus précis dans la *Sixième Méditation* que dans la *Première* puisqu'il évoque des exemples canoniques de la culture sceptique, comme celui de la tour ronde-carrée : « Mais par après plusieurs expériences ont peu à peu ruiné toute la créance que j'avais ajoutée aux sens. Car j'ai observé plusieurs fois que des tours, qui de loin m'avaient semblé rondes, me paraissaient de près être carrées, et que des colosses, élevés sur les plus hauts sommets de ces tours, me paraissaient de petites statues à les regarder d'en bas ; et ainsi, dans une infinité d'autres rencontres, j'ai trouvé de l'erreur dans les jugements fondés sur les sens extérieurs[1]. » Le passage, entre la *Première* et la *Sixième Méditation*, d'un jugement très général sur le caractère trompeur des sens à l'évocation d'exemples précis issus de la culture sceptique nous semble révélateur du changement de perspective qui s'opère du début à la fin du parcours métaphysique des *Meditationes*. Alors que dans la *Première Méditation*, il s'agissait de trouver les raisons maximales de douter et il importait à Descartes de faire porter le doute sur les phénomènes pris dans leur ensemble, une fois l'existence d'un Dieu non trompeur établie, l'enjeu porte à la fois sur l'existence des corps et sur la possibilité que nous avons d'en connaître non plus les propriétés générales établies par la *Cinquième Méditation*, mais bien leurs propriétés particulières à partir desquelles une connaissance de la nature devient véritablement possible. Autrement dit, après avoir réduit le phénomène à un pur état mental, Descartes envisage la possibilité de reconstruire conceptuellement son rapport aux choses matérielles.

Pourtant, il faut avouer que le cas des erreurs des sens évoqué dans la *Première Méditation* n'est pas entièrement résolu par la *Sixième Méditation*. Certes, Descartes y établit que les sensations ont une fonction essentiellement vitale[2]. Pourtant, quelle réponse cette thèse peut-elle apporter au cas de la tour carrée vue ronde de loin ? Gassendi, dans les objections qu'il adresse à Descartes, lui oppose une méthode de discrimination entre les phénomènes dont il relève, à juste titre, qu'elle manque toujours à la fin des *Méditations* :

> Donc, si l'on demande d'une tour vue de loin : est-elle ronde ou carrée ? c'est avec raison que l'on réservera son assentiment tant que celle-ci apparaîtra ronde, parce que dans d'autres cas il a été constaté que la tour vue de loin comme ronde était carrée pour qui la voyait de près. Mais au cas où une tour vue de près apparaîtrait sans angles et polie de toutes parts, alors, vouloir réserver son assentiment ou douter si elle n'est pas plutôt carrée que ronde, et polie, je ne vois pas pourquoi cela ne devrait pas être laissé à ceux qui, dites-vous, *n'ont pas l'esprit sain*. De même, bien que la vue soit trompée quand elle juge que le bâton à moitié dans

1. AT IX-1, p. 61.
2. *Cf.* AT IX-1, p. 64-65.

l'air et à moitié dans l'eau est recourbé, cependant, parce qu'une fois tiré de l'eau et placé entièrement dans l'air il est apparu droit, il n'y a certainement plus de raison pour suspecter encore de fausseté cette dernière sensation. [...] et quand tout le cours de ces méditations se trouve achevé, personne ne sait que la tour vue de près est polie ou que le bâton vu dans l'air est droit avec une plus grande certitude que s'il s'était arrêté sur le seuil [1].

Alors que, pour Gassendi, il est possible d'opérer des distinctions entre les apparences phénoménales en fonction des conditions dans lesquelles s'opère la perception sensible [2], ce qui lui permet de concevoir la physique comme une science des phénomènes renonçant à connaître la nature intime des choses [3], peut-on concevoir une vérité intrinsèque comparable du phénomène chez Descartes ? La réponse que Descartes adresse aux auteurs des *Sixièmes Objections* doit nous inciter à répondre par la négative à cette question [4]. Pour Descartes, il existe en effet une pluralité de phénomènes se rapportant à un même objet (par exemple le bâton apparaissant rompu quand il est plongé dans l'eau ou apparaissant droit une fois sorti de l'eau ou une fois expérimenté par le toucher). Or, contrairement à l'approche qui est

1. Pierre Gassendi, *Disquisitio metaphysica*, Contre la première méditation, Doute I, Inst. V, trad. B. Rochot, Paris, Vrin, 1962, p. 46. *Cf.* également *Disquisitio metaphysica* Contre la sixième méditation, Doute II, Inst. II, *ibid.*, p. 538 : « Mais j'ai dit que nous sommes sûrs que la tour est carrée quand nous la regardons de près et que nous la touchons. [...] Car lorsque par exemple je regarde une tour de près et que je puis examiner tout à l'entour ses quatre faces, à l'œil nu pour une part, pour le reste en y appliquant l'équerre, lorsque je puis compter les angles, je pense l'avoir suffisamment étudiée pour être assuré qu'elle est carrée plutôt que ronde. »

2. *Cf.* Pierre Gassendi, *Syntagma philosophicum*, Institutio logica, I, Canon XI et IV, Canon IV, *in* Pierre Gassendi, *Opera omnia*, Lyon, Anisson et Devenet, 1658, t. I, p. 96b, 122a.

3. *Cf.* Gassendi à Louis de Valois, 28 juin 1641, *in Opera omnia*, t. VI, p. 110b.

4. *Sixièmes Réponses*, AT IX-1, p. 238 : « Mais je ne puis demeurer d'accord de ce que l'on ajoute ensuite, à savoir que *cette erreur n'est point corrigée par l'entendement, mais par le sens de l'attouchement ;* car bien que ce sens nous fasse juger qu'un bâton est droit, et cela par cette façon de juger à laquelle nous sommes accoutumés dès notre enfance, et qui par conséquent peut être appelée *sentiment,* néanmoins cela ne suffit pas pour corriger l'erreur de la vue, mais outre cela il est besoin que nous ayons quelque raison, qui nous enseigne que nous devons en cette rencontre nous fier plutôt au jugement que nous faisons en suite de l'attouchement, qu'à celui où semble nous porter le sens de la vue ; laquelle raison n'ayant point été en nous dès notre enfance, ne peut être attribuée au sens, mais au seul entendement [...] ».

celle de Gassendi, ce n'est pas en multipliant les phénomènes, c'est-à-dire les perspectives apparentielles sur un objet, que l'on pourra juger de sa réalité. Il n'est pas possible, pour Descartes, de classer les phénomènes selon des degrés de probabilité renvoyant à leur adéquation possible avec l'objet. Un phénomène n'a en soi pas plus de force de vérité qu'un autre : il n'y a pas de raison d'accorder plus de confiance au toucher qui tendrait à nous indiquer que le bâton plongé dans l'eau est droit qu'à la vue qui nous le fait percevoir rompu.

Dès lors, comment connaître les corps particuliers, non sous le rapport d'utilité ou de nocivité qu'ils entretiennent avec mon corps, mais dans leurs dimensions essentielles ? La réponse apportée par Descartes à ce sujet dans la *Sixième Méditation* reste imprécise :

> Et partant il faut confesser qu'il y a des choses corporelles qui existent.
> Toutefois elles ne sont peut-être pas entièrement telles que nous les apercevons par les sens, car cette perception des sens est fort obscure et confuse en plusieurs choses ; mais au moins faut-il avouer que toutes les choses que j'y conçois clairement et distinctement, c'est-à-dire toutes les choses, généralement parlant, qui sont comprises dans l'objet de la géométrie spéculative, s'y retrouvent véritablement. Mais pour ce qui est des autres choses, lesquelles ou sont seulement particulières, par exemple, que le soleil soit de telle grandeur et de telle figure, etc., ou bien sont conçues moins clairement et moins distinctement, comme la lumière, le son, la douleur et autres semblables, il est certain qu'encore qu'elles soient fort douteuses et incertaines, toutefois de cela seul que Dieu n'est point trompeur, et que par conséquent il n'a point permis qu'il pût y avoir aucune fausseté dans mes opinions, qu'il ne m'ait aussi donné quelque faculté capable de la corriger, je crois pouvoir conclure assurément que j'ai en moi les moyens de les connaître avec certitude [1].

Descartes exprime ici un espoir, celui de parvenir à la connaissance de certaines propriétés *particulières* de corps existant dans la nature. Néanmoins, Descartes n'explicite pas si, ni comment, les phénomènes peuvent nous donner accès aux propriétés géométriques de ces corps. En outre, à la fin de la *Seconde Méditation*, Descartes a conclu de l'examen de la diversité et de la variabilité phénoménales d'un morceau de cire que l'on ferait fondre et qui

---

1. AT IX-1, p. 63-64.

perdrait son odeur, sa figure, son goût initiaux, que seul le jugement, c'est-à-dire une activité de la pensée, pouvait conclure à l'identité d'un corps par delà ses variations phénoménales[1]. Même si, à l'issue des *Méditations métaphysiques*, il devient possible d'affirmer que tout phénomène n'est certes pas qu'un état mental, pour autant la conclusion de la *Seconde Méditation* semble bien être un acquis définitif : il y a une activité de la pensée dans la constitution même du phénomène. Dès lors, cette activité du sujet dans la constitution de la phénoménalité doit-elle être comprise comme un obstacle pour l'accès aux choses ou, au contraire, comme une de ses conditions de possibilité ? Le problème de la relation du phénomène à la connaissance de la nature peut alors être formulé comme suit : comment établir la valeur de vérité du phénomène si celui-ci ne saurait être réduit *de facto* à une pure apparence passive ?

DES PHÉNOMÈNES À LA CONNAISSANCE DE LA NATURE : LE FONDEMENT ÉPISTÉMOLOGIQUE DE LA *DIOPTRIQUE*

Les auteurs des *Sixièmes Objections* conduisent Descartes à expliciter le lien qu'il conçoit entre la phénoménalité et la pensée en exprimant le doute que celle-ci puisse atteindre une plus grande certitude que les sens[2]. Descartes répond, non seulement en confirmant cette hiérarchie, mais surtout en montrant qu'une dimension intrinsèque des phénomènes provient de ce que l'activité de l'entendement y projette. Descartes, afin de « comprendre quelle est la certitude du sens », distingue trois niveaux dans la perception sensible. Le premier degré ne concerne que les processus mécaniques se produisant dans notre corps quand nous éprouvons des sensations. Le second « contient tout ce qui résulte immédiatement en l'esprit, de ce qu'il est uni à l'organe corporel ainsi mû et disposé par ses objets ; et tels sont les sentiments de la douleur, du chatouillement, de la faim, de la soif, des couleurs, des sons, des saveurs, des odeurs, du chaud, du froid,

---

1. *Cf.* AT IX-1, p. 23-25.
2. *Cf.* AT IX-1, p. 222.

et autres semblables [...]¹». Descartes explicite ensuite à quoi correspondent ces deux degrés avec l'exemple d'un bâton :

> Par exemple, lorsque je vois un bâton, [...] les rayons de la lumière réfléchis de ce bâton excitent quelques mouvements dans le nerf optique, et par son moyen dans le cerveau même, ainsi que j'ai amplement expliqué dans la Dioptrique. Et c'est en ce mouvement du cerveau, qui nous est commun avec les bêtes, que consiste le premier degré du sentiment. De ce premier suit le second, qui s'étend seulement à la perception de la couleur et de la lumière qui est réfléchie de ce bâton, et qui provient de ce que l'esprit est si étroitement et si intimement conjoint avec le cerveau, qu'il se ressent même et est comme touché par les mouvements qui se font en lui².

Descartes va surtout insister sur ce qui démarque le troisième niveau des deux autres parce qu'il engage la question de la connaissance des corps extérieurs. En effet, les deux premiers niveaux n'impliquent pas l'entendement³ et surtout «il ne peut y avoir en eux aucune fausseté⁴». À rebours, le troisième comprend une intervention de l'entendement et c'est là que va se jouer la possibilité d'une forme de transitivité des phénomènes aux corps :

> [...] le troisième comprend tous les jugements que nous avons coutume de faire depuis notre jeunesse, touchant les choses qui sont autour de nous, à l'occasion des impressions, ou mouvements, qui se font dans les organes de nos sens. [...] Car, que de ce sentiment de la couleur, dont je sens l'impression, je vienne à juger que ce bâton qui est hors de moi est coloré, et que de l'étendue de cette couleur, de sa terminaison et de la relation de sa situation avec les parties de mon cerveau, je détermine quelque chose touchant la grandeur, la figure et la distance de ce même bâton, quoiqu'on ait coutume de l'attribuer au sens, et que pour ce sujet je l'aie rapporté à un troisième degré de sentiment, c'est néanmoins une chose manifeste que cela ne dépend que de l'entendement seul⁵.

---

1. AT IX-1, p. 236.
2. AT IX-1, p. 236-237.
3. AT IX-1, p. 237 : «[...] et c'est tout ce qu'il faudrait rapporter au sens, si nous voulions le distinguer exactement de l'entendement. »
4. AT IX-1, p. 237.
5. AT IX-1, p. 236-237.

Il faut commencer par remarquer que Descartes parle de « degrés » du sens car chacun des stades qu'il distingue manifeste un degré plus ou moins grand d'implication de la pensée dans la constitution de la phénoménalité : degré nul dans le premier niveau qui n'est pas conscient, degré minimal dans le deuxième niveau où l'âme est purement passive, degré plus important dans le troisième niveau dans lequel interviennent l'entendement et un jugement. Mais les phénomènes qui sont l'objet de ma perception, en tant que tels, ne sont jamais réellement constitués en deçà du troisième degré et nos perceptions sensibles ne se réduisent jamais à la vision de taches colorées et lumineuses en deux dimensions. Le sens de la profondeur spatiale et la constitution du visible en choses dotées d'une figure, d'une grandeur et situées à une distance particulière ne sont pas dissociables des phénomènes précisément en tant qu'ils sont des représentations conscientes. Cela signifie que le jugement intervenant au troisième degré de la sensation dépend d'une activité presque originelle de la pensée, qui relève d'une habitude contractée dès l'enfance et structure ensuite tout notre rapport à la phénoménalité. L'entendement joue donc un rôle actif dans la constitution de la phénoménalité conçue comme ce qui intrinsèquement réfère une sensation brute de lumière et de couleurs à des choses, comme ce qui représente de façon ordonnée des choses dans l'étendue. Comme l'écrit Frédéric de Buzon, « Descartes affirme que l'entendement seul, par le raisonnement, fait passer de l'image en moi à l'objet hors de moi [1]. » Descartes nous permet ainsi de comprendre pourquoi les phénomènes sont des représentations mentales qui visent l'extériorité corporelle du fait de l'activité du jugement dans leur constitution.

Mais il y a là pour Descartes la source à la fois d'une connaissance des choses de la nature à partir de leur apparition phénoménale, tout comme celle de nombreuses erreurs par lesquelles nous attribuons aux choses des propriétés purement sensibles telles que les couleurs [2].

---

1. F. de Buzon, « Le problème de la sensation chez Descartes », dans J.-L. Vieillard-Baron (dir.), *Le dualisme de l'âme et du corps*, Paris, Vrin, 1991, p. 85-99 (cit. p. 89).

2. Cf. *Principes de la philosophie*, I, 71, AT IX-2, p. 58-59. Descartes souligne que, du fait d'habitudes contractées dès l'enfance, les qualités dans leur ensemble ne sont pas perçues comme de simples représentations mentales, mais comme des propriétés des corps. Cela revient à dire que nous avons toujours tendance à ériger nos sensations en

Alors que l'intellect nous offre les moyens conceptuels de penser les choses telles qu'elles sont, la sensation associe, en une même représentation, des caractéristiques susceptibles d'appartenir réellement au corps et des qualités projetées par notre pensée sur ce corps. La pensée peut ainsi constituer un obstacle à la transitivité du phénomène vers la chose : c'est le cas quand nous produisons des jugements qui attribuent telle couleur ou telle figure brisée au bâton plongé dans l'eau. Descartes a bien compris que tout phénomène relève d'une interprétation. Même si les sens ne sont jamais, en eux-mêmes, un outil exact, précis et neutre, de relevé des éléments du monde extérieur, c'est dans le jugement intervenant dans le troisième degré de la sensation que réside la possibilité de formuler des énoncés aussi bien vrais que faux sur la réalité du monde extérieur. Il y a toujours un risque d'erreur dans la formulation d'un jugement de troisième niveau, donc dans l'affirmation qu'un objet a telle ou telle figure par exemple, d'autant plus que ces jugements sont produits si rapidement, par la répétition de l'habitude, que nous ne nous apercevons plus de cette intervention de la pensée dans la constitution de la phénoménalité [1]. Mais, comme il s'agit de jugements, il est toujours possible de les réviser et de ne plus attribuer aux choses des propriétés phénoménales qui ne leur appartiennent pas essentiellement.

Malgré les difficultés laissées en suspens à la fin des *Méditations*, l'extension du statut négatif de la sensation, de la métaphysique à la théorie de la connaissance, nous semble alors devoir être discutée et remise en question, précisément parce que l'intervention d'un jugement dans la constitution des phénomènes ouvre la voie à une maîtrise de la production de ces jugements. Au lieu de considérer qu'il y aurait, dans la pensée cartésienne, une contradiction entre le rôle purement négatif assigné au sensible par la métaphysique et un recours fréquent

phénomènes, c'est-à-dire à projeter dans l'objet ce qui ne relève que de l'apparence. Comme cela apparaît manifestement dans cet article des *Principes*, toute l'entreprise cartésienne de fondation d'une connaissance certaine consiste donc à purifier les phénomènes afin que ce que le sujet projette, par eux, dans l'objet, corresponde à la réalité des corps que la métaphysique a réduite à l'étendue et au mouvement.

1. AT IX-1, p. 237 : « la coutume nous fait raisonner et juger si promptement de ces choses-là (ou plutôt nous fait ressouvenir des jugements que nous en avons faits autrefois), que nous ne distinguons point cette façon de juger d'avec la simple appréhension ou perception de nos sens. »

et valorisé aux phénomènes dans l'élaboration concrète de la philosophie naturelle, il convient plutôt de déterminer à la fois les limites du
champ d'application de chacune de ces approches et leurs articulations
possibles à travers l'analyse du projet spécifiquement épistémologique de Descartes tel qu'il se manifeste en particulier dans son
optique. L'optique cartésienne peut être analysée comme un débouché
rétrospectif des *Meditationes*, qui apporte des réponses à plusieurs
questions laissées en suspens, mais en même temps suscitées par la
réflexion métaphysique. Du fait de la radicalité de la perspective
métaphysique qui a mis en doute toute relation possible du phénomène
aux choses, la *Dioptrique* ne peut alors pas consister en une simple
entreprise de rectification de nos sensations inexactes, mais doit
interroger les fondements mêmes de la représentation sensible dans
son rapport à l'extériorité corporelle.

Descartes élabore une optique mécaniste qui rend compte du
visible à partir de la pression sur l'œil de particules de matière elles-
mêmes invisibles (cette pression de la matière subtile constituant
proprement la lumière). Chaque rayon de lumière réfléchi ou réfracté
par un point de l'objet se transmet jusqu'à l'œil où, après une série de
réfractions, une image inversée et renversée de l'objet se forme sur la
rétine. La pression des parties de matière subtile se communique au
nerf optique et, dans le cerveau, à la glande pinéale. L'accès à la
phénoménalité se fait donc selon un processus mécanique complexe :
le visible n'est plus donné d'emblée par la lumière ou par les espèces
sensibles des scolastiques ; il faut le reconstruire dans une relation
punctiforme entre l'œil et chaque point-objet vu. La vision n'est
plus envisagée comme processus de saisie globale de l'environnement
corporel, mais comme résultat d'interactions qui s'ajoutent les unes
aux autres pour créer une spatialité visuelle[1]. La mécanisation de la
sensation permet de repenser à nouveaux frais le mélange du sujet et
de l'objet qui caractérise le phénomène et qui peut désormais être
compris comme composition de mouvements. Néanmoins, ce
mélange de processus mécaniques ne constitue pas nécessairement un
obstacle à la perception des modes de l'étendue dans les choses.

---

1. *Cf.* P. Hamou, *Voir et connaître à l'âge classique*, Paris, P.U.F., 2002, p. 72-99.

La *Dioptrique* a pour ambition de rendre compte de la phénoménalité dans son double aspect, mécanique et psychologique. En ce qui concerne l'aspect mécanique, le Discours second étudie la réfraction et donne ainsi les raisons générales de phénomènes comme celui du bâton apparaissant rompu dans l'eau[1]. Du point de vue de l'optique, ces phénomènes ne seront plus considérés comme des déformations de l'objet mais comme la manifestation d'un processus physique, celui de la réfraction du rayon lumineux à travers différents milieux. L'optique permet ainsi de modifier complètement le statut épistémique de ces phénomènes, les faisant passer de celui d'illusion visuelle à celui de manifestation claire de la diversité des milieux optiques par variation du comportement de la lumière, c'est-à-dire d'apparences objectives fondées. Néanmoins, l'enjeu, pour Descartes, n'est pas d'élaborer une optique qui rende compte des seules apparences, mais de restaurer par avance le lien entre le phénomène et les choses de la nature que la métaphysique des *Méditations* dénoue. À travers ce champ de la philosophie naturelle, il s'agit de trouver les conditions de possibilité selon lesquelles les phénomènes visuels nous donnent accès aux propriétés réelles des corps, propriétés qui ne sont pas seulement des apparences représentées mentalement par le biais de la sensation, mais qui existent bien dans la nature, en dehors de nous, comme modes de l'étendue. Pour ce faire, l'optique cartésienne n'aborde qu'une version purifiée des phénomènes visuels, une version réduite à la perception des modes de l'étendue.

Afin de montrer comment les phénomènes peuvent nous donner accès aux modes de l'étendue et de rendre compte du sens de la profondeur spatiale qui est toujours associé à notre perception visuelle, Descartes doit faire intervenir un processus qui ne relève pas seulement de l'optique physique. Dans le Discours VI de la *Dioptrique*, un sort particulier est réservé au traitement de ces dimensions phénoménales spécifiques que sont la situation, la distance, la grandeur et la figure des corps. En ce qui concerne la situation, Descartes explique :

> [...] sa connaissance ne dépend d'aucune image, ni d'aucune action qui vienne de l'objet, mais seulement de la situation des petites parties du cerveau d'où les nerfs prennent leur origine. Car cette situation se

---

1. *Cf.* AT VI, p. 93-105.

changeant tant soit peu, à chaque fois que se change celle des membres où ces nerfs sont insérés, est instituée de la Nature pour faire, non seulement que l'âme connaisse en quel endroit est chaque partie du corps qu'elle anime, au respect de toutes les autres ; mais aussi qu'elle puisse transférer de là son attention à tous les lieux contenus dans les lignes droites qu'on peut imaginer être tirées de l'extrémité de chacune de ces parties, et prolongées à l'infini [1].

Cette opération implique une structuration géométrique de l'espace de la perception visuelle par projection rectiligne qui est le résultat d'une activité quasi intentionnelle de l'esprit par laquelle l'objet est visé. C'est à propos de l'évaluation par la vue de la distance à laquelle se trouvent les corps que Descartes emploie l'expression de « géométrie naturelle » pour désigner une procédure intentionnelle comparable :

Nous connaissons, en second lieu, la distance par le rapport qu'ont les deux yeux l'un à l'autre. Car, comme notre aveugle, tenant les deux bâtons AE, CE, dont je suppose qu'il ignore la longueur, et sachant seulement l'intervalle qui est entre ses deux mains A et C, et la grandeur des angles ACE, CAE, peut de là, comme par une Géométrie naturelle, connaître où est le point E ; ainsi, quand nos deux yeux, RST et rst, sont tournés vers X, la grandeur de la ligne Ss, et celle des deux angles XSs et XsS nous font savoir où est le point X. Nous pouvons aussi le même par l'aide d'un œil seul, en lui faisant changer de place : comme, si, le tenant tourné vers X, nous le mettons premièrement au point S et incontinent après au point s, cela suffira pour faire que la grandeur de la ligne Ss et des deux angles XSs et XsS se trouvent ensemble en notre fantaisie, et nous fassent apercevoir la distance du point X : et ce, par une action de la pensée, qui, n'étant qu'une imagination toute simple, ne laisse point d'envelopper en soi un raisonnement tout semblable à celui que font les Arpenteurs, lorsque, par le moyen de deux différentes stations, ils mesurent les lieux inaccessibles [2].

1. AT VI, p. 134-135.
2. AT VI, p. 137-138.

Le modèle de l'aveugle et la perception de la distance
Dioptrique, Discours VI, AT VI, p. 135

Cette géométrie naturelle repose donc sur un triangle distancio-métrique et elle consiste en une espèce de calcul. Pour Descartes, la géométrie naturelle ne renvoie pas seulement à une question de psychologie, mais aussi d'épistémologie puisqu'il s'agit de savoir si et, le cas échéant, à quelles conditions la vision peut nous permettre de situer les objets dans l'étendue selon leur véritable situation et en identifiant les dimensions et la figure qui sont réellement les leurs à partir de leur manifestation phénoménale. De ce point de vue épisté-mologique, le recours à la notion de géométrie prend tout son sens, puisque la géométrie naturelle repose sur des principes et des lois qui interviennent dans la constitution des phénomènes eux-mêmes. La géométrie naturelle repose ainsi sur une corrélation entre la distance entre nos yeux (distance inscrite dans notre corps) et le mouvement des yeux nécessaire pour voir un objet situé à tel endroit du champ visuel avec la distance à laquelle se trouve cet objet. Or, il faut considérer que c'est tout un ensemble de processus psychophysiologiques entrant en jeu dans la vision qui repose, en définitive, sur une géométrie naturelle. En effet, en ce qui concerne la détermination de la figure et de la grandeur des corps, Descartes considère qu'elle dépend, en dernier ressort, de la détermination de la situation et de la distance[1] : elle

---

1. AT VI, p. 140 : « Au reste, pour la façon dont nous voyons la grandeur et la figure des objets, je n'ai pas besoin d'en rien dire de particulier, d'autant qu'elle est toute comprise en celle dont nous voyons la distance et la situation de leurs parties. »

repose donc bien, quoique indirectement, sur la géométrie naturelle. Cette géométrie est dite « naturelle » parce qu'elle relève d'une institution de nature[1]. De par cette institution, tout notre mécanisme physiologique est constitué de telle sorte qu'il fasse sentir à l'âme les propriétés essentielles des corps vus, par une corrélation entre une modification de la pression exercée sur le nerf optique, l'agitation des petits filets compris dans les nerfs, la position de nos yeux et de notre corps dans l'espace, etc., et ce que ressent notre âme en termes de distance de l'objet perçu. C'est donc une institution par Dieu qui garantit que, sous certaines conditions (à une distance limitée et dans un milieu optique homogène par exemple), l'ensemble des dimensions du phénomène qui relèvent des modes de l'étendue soient en adéquation avec la réalité corporelle.

Mais cet accord entre la phénoménalité et la réalité est tout sauf immédiat puisqu'il repose sur un « raisonnement ». L'introduction d'une géométrie naturelle signifie que, pour Descartes, le sens de la profondeur spatiale n'est pas une donnée visuelle brute, mais qu'elle ne relève pas non plus d'un apprentissage corrélant vision plane et toucher. La perception des modes de l'étendue s'élabore grâce à la fois à des données corporelles et à ce qui s'apparente à un raisonnement trigonométrique, donc à des notions géométriques qui, pour Descartes, relèvent, comme l'idée d'étendue, des idées innées. Comme l'écrit Frédéric de Buzon, « [i]l faut donc inverser la position empiriste : la spatialité de mon corps et des corps dépend en sa reconnaissance immédiate puis en sa connaissance scientifique de l'idée innée d'étendue[2]. » Les phénomènes, en tant qu'ils nous donnent accès aux modes de l'étendue, sont donc intrinsèquement traversés et constitués par une construction géométrique dont les principes sont institués en nous par Dieu.

---

1. Descartes ne mentionne pas explicitement l'institution de nature à propos de la géométrie naturelle, mais à propos de la modification de la figure de l'œil qui engendre une modification de certaines parties du cerveau et est un des autres moyens par lesquels est perçue la distance : cf. AT VI, p. 137. Néanmoins, nous pensons que la notion d'institution de nature peut s'appliquer aux deux cas qui impliquent l'association de données physiologiques à un certain type de perception visuelle.

2. F. de Buzon, « Le problème de la sensation chez Descartes », art. cit., p. 97.

FONCTION DES PHÉNOMÈNES
DANS LA CONSTITUTION DE LA PHYSIQUE CARTÉSIENNE

Sur la base de cette réhabilitation épistémologique de la phénoménalité qu'opère l'optique de Descartes, il devient alors possible d'envisager que les phénomènes ou les expériences, selon l'identité terminologique qu'établit Descartes[1], se voient attribuer une fonction significative dans la connaissance de la nature, c'est-à-dire dans la physique. Frédéric de Buzon a insisté avec pertinence sur la fonction cruciale de l'article 64 de la deuxième partie des *Principia philosophiae* de ce point de vue : c'est dans cet article, le dernier de la deuxième partie consacrée aux principes de la philosophie naturelle, qu'apparaissent les termes *Physica* et *Phaenomena*[2]. L'article 64 affirme, comme ne l'ont jamais fait les *Meditationes*, y compris la *Sixième*, la possibilité d'identifier, dans l'ordre de la connaissance, la nature des corps qui nous apparaissent sous l'angle phénoménal et l'objet de la *mathesis abstracta*, c'est-à-dire la quantité continue ou l'étendue géométrique qui peut être diversifiée par les figures et le mouvement. Or, dès le *Discours de la méthode*, Descartes a souligné l'importance des expériences pour la physique :

> Mais il faut aussi que j'avoue que la puissance de la Nature est si ample et si vaste, et que ces principes sont si simples et si généraux, que je ne remarque quasi plus aucun *effet* particulier, que d'abord je ne connaisse qu'il peut en être déduit en plusieurs diverses façons, et que ma plus grande difficulté est d'ordinaire de trouver en laquelle de ces façons il en dépend. Car à cela je ne sais point d'autre expédient, que de chercher derechef quelques *expériences*, qui soient telles, que leur événement ne soit pas le même, si c'est en l'une de ces façons qu'on doit l'expliquer, que si c'est en l'autre[3].

---

1. *Principia philosophiae*, III, 4, AT VIII-1, p. 81 : «*De phenomenis, sive experimentis*».
2. *Cf.* F. de Buzon, «La *mathesis* des *Principia* : remarques sur II, 64», *in* J.-R. Armogathe et G. Belgioioso (dir.), *Descartes : Principia philosophiae (1644-1994). Atti del Convegno per il 350° anniversario della pubblicazione dell'opera*, Naples, Vivarium, 1996, p. 303-320, repris dans F. de Buzon, *La Science cartésienne et son objet. Mathesis et phénomène*, Paris, Champion, 2013, p. 127-146.
3. AT VI, p. 64-65 (nous soulignons).

La fécondité des principes métaphysiques de la physique (réduction de la matière à l'étendue et lois de la nature) tient aussi à leur généralité : ils permettent de rendre compte de tous les phénomènes de la nature mais, pour chacun de ces derniers, peuvent se particulariser en de multiples dispositifs mécaniques capables de produire des effets identiques. Nous retrouvons ce double statut des « effets » dont il convient de rendre compte et des « expériences » qui peuvent servir à décider entre différents mécanismes causaux dans les *Principes de la philosophie* où ces notions sont désignées par le vocable de « phénomène ». Dans l'article 1 de la troisième partie, Descartes annonce qu'« il faut maintenant essayer si nous pourrons déduire de ces seuls principes l'explication de tous les phénomènes, c'est-à-dire des effets qui sont en la nature, et que nous apercevons par l'entremise de nos sens[1]. » L'article 4 est intitulé : « Des phénomènes ou expériences et à quoi elles peuvent ici servir ». Les phénomènes sont à la fois ce dont la physique doit rendre compte, en en identifiant les causes, et ce qui doit aider le physicien à choisir parmi différents mécanismes causaux :

> Or les principes que j'ai ci-dessus expliqués sont si amples qu'on en peut déduire beaucoup plus de choses que nous n'en voyons dans le monde, et même beaucoup plus que nous n'en saurions parcourir de la pensée en tout le temps de notre vie. C'est pourquoi je ferai ici une brève description des principaux phénomènes dont je prétends rechercher les causes, non point afin d'en tirer des raisons qui servent à prouver ce que j'ai à dire ci-après : car j'ai dessein d'expliquer les effets par leurs causes, et non les causes par leurs effets ; mais afin que nous puissions choisir, entre une infinité d'effets qui peuvent être déduits des mêmes causes, ceux que nous devons principalement tâcher d'en déduire[2].

Les phénomènes ne servent donc pas tant à déduire les causes mécaniques qui les produisent qu'à opérer une sélection, parmi les différentes chaînes causales possibles que l'on peut déduire des principes métaphysiques de la physique. Mais, pour autant, les phénomènes ne sont pas déductibles des principes métaphysiques ; ils sont ce qui se donne à la perception sensible. Tout le problème de l'élaboration de la

---

1. AT IX-2, p. 103.
2. *Principes de la philosophie*, 3, 4, AT IX-2, p. 104-105.

physique cartésienne réside donc dans l'articulation des principes et lois avec les phénomènes. Dans une lettre à Morin, Descartes précise un peu plus quel type de relations il conçoit entre les causes recherchées des phénomènes et les effets qu'elles produisent : « J'ajoute aussi que ce n'est pas un cercle de prouver une cause par plusieurs effets qui sont connus d'ailleurs, puis réciproquement de prouver quelques *autres* effets par cette cause[1]. » La polysémie du « phénomène » se retrouve ici dans le vocable d'« effet ». Les phénomènes jouent donc à deux niveaux : il y a des effets ou des phénomènes qui s'offrent à la visibilité et qui sont ce dont la physique cherche à rendre compte dans un premier temps et il y a, dans un deuxième temps, des effets ou phénomènes qui doivent confirmer ou infirmer le choix d'un mécanisme causal pour les premiers phénomènes dont s'est saisie la physique.

Dans les articles 5 à 14 de la troisième partie des *Principia*, Descartes recense alors ces « principaux phénomènes » dont il recherche les causes. Il s'agit principalement de phénomènes célestes concernant la distance, la situation et la lumière des astres, de la Lune et de la Terre. Il faut relever que, traditionnellement, le terme de « phénomène », depuis l'antiquité jusqu'à l'époque de Descartes, relève éminemment de cette discipline des mathématiques mixtes qu'est l'astronomie. De ce fait, le phénomène renvoie à la fois à une classe d'objets naturels spécifiques, les objets célestes, et à un type spécifique d'explication essentiellement mathématique plutôt que physique. Dans la tradition pré-copernicienne, le phénomène relève de l'apparence envisagée indépendamment de sa cause physique ; il s'agit plutôt de produire un modèle géométrique qui permettra de « sauver les phénomènes[2] », c'est-à-dire de les décrire de façon cohérente d'un point de vue mathématique, sachant que plusieurs modèles mathématiques peuvent remplir cet office, plutôt que d'en découvrir les causes physiques. Cette approche anti-réaliste de l'astronomie avait été exemplairement formulée par Osiander dans sa préface au *Sur les révolutions des orbes célestes* de Copernic, contrecarrant ainsi l'intention foncièrement réaliste de son auteur. Dans l'article 15 de la

---

1. Descartes à Morin, [13 juillet 1638], AT II, p. 198 (nous soulignons).

2. Sur ce thème, *cf.* P. Duhem, ΣΩΖΕΙΝ ΤΑ ΦΑΙΝΟΜΕΝΑ. *Essai sur la notion de théorie physique de Platon à Galilée*, Paris, Vrin, 2004.

troisième partie des *Principia*, Descartes semble reprendre à son compte le projet anti-réaliste consistant à proposer différentes hypothèses permettant de « sauver les phénomènes ». Il expose ensuite les trois hypothèses censées « expliquer tous les phénomènes, sans s'arrêter particulièrement à examiner si elles étaient avec cela conformes à la vérité [1] » : il s'agit de celles de Ptolémée, de Tycho Brahé et de Copernic. S'il semble reprendre à son compte l'idée d'une explication hypothétique qui ne se présenterait pas nécessairement comme vraie [2], pour autant Descartes n'y est pas vraiment fidèle puisqu'il ne renonce pas à l'idée d'une connexion entre les phénomènes et leurs causes physiques [3]. La physique cartésienne vise donc précisément à reconnecter les phénomènes et leurs causes physiques, y compris dans le domaine de l'astronomie [4]. Il est important de remarquer que, quand il s'agit des phénomènes célestes, le terme « phénomène » est employé au pluriel. Il s'agit donc de considérer ensemble un certain nombre d'apparences et d'en rendre compte précisément comme formant un tout cohérent. Les phénomènes renvoient à un système du monde, à un modèle cosmologique unique et unifié qui permette de rendre compte de toutes les apparences célestes dans leur ensemble. Il ne s'agit donc pas de s'en tenir aux pures apparences, mais bien d'interpréter celles-ci en les référant à leurs causes cosmologiques.

En outre, les phénomènes renvoient désormais pour Descartes à l'ensemble du « monde visible ». L'article 42 de la troisième partie des *Principes* est ainsi intitulé : « Qu'on peut mettre au nombre des phénomènes toutes les choses qu'on voit sur la Terre […] [5]. » Descartes introduit donc une double modification du concept de phénomène : d'une part, il l'étend à l'ensemble de la nature visible, y compris à la région sublunaire et à ce qui se produit sur Terre ; d'autre part, il en fait un objet pour la physique dont on doit rendre compte par ses causes en

---

1. AT IX-2, p. 108.
2. Cf. *Principes de la philosophie*, III, 19, AT IX-2, p. 110.
3. *Principes de la philosophie*, III, 19, AT IX-2, p. 110 : « je proposerai ici l'hypothèse qui me semble être la plus simple de toutes et la plus commode, tant pour connaître les phénomènes que pour en rechercher les causes naturelles. »
4. *Cf.* É. Mehl, *Descartes et la visibilité du monde. Les Principes de la philosophie*, Paris, P.U.F./CNED, 2009, p. 132.
5. AT IX-2, p. 122.

termes d'étendue et de mouvement, et non seulement qu'il convient d'intégrer à un modèle géométrique du cosmos.

Or, la réduction du phénomène à son appréhension par le sens, associée à la mécanisation de la sensation, permet à Descartes non seulement de faire des phénomènes l'objet propre de la physique, mais surtout d'affirmer que sa physique permet de rendre compte de l'intégralité des phénomènes. Dans l'article 199 de la quatrième partie des *Principes de la philosophie*, intitulé « Qu'il n'y a aucun phénomène en la nature qui ne soit compris en ce qui a été expliqué en ce traité », Descartes écrit :

> Et ainsi je puis démontrer, par un dénombrement très facile, qu'il n'y a aucun phénomène dans la nature dont l'explication ait été omise en ce traité. Car il n'y a rien qu'on puisse mettre au nombre de ces phénomènes, sinon ce que nous pouvons apercevoir par l'entremise des sens ; mais, excepté le mouvement, la grandeur, la figure ou situation des parties de chaque corps, qui sont des choses que j'ai ici expliquées le plus exactement qu'il m'a été possible, nous n'apercevons rien hors de nous, par le moyen de nos sens, que la lumière, les couleurs, les odeurs, les goûts, les sons et les qualités de l'attouchement : de toutes lesquelles je viens de prouver que nous n'apercevons point aussi qu'elles soient rien hors de notre pensée, sinon les mouvements, les grandeurs ou les figures de quelques corps. Si bien que j'ai prouvé qu'il n'y a rien en tout ce monde visible, en tant qu'il est seulement visible ou sensible, sinon les choses que j'y ai expliquées [1].

Descartes n'affirme certes pas ici que son traité a effectivement expliqué tous les phénomènes s'étant jamais produits dans la nature, au sens où il aurait recensé et donné une explication spécifique de toutes les apparences de la nature. Mais il s'agit là d'une affirmation qui porte sur le phénomène conçu comme renvoyant à tout objet possible pour la physique. Autrement dit, il y a là non pas une espèce de mégalomanie scientifique, mais au contraire une déclaration de modestie épistémologique : outre leur détermination métaphysique générale comme substance étendue, nous ne pourrons jamais connaître des corps de la nature, dans leur singularité, que ce qui s'offre à nous sous la dimension phénoménale ou ce que nous pouvons inférer à

---

1. AT IX-2, p. 317-318.

partir de cette dimension phénoménale. Mais, parce que Descartes considère avoir établi que toute sensation ne se produit que de façon mécanique, c'est-à-dire par l'impression produite sur nos sens par des parties de matière étendue et en mouvement, tout phénomène de la nature, en tant que perçu par la sensation, doit pouvoir être expliqué selon les principes et lois de la physique mécanique exposés dans les *Principia philosophiae*. C'est aussi par là que la physique rejoint la métaphysique puisque « ce qui se révèle dans le sens ne contient rien de plus que ce [que la *mathesis*] permet de penser. Il en résulte une exacte adéquation entre le réel empirique et le rationnel [1]. » Si la métaphysique est le lieu théorique de la réduction des corps à l'étendue, « la théorie du sens est le lieu effectif de la réduction du phénomène à la *mathesis* [2]. »

La philosophie cartésienne manifeste donc une appréhension profondément renouvelée des phénomènes. D'une part, l'exploration systématique et inédite des arguments sceptiques conduit Descartes à envisager le phénomène, d'un point de vue métaphysique, non plus comme un mixte d'objectivité et de subjectivité, mais comme un état mental purement subjectif, détaché de tout corrélat objectif. D'autre part, la nouvelle théorie de la sensation issue des découvertes récentes en optique conduit à abolir la conception du sensible comme simple mise en présence directe du senti et du sentant telle que la scolastique pouvait l'envisager. De cette double analyse, la relation du phénomène à la réalité ressort profondément transformée. Cette relation n'est plus immédiate ; elle doit être médiatisée par une intervention active de la subjectivité pensante. Mais c'est également cela qui offre une prise à son contrôle et ouvre la voie à une conception purifiée du phénomène, en adéquation avec les modes de l'étendue. Parce qu'une institution divine règle l'accord entre la géométrie naturelle et la *mathesis* à l'œuvre dans la nature, les phénomènes bien compris donnent accès aux choses mêmes. Une fois la phénoménalité réduite, sur le plan épistémologique, à ce qui relève de la *mathesis*, il devient alors possible d'envisager tout phénomène comme l'objet de la physique. Celle-ci peut se saisir de tout un monde visible et en exhiber

1. F. de Buzon, « La *mathesis* des *Principia* : remarques sur II, 64 », art. cit., p. 319.
2. *Ibid.*, p. 320.

les causes mécaniques grâce à une confrontation méthodique entre explications mécaniques et expériences. Dans une perspective cartésienne, c'est l'articulation spécifique de la subjectivité et d'un fondement divin qui garantit la possibilité d'un accès au monde par les phénomènes et écarte donc aussi bien le risque du phénoménisme que celui d'une coupure entre le phénomène et la chose.

Delphine BELLIS
Université Radboud de Nimègue

QUE PERCEVONS-NOUS SELON BERKELEY ?
PHÉNOMÈNE, OBJET ET RÉALITÉ

Dans son dernier ouvrage, Berkeley décrit ainsi les phénomènes :

> Les phénomènes naturels sont seulement des apparences naturelles.
> Donc, ils sont comme que nous les voyons et les percevons. Dès lors,
> leur nature réelle et leur nature objective sont les mêmes – passives sans
> rien d'actif en elles, fluentes, changeantes sans rien de permanent en
> elles [1].

De la sorte, Berkeley prétend assurer que rien dans le champ de la
nature ne nous échappe par principe. En effet, il n'intervient en
philosophie que de façon polémique : l'enjeu de sa réflexion est la lutte
contre le scepticisme [2]. Ce contexte conduit Berkeley à mettre en place
une stratégie, au sein de laquelle sa réflexion sur le phénomène prend à
la fois sa place et son sens. Il entend montrer contre le scepticisme
deux choses : nous sommes capables de connaître l'existence des
corps (de savoir qu'ils existent) et de connaître leur nature. Mais la
stratégie berkeleyenne est paradoxale – le passage que nous venons de
citer le montre assez bien : qu'y aurait-il à connaître dans une nature où
tout change, où, finalement, tout coule ?

Il faut examiner le propos de Berkeley. On peut se faire une idée de
sa difficulté en voyant la façon dont il reprend et répond à ses critiques
dans les *Dialogues entre Hylas et Philonous* :

---

1. *Siris*, § 292, trad. R. Dégremont, dans Berkeley, *Œuvres*, sous la dir. de
G. Brykman, 4 vol., Paris, P.U.F., 1985-1996, vol. IV p. 255.

2. Cette première lutte se double d'un combat contre l'athéisme, mais il ne nous
intéressera pas directement ici – pour l'articulation des deux et les difficultés posées, voir
G. Brykman, *Berkeley et le voile des mots*, Paris, Vrin, 1993.

Hylas : Votre tâche, c'est de défendre votre propre opinion. N'est-il pas de la dernière évidence que vous voulez changer toutes choses en idées ? Oui, vous qui ne rougissez pas de m'accuser de scepticisme ! C'est trop clair pour qu'on puisse le nier.

Philonous : Vous vous méprenez sur ce que j'ai dit. Je ne suis pas d'avis de transformer les choses en idées, mais bien plutôt les idées en choses, puisque je tiens que ces objets immédiats de la perception qui, selon vous, ne sont que les apparences des choses, pour les choses réelles elles-mêmes (*DHP*, 3, p. 204) [1].

Philonous, qui représente Berkeley dans ce dialogue, est assez clair quand il répond à son adversaire Hylas. La stratégie de Berkeley repose sur une double réduction : premièrement, il s'agit de réduire les choses en idées ; puis les idées en choses. D'un mot, il s'agit de rapporter la réalité au donné phénoménal. Ce qui suppose de montrer qu'il n'y a rien d'autre que cela : les idées ne forment pas un monde d'apparences masquant on ne sait quelle réalité ; bien au contraire, la réalité est ce qui apparaît – tel que cela nous apparaît. Le monde est ainsi ramené au donné phénoménal. A partir de là, tout l'enjeu de la réflexion de Berkeley est de comprendre ce que sont les « choses » qui existent. Dans cet article, nous entendons examiner cette réduction, en tâchant de montrer les difficultés auxquelles elle conduit Berkeley.

« ESSE EST PERCIPI »

La formule de Berkeley qui doit assurer la réfutation du scepticisme est sans doute trop connue. Pour en apprécier la portée, il convient de la reprendre de près, d'autant qu'elle varie. Dans son carnet de notes, Berkeley la présente de la façon suivante, sans plus de commentaire :

---

1. *Trois dialogues entre Hylas et Philonous*, 3, trad. G. Brykman et R. Dégremont, Paris, GF, 1998. Dorénavant, nous mentionnerons *Dialogues* dans le texte courant et donnerons la référence de la façon suivante : *DHP*, suivi du dialogue et de la page dans la traduction.

Existere est *percipi* ou *percipere*. Le cheval est dans l'étable, les livres sont dans le cabinet de travail comme auparavant 429 [1].

Et Berkeley de compléter ce que signifie *percipere* : « ou *velle*, c'est-à-dire *agere* » (429a). Sous cette première formulation, le principe concerne exclusivement l'existence : quelque chose existe si et seulement si cette chose est perçue ou perçoit. Si l'on ne s'occupe que de la première partie du principe, une chose existe pour autant qu'elle est un phénomène.

Dans les *Principes de la connaissance humaine*, la formulation choisie par Berkeley est significativement différente :

> Quant à ce qu'on dit de l'existence absolue des choses non pensantes, sans aucune relation avec le fait qu'elles sont perçues, cela semble parfaitement inintelligible. Leur *esse* est *percipi*, et il n'est pas possible qu'elles aient quelque existence en dehors des esprits ou choses pensantes qui les perçoivent [2].

Cette seconde formulation du principe en élargit potentiellement le sens. Si Berkeley le considère toujours sous le point de vue de l'existence, ici, rien n'empêche d'y voir également une prise de position sur la nature même des choses [3]. Il n'est pas bien difficile de passer de l'existence des choses à leur nature : cette dernière ne peut consister en quelque chose qui n'existe pas – ce qui constitue la nature d'une chose doit bien exister et partant être perçu.

Reste à voir ce qui apparaît au juste, c'est-à-dire ce qui est perçu. Si l'on s'en tient aux déclarations que nous venons de lire, il s'agit d'objets physiques : les chevaux ou les livres dans les *Notes philosophiques*. Pourtant, dans les *Principes*, c'est déjà moins clair. Voici

---

1. *Notes Philosophiques*, dans Berkeley, *Œuvres*, *op. cit.*, vol. I, p. 78.

2. *Principes de la connaissance humaine*, § 3, trad. D. Berlioz, Paris, GF, 1991, p. 65. Dorénavant noté *Principes* dans le texte courant ; nous indiquerons les références de la façon suivante : *PHK*, suivi du numéro de section et de la page.

3. Les *Dialogues* semblent confirmer cet élargissement potentiel de la formule. Certes, Berkeley ne la donne pas explicitement, mais dans un court jeu de questions/réponses : « Philonous : La réalité des choses sensibles ne consiste-t-elle pas à être perçue ? Ou est-elle quelque chose de distinct et qui ne comporte aucune relation à la perception ? Hylas : *Exister* est une chose, *être perçu* en est une autre » (*DHP*, 1, p. 57). Tout l'enjeu du dialogue sera de récuser la réponse de Hylas. Pour ce qui nous intéresse ici, la notion de « réalité » excède celle d'existence.

les exemples que prend Berkeley quand il élucide la signification du mot « exister » :

> La table sur laquelle j'écris, je dis qu'elle existe ; c'est-à-dire je la vois, je la sens ; et si j'étais hors de mon cabinet je dirais qu'elle existe, entendant par là que si j'étais dans mon cabinet, je pourrais la percevoir ou que quelque autre intelligence la perçoit effectivement. Il y avait une odeur, c'est-à-dire, elle était sentie ; il y avait un son, c'est-à-dire, il était entendu ; une couleur ou une figure, elle était perçue par la vue ou par le toucher (*PHK*, § 3, p. 65).

Ces exemples sont ambigus. Ce n'est en effet pas la même de chose de percevoir une table, c'est-à-dire un objet physique, et une odeur, un son, une couleur ou encore une figure. La table en effet est un composé de couleur, de figure – peut-être aussi d'odeur (et pourquoi pas plusieurs à la fois). De fait, Berkeley l'avait affirmé dès le premier paragraphe des *Principes*, les choses sont des « collections d'idées ». Mais du coup, on peut se demander ce qui apparaît au juste : les choses, ou les idées qui les composent ? Cela ne revient pas au même : pour que je dise percevoir une chose, il n'est pas nécessaire que je perçoive toute la collection d'idées qui la compose. En ce cas, au sens strict, la chose n'apparaît pas : elle n'est pas un donné phénoménal.

C'est ce que confirme un passage des *Dialogues* :

> J'accorde que, suivant une certaine acception des mots, on peut dire que nous percevons les choses sensibles médiatement par les sens : quand, par suite d'une connexion fréquemment perçue, la perception immédiate d'idées par un sens en suggère à l'esprit d'autres, qui appartiennent peut-être à un autre sens, mais qui ont coutume d'être connectées avec les premières. Par exemple, quand j'entends une voiture rouler dans la rue, immédiatement, je ne perçois que le son ; mais, de par mon expérience passée qu'un tel son est en liaison avec une voiture, on dit que j'entends une voiture. Il est toutefois évident que, en réalité et strictement parlant, rien ne peut être *entendu* que le *son* ; et la voiture n'est donc pas proprement perçue par le sens, mais suggérée par l'expérience (*DHP*, 1, p. 125-126).

Nous aurons à revenir sur ce qu'on appelle « voiture » dans cet exemple. Pour le moment, il faut prendre cette analyse en toute rigueur. Ce qui est valable du son doit l'être de n'importe quelle autre sensation : si la voiture est une collection d'idées (ou de sensations), alors à strictement parler nous ne voyons pas plus la voiture que nous ne l'entendons. Ce qui nous apparaît visuellement, ce sont des couleurs éventuellement dotées d'une certaine disposition spatiale[1] – mais une voiture, c'est nécessairement bien plus que cela.

Dès lors, la réponse que Philonous fait à Hylas en lui disant que les objets immédiats de la perception sont les choses mêmes se complique considérablement. Tenons que les objets immédiats de la perception sont ce qui apparaît ; nous venons de voir que ce ne sont pas les choses. Il faudrait donc distinguer 1) ce qui est immédiatement perçu : on parlera de ce qui est senti et 2) ce qui est médiatement perçu : on parlera de perception. On pourra dire alors que nous percevons la voiture, mais nous ne la sentons pas. D'une façon qui reste encore à élucider, la perception est construite à partir du donné phénoménal. Bref, ce qui est médiatement perçu apparaît sans doute d'abord à l'imagination, à partir de ce que suggèrent les sensations élémentaires actuelles. C'est ce qui permet de comprendre certaines erreurs. Ainsi de la rame que nous voyons brisée dans l'eau :

> Il [celui qui voit la rame brisée] ne se trompe pas en ce qui regarde les idées qu'il perçoit effectivement, mais dans les inférences qu'il tire de ses perceptions présentes. Ainsi dans le cas de la rame, ce qu'il perçoit par la vue est à coup sûr brisé ; et, jusque là, il est dans le vrai. Mais s'il en conclut que, après avoir retiré la rame de l'eau il percevra la même brisure, ou que la rame affecterait son toucher comme les choses rompues ont coutume de le faire, c'est en cela qu'il se trompe [...]. Mais son erreur n'est pas dans ce qu'il perçoit immédiatement et au moment présent (car il y aurait une contradiction manifeste à supposer qu'il puisse se tromper à cet égard), mais dans le jugement erroné qu'il porte sur les idées qu'il appréhende comme associées à celles qu'il a

---

1. Nous ne pouvons ici nous étendre sur ce point problématique chez Berkeley. Selon en effet les enseignements de la *Nouvelle théorie de la vision*, l'espace et la figure ne sont pas vus : ce sont des objets du toucher. Néanmoins, Berkeley semble admettre pour les objets propres de la vue une organisation spatiale minimale. Ainsi dans les *Dialogues*, Philonous demande à Hylas : « quand vous regardez le portrait de Jules César, voyez-vous de vos yeux rien de plus que des couleurs, des figures avec une certain symétrie et composition de l'ensemble ? » (*DHP*, 1, p. 124). Pour une analyse développée de cette question, voir L. Berchielli, *Perception et espace. Construction de l'espace et problème de Molyneux au xviiie siècle*, Thèse de Doctorat, Université de Neuchâtel, 2004.

immédiatement perçues ; ou encore sur les idées qu'il imagine qu'il percevrait en d'autres circonstances (*DHP*, 3, p. 192).

L'imagination est dans ce cas prise en faute – à l'inverse, elle ne l'est pas toujours (en des circonstances habituelles ou normales). C'est à l'imagination que l'objet « rame brisée » apparaît (faussement) ; c'est en réalité le cas de tous les objets.

Il y a donc pour Berkeley comme un feuilletage de la réalité : il y a ce qui est immédiatement senti et ce qui est médiatement perçu. Dans les deux cas, à la fois l'existence et la réalité de ces objets dépendent du fait qu'ils sont perçus. Or ce feuilletage de la réalité conduit, selon l'heureuse expression de G. Brykman, à une « pulvérisation »[1] de la réalité.

PHÉNOMÈNE ET RÉALITÉ

Ces quelques remarques sur le principe de l'immatérialisme de Berkeley suffisent pour conduire à la difficulté essentielle de ce qui apparaît comme un phénoménisme. Le principe de l'immatérialisme conduit à analyser la perception, pour déterminer ce qui est immédiatement perçu et peut être déclaré réel. Or, comme le souligne L. Jaffro[2], le problème est que dans la réalité, il n'y a pas que les objets immédiats des sens – le vert, le rugueux, etc. On pourrait même dire que la réalité que nous percevons n'est pas cela : elle est pour nous d'abord constituée des choses elles-mêmes. Le problème se diffracte en trois moments essentiels distincts : si une chose n'est qu'une collection de sensations élémentaires, qu'est-ce qui en fait l'unité ? De même, peut-on s'assurer que les choses sont les mêmes pour tout le monde ? Et enfin, qu'en est-il de leur existence lorsque nous ne les percevons pas ? Dans tous les cas, il s'agit de rechercher ce qui apparaît *vraiment*, c'est-à-dire, finalement, le phénomène. Nous

1. G. Brykman, *Berkeley et le voile des mots*, *op. cit.*, p. 299.

2. L. Jaffro, « Sensation et imagination : Berkeley et la "différence perçue" », dans G. Brykman (éd.), *Ressemblance et dissemblance dans l'empirisme britannique*, Le temps philosophique 6, Nanterre, Publications du Département de philosophie Paris X-Nanterre, 1999, p. 71-92.

entendons montrer que l'identification en reste un problème dans la philosophie de Berkeley.

L'unité des choses

La première difficulté est celle de savoir ce qui fait l'unité de la chose qui « apparaît », ne serait-ce que de façon médiate. Berkeley décompose la perception en sensations distinctes et semble-t-il indépendantes les unes des autres. Il faut entendre cette indépendance en divers sens. Premièrement, aucune sensation n'est cause d'une autre. Berkeley ne cesse d'y revenir. Les idées n'ont pas de pouvoir causal : nous ne percevons rien de tel en elles. Notamment, on voit mal comment une idée pourrait en produire un autre qui lui soit hétérogène. Mais cette hétérogénéité implique l'indépendance : les idées appartiennent à des séries sensibles différentes. Au mieux, le lien est celui d'une coïncidence ou d'une co-occurrence d'idées qui apparaissent en même temps :

> Les hommes combinent plusieurs idées saisies par divers sens ou par le même sens en des moments différents ou en différentes circonstances, mais entre lesquelles ils ont cependant constaté dans la Nature une liaison sous le rapport de la coexistence ou de la succession ; ils rapportent toutes ces idées à un seul nom, et ils les considèrent comme une seule chose (*DHP* 3, p. 206).

Les seuls liens sont donc ceux de succession ou de coexistence. Autant souligner l'indépendance réelle des idées. Dans un autre contexte, Berkeley y insiste. Le lien entre les idées appartenant aux diverses séries sensibles est à la fois contingent et arbitraire :

> Les objets propres de la vue [sont] la lumière et les couleurs avec leurs diverses nuances et leurs tons ; leur variété et le nombre infini de leurs combinaisons font qu'elles constituent un langage merveilleusement apte à nous suggérer et à nous montrer les distances, les formes, les situations, les dimensions et les diverses qualités des objets tangibles, non par similitude ni par une inférence nécessaire, mais par l'arbitraire de la Providence tout comme les mots suggèrent les choses signifiées par eux [1].

---

1. *Alciphron* IV, 10, trad. S. Bernas, dans Berkeley, *Œuvres, op. cit.*, vol. III, p. 175.

Le seul lien entre les idées tient de l'institution divine qui les associe entre elles – en sorte qu'elles se signifient les unes les autres, à la façon des mots et des choses. Les idées sont donc indépendantes : en percevoir une n'implique pas de percevoir les autres.

Il faut donc chercher ailleurs que *dans* les sensations le foyer d'unification de la chose – c'est-à-dire finalement ce qui fait que les sensations immédiates constituent une chose. Il serait bien entendu erroné aux yeux de Berkeley de chercher ce foyer dans quelque chose qui existerait outre les sensations. Par principe, cet objet ne serait ni senti ni perçu : en vertu du principe de l'immatérialisme, un tel objet n'existe pas. En bonne logique, il ne reste plus qu'à chercher du côté de l'esprit percevant la raison de l'unité des choses – du moins nombre de commentateurs ont-ils prétendu le faire[1]. Il est vrai que Berkeley semble y inviter lui-même. L'exemple de la voiture qu'il donne dans les *Dialogues* peut sembler probant : en entendant un son, nous disons percevoir une voiture – c'est l'objet d'une inférence. Et Berkeley affirme souvent que nous considérons comme un, un ensemble d'idées formant un objet. C'est ainsi qu'il ouvre les *Principes* :

> Par la vue, j'ai les idées de la lumière et des couleurs avec leurs différents degrés et variations. Par le toucher, je perçois, par exemple, le dur et le mou, la chaleur et le froid, le mouvement et la résistance et tout cela plus ou moins eu égard à la quantité ou au degré. L'odorat me fournit des odeurs, le palais des saveurs et l'ouïe transmet des sons à l'esprit avec toute leur variété de ton et de composition. Et comme on observe que plusieurs d'entre elles s'accompagnent, on en vient à les marquer d'un seul nom et ainsi à les considérer comme une seule chose (*PHK*, § 1, p. 62, trad. mod.)[2].

Mais dire que c'est l'esprit qui perçoit qui fait ou constitue la chose procède d'une lecture un peu rapide. Certes, nous la nommons et par

---

1. Par exemple, pour G. Pitcher, « À propos de ce qu'on appelle des objets physiques [Berkeley] nous dit qu'il sont des "collections d'idées". Ces collections sont le produit de l'activité mentale humaine », « Berkeley On the Perception of Objects », *Journal of the History of Philosophy*, 24, 1986, p. 101.

2. Il faut encore souligner dans ce passage que Berkeley rappelle implicitement sa position à propos des sensibles communs : ils n'existent pas. Autrement dit, les idées des différents sens sont de natures différentes – ou, dit autrement, nous ne percevons pas la même chose au moyen des divers sens. Cela ne fait que renforcer l'idée que les idées des sens sont indépendantes les unes des autres : elles appartiennent à des séries différentes.

l'effet de la nomination nous considérons ce que nous percevons comme une chose. Berkeley n'en dit pas plus touchant l'activité de l'esprit dans cette constitution. Or si cela suffisait à faire la chose, on se trouverait devant une difficulté : il serait difficile de distinguer les choses réelles des choses imaginaires. On gagnerait certes l'unité des choses physiques ; on risquerait de perdre leur réalité.

Berkeley dit quelque chose de plus : nous observons que les idées s'accompagnent les unes les autres. Il n'y a donc pas, comme le souligne R. Glauser, de théorie de l'unité des objets physiques ; mais Berkeley décrit un fondement objectif à partir duquel l'esprit juge que l'objet est un [1]. Il s'agit précisément de l'ordre dans lequel les sensations nous arrivent. Cet ordre étant régulier, nous sommes fondés à dire que nous avons affaire à un objet : nous pouvons prédire qu'étant affectés d'une sensation nous devrions percevoir d'autres sensations habituellement (quoique de façon contingente) attachées à elle (bref, passer du son des roues sur le pavé à la voiture comme ensemble de sensations visuelles, tactiles etc.). C'est ce dont témoigne déjà la *Nouvelle théorie de la vision*. Un passage crucial permet d'élucider ce que signifie au juste « considérer comme une seule chose » une collection d'idées :

> On doit considérer que le nombre (bien que certains l'admettent parmi les qualités premières) n'est rien de fixe et d'établi, qui existerait réellement dans les choses elles-mêmes. Il est tout entier une créature de l'esprit, lequel considère une idée par elle-même ou bien une combinaison d'idées à laquelle il donne un nom et lui donne ainsi le statut d'unité. Selon que l'esprit combine différemment ses idées, l'unité varie ; et de même que l'unité, le nombre, qui n'est qu'une collection d'unités, varie. Nous appelons une fenêtre une et plusieurs cheminées peuvent aussi légitimement être appelées une, et plusieurs maisons concourent à former une ville. Dans ces exemples et d'autres semblables, il est évident que l'unité est toujours liée aux découpages que l'esprit fait de ses idées, auxquelles il donne un nom et dans lesquelles il inclut plus ou moins d'idées en fonction de ses propres buts et

---

1. R. Glauser, « The Problem of the Unity of a Physical Object », *dans* S. H. Daniel (ed.), *Reexamining Berkeley's Philosophy*, Toronto, University of Toronto Press, 2007, p. 56. Nous lui sommes pour l'essentiel redevable du commentaire que nous proposons ici.

intentions. Donc, tout ce que l'esprit considère comme un est une unité. Toute combinaison d'idées est considérée par l'esprit comme une unité et est chaque fois désignée par un nom. Or, nommer et combiner des idées est parfaitement arbitraire et l'esprit le fait selon ce que l'expérience lui montre être le plus adapté : sans cela, nos idées n'auraient jamais été collectées en des combinaisons si diverses qu'elles le sont aujourd'hui [1].

Ce passage montre que l'esprit considère des unités : nous avons la capacité de découper dans le flux des idées certaines collections. Pourtant, lorsque Berkeley souligne que cette capacité est arbitraire, il ne dit pas que nous procédons absolument comme nous le voulons. Ce découpage est en effet guidé par l'expérience – selon les buts que l'on se propose. Ainsi est-il pertinent de considérer une maison comme une ; ou bien chacun de ses éléments. Mais sans doute toute combinaison n'a-t-elle pas immédiatement d'intérêt ; on pourrait sans doute constituer un objet porte-cheminée-fenêtre, mais cette association ou collection n'est pas suffisamment régulière pour avoir un véritable sens.

L'expérience ici fournit le fondement objectif sur lequel l'esprit considère des objets comme un – c'est-à-dire comme des objets. Il ne constitue donc pas à proprement parler ces objets, au sens où l'esprit fini ne décide pas de l'ordre et de la régularité des sensations qui s'accompagnent les unes les autres. On peut donc sans doute considérer que l'objet perçu est en tant qu'objet complexe toujours perçu de façon médiate : il n'apparaît pas au sens strict. Il est constitué par l'imagination. L'esprit construit donc effectivement une idée – de fait, jamais pour Berkeley nous ne percevons un assemblage de sensations (rouge, sucré etc.), mais toujours un objet (une cerise). Cet objet est une représentation de ce qui est senti ; mais cette représentation n'est pas totalement arbitraire en ce sens qu'elle dépend d'une expérience dont l'esprit fini ne décide pas. Le nom vient fixer cette représentation – dont il faut encore noter qu'elle a, de même que les noms communs, un caractère général :

1. *Un essai pour une nouvelle théorie de la vision*, § 109, trad. L. Dechery, dans Berkeley, *Œuvres, op. cit.*, vol. I, p. 256-257, noté *Nouvelle théorie de la vision* dans le texte. Nous indiquerons la référence comme suit : *NTV*, suivi de la section et de la page.

> Si l'on avait cru que la moindre variation devait suffire à constituer une nouvelle espèce d'êtres ou un individu nouveau, le nombre sans fin ou la confusion des noms auraient rendu la pratique du langage impossible (*DHP*, 3, p. 206).

Concluons sur ce point. La représentation imaginaire peut bien jouer le rôle d'un foyer, non parce que l'esprit constitue ou fait la chose physique, mais parce qu'elle est finalement ce que l'esprit vise. Autrement dit, cette idée imaginaire permet de viser l'organisation plus ou moins implicite du donné phénoménal, divers et changeant. Cependant, en visant cette organisation, on ne s'en tient déjà plus à ce qui est strictement donné. L'esprit a une visée générale. L'unification du donné dépend de la constitution de sortes ou de genres de choses. Cette constitution relève clairement du travail de l'esprit sur et à partir de ce qui est donné ou immédiatement perçu. Ce qui apparaît à l'imagination – la chose – ne dépend donc pas seulement de ce qui est immédiatement perçu, mais d'une visée qui va chercher dans ce qui est donné une organisation déjà plus générale. Cette visée est elle-même une fonction de l'expérience sédimentée dans le langage.

La publicité des choses

La réalité n'est pas encore reconquise. Au mieux, nous venons de voir comment à partir du divers phénoménal se constituent des choses – la réalité n'est peut-être pas entièrement pulvérisée ; elle est au mieux grumeleuse. La seconde difficulté à laquelle il nous faut maintenant nous attacher est celle de la publicité des choses. Ce n'est pas tout de dire qu'elles dépendent de l'expérience. Cela pourrait avoir comme conséquence que les choses ne sont que l'effet d'une expérience privée de l'esprit. Il faut pouvoir s'assurer que ces choses que nous disons percevoir – c'est-à-dire ce que chacun vise dans le divers – ne sont pas l'effet d'une expérience intrinsèquement personnelle. En son principe, la solution est donnée : si effectivement ce qui joue le rôle de l'expérience est sédimenté dans le langage, alors elle est minimalement commune. C'est ce que nous examinons à présent.

Tout d'abord, les sensations ou idées de l'un ne sont pas celles de l'autre. Hylas ne manque pas de mentionner l'objection :

> La même idée qui est dans mon esprit ne peut pas être dans le vôtre ni dans aucun autre esprit. Cela posé, ne suit-il pas de vos principes que

deux personnes différentes ne sauraient voir la même chose ? Et cela
n'est-il pas hautement absurde ? (*DHP*, 3, p. 209).

Au minimum, nos idées sont numériquement distinctes,
puisqu'elles ne sont pas « dans » le même esprit – quoi qu'on entende
par cette appartenance. Mais cette différence numérique pourrait
bien se voir doubler d'une différence spécifique. On voit en effet mal
comment comparer entre elles les idées appartenant à des esprits
distincts (si du moins on ne peut les rapporter à une source productrice
commune). À tout le moins donc, on ne pourrait pas savoir si
effectivement nous vivons dans un monde partagé.

Or cette première difficulté se redouble au niveau de la perception.
On peut exposer la difficulté à partir d'un montage expérimental
proposé par Isaac Barrow et repris par Berkeley dans la *Nouvelle
théorie de la vision*[1]. Dans cette expérience d'optique, un dispositif
fait apparaître un objet flou à un sujet – la question étant alors de savoir
où le sujet situe cet objet. Or Berkeley modifie le dispositif du Barrow,
puisqu'il imagine que l'on pose la question à un sujet doté d'une vue
normale puis à un myope. Il souligne que les réponses doivent
diverger :

> Une personne parfaitement myope (c'est-à-dire qui ne pourrait voir
> distinctement un objet que lorsqu'il est placé tout près de ses yeux) ne
> porterait pas le même jugement erroné que portent les autres dans ce cas.
> Car, pour elle, de plus grandes confusions suggèrent constamment de
> plus grandes distances, elle doit, alors qu'elle s'éloigne du verre et que
> l'objet devient plus confus, juger que ce dernier est à une distance plus
> éloignée, contrairement à ce que jugent ceux pour qui une augmentation
> de confusion dans la perception des objets a été associée à l'idée de leur
> rapprochement. (*NTV*, § 37, p. 218)

Comme le souligne B. Belfrage, dans ce cas une même sensation
(contrôlée expérimentalement) produit des perceptions différentes
(l'objet est situé à des distances différentes), parce que l'expérience
de chacun est différente. Cela n'empêche pas que cette expérience

---

1. Nous en reprenons le commentaire à B. Belfrage, « Berkeley's Way Towards
Constructivism, 1707-1709 », dans T. Airaksinen, B. Belfrage (eds), *Berkeley, The
Lasting Legacy 300 Hundred Years Later*, Newcastle upon Tyne, Cambridge Scholars
Publishing, 2011, p. 4.

individuelle soit régulière – c'est d'ailleurs tout le problème. En tout état de cause, il ne suffira pas cette fois d'en appeler à l'expérience pour résoudre la difficulté.

Il se peut que l'on touche ici une difficulté majeure du phénoménisme de Berkeley. La réponse de Philonous à Hylas ne permet pas réellement de répondre à la difficulté que nous venons d'évoquer, même si elle donne une indication[1]. Philonous entend montrer que l'objection d'Hylas est une pure question de mots – tout dépend de la façon dont on définit l'identité, ou plutôt le mot « même ». Soit on le prend en un sens courant (lâche, sans doute, mais Berkeley ne le détermine pas) et dans ce cas, on peut dire que différents hommes voient la même chose; soit on prétend le prendre au sens philosophique et dans ce cas, ce sens étant indéterminé, on ne dit rien. L'essentiel de la réponse tient dans cette expérience de pensée :

> Supposons plusieurs hommes réunis, qui soient tous doués des mêmes facultés et donc affectés de la même manière par leurs sens et qui n'auraient encore jamais fait usage du langage, sans doute seraient-ils d'accord dans leurs perceptions. Quoique peut-être, quand ils en viendraient à user de la parole, certains ayant égard à l'uniformité de ce qui est perçu, en parleraient comme de la *même* chose, tandis que d'autres, ayant plutôt égard à la diversité des personnes qui perçoivent choisiraient la dénomination de *différentes* choses. Mais qui ne voit que la dispute roule sur un mot ? A savoir, si le mot *même* est encore applicable pour désigner ce qui est perçu par différentes personnes (*DHP*, 3, p. 210).

Berkeley, dans cette réponse, se donne l'essentiel, à savoir une expérience commune – justement ce dont on peut douter que cela existe. En somme, il ne répond pas à l'objection. Toutefois, en signalant que la question est une question de langage, il se peut qu'il indique implicitement une esquisse de solution. Il ne faut pas la chercher du côté de la métaphysique ou de l'ontologie des idées : dans ce cadre, la notion d'identité n'est sans doute pas utilisable car elle n'a pas de sens.

---

1. Pour une analyse détaillée de cette réponse, voir R. Dégremont, « La notion de "sameness" chez Berkeley », dans G. Brykman (éd.), *Ressemblance et dissemblance dans l'empirisme britannique, op. cit.*, p. 49-70. Il faut cependant noter que R. Dégremont ne relève pas la difficulté dont nous entendons traiter – il est vrai que Berkeley ne l'aborde pas dans ce passage.

Il vaut mieux chercher du côté de l'usage courant du terme. Et l'exemple qui suit donne une solution possible, bien que Berkeley ne l'explicite pas :

> Ou alors, supposez une maison dont les murs ou tout le dehors sont restés intacts, tandis que dedans les anciennes pièces seraient détruites et de nouvelles construites à leur place ; et supposez que vous appeliez cette maison la même et que moi je dise que ce n'est pas la même ; ne serions-nous pas, malgré tout, d'accord dans ce que nous pensons de cette maison considérée en elle-même ? (*DHP*, 3, p. 210).

Cette fois, on peut donner une raison à l'affirmation que l'on tomberait d'accord, sans présupposer *a priori* que tout le monde perçoit la même chose. En effet, les deux propositions sont vraies, pourvu que l'on en explicite le sens – la maison est la même en même temps qu'elle est différente, selon ce que l'on considère en elle. Or il est possible de s'entendre à ce propos. Autrement dit, le fait que l'on utilise une langue commune – et qu'on l'utilise correctement – témoigne de ce que nous percevons la même chose. Le foyer qui détermine la visée de la perception n'est pas tant l'imagination que la langue dont personne ne décide individuellement, mais qui est toujours reçue. Et ce qu'elle sédimente, c'est une expérience partagée ou commune – en même temps qu'elle donne des raisons de croire que nous percevons suffisamment la même chose.

Cela nous donne le principe d'une réponse au cas de Barrow. Sans doute le sujet myope ne perçoit-il pas tout à fait la même chose que le sujet dont la vue est normale. C'est que le dispositif expérimental est inhabituel et nous fait sortir des schémas ordinaires de la perception. Il n'en reste pas moins qu'il est possible de juger et de partager un jugement, même en ce cas, et il suffira, à la manière dont le fait Berkeley d'ailleurs, d'exposer pourquoi l'on juge différemment. Et l'on se rendra compte que ce sont deux expériences différentes qui conduisent à des jugements différents.

La durée des choses

La dernière difficulté est assez évidente : si une chose – admettons qu'il y en ait – existe en tant qu'elle est perçue, alors il faut se demander ce qui se passe lorsqu'elle n'est pas perçue :

On objectera qu'il s'ensuit des principes précédents que les choses sont à tout moment annihilées puis créées de nouveau. Les objets du sens existent seulement quand ils sont perçus : les arbres ne sont donc dans le jardin ou les chaises dans le salon que tant qu'il y a quelqu'un pour les percevoir. Dès que je ferme les yeux, tout le mobilier est réduit à rien et il suffit que je les ouvre pour qu'il soit créé de nouveau. En réponse à tout cela, je renvoie le lecteur à ce qui a été dit dans les sections 3, 4 etc. et je désire qu'il considère ce qu'il entend par l'existence effective d'une idée, quelque chose de distinct du fait qu'elle est perçue. Pour moi, après la recherche la plus précise que je puisse faire, je suis incapable de découvrir qu'on entend autre chose par ces mots (*PHK*, § 45, p. 90).

Berkeley ne répond pas à l'objection ici. Les sections qui suivent ne nous renseignent guère sur la façon dont il entend aborder la question, puisqu'il se contente de remarquer que ce problème de l'intermittence se pose également chez les philosophes qui accordent l'existence d'une substance matérielle. L'argument est bien faible – il se pourrait finalement qu'aucune de ces philosophies, pas même l'immatérialisme, ne soit vraie. De fait, la solution des *Principes* paraît bien décevante :

Bien que nous soutenions, de fait, que les objets du sens ne sont rien d'autre que des idées qui ne peuvent exister non perçues, toutefois il ne nous est pas permis d'en conclure qu'elles n'ont d'existence que pendant le temps que nous les percevons, puisqu'il peut y avoir une autre intelligence qui les perçoit alors que nous ne le faisons pas. Quand on dit que les corps n'ont pas d'existence en dehors de l'esprit, je ne voudrais pas que l'on comprenne que je l'entends de tel ou tel esprit particulier mais de tous les esprits quels qu'ils soient. Il ne s'ensuit donc pas des principes précédents que les corps sont annihilés et créés à tout moment ou qu'ils n'existent pas du tout pendant les intervalles qui séparent les perceptions que nous en avons (PHK § 48 p. 93).

Ce que dit Berkeley suppose qu'il y a toujours un esprit pour percevoir ce qui existe. Mais il ne récuse pas explicitement la possibilité qu'il n'y ait aucun esprit. Sa solution n'est valable qu'à la condition de concevoir que Dieu existe et perçoive tout. Or Berkeley ne le dit pas explicitement ici. Cela semble indiquer que Berkeley

admet l'intermittence[1]. Compte-tenu de l'extravagance de cette position, il faut au moins la nuancer – c'est-à-dire finalement interpréter
cette absence de réponse.

Dans les *Dialogues*, Berkeley semble avoir quelque peu modifié
son propos :

> Hylas : Supposons que vous soyez anéanti, ne pouvez-vous concevoir
> comme possible que les choses perceptibles par les sens puissent
> exister ?
>
> Philonous : Je le peux ; mais alors il faut que ce soit dans un autre esprit.
> Quand je refuse aux choses sensibles une existence hors de l'esprit, je
> n'entends pas parler de mon seul esprit en particulier, mais de tous les
> esprits. Or, il est clair que les choses ont une existence extérieure à mon
> esprit, puisque l'expérience me fait reconnaître qu'elles en sont
> indépendantes. Il y a donc quelque autre esprit où elles existent dans les
> intervalles qui séparent les moments où je les perçois, c'est ainsi
> qu'elles étaient avant ma naissance et qu'elles seront encore après ma
> supposée annihilation. Et comme ce que je dis est également vrai de tous
> les autres esprits finis et créés, il s'ensuit nécessairement qu'il y a *un*
> *esprit omniprésent et éternel*, qui connaît et comprend toutes choses, et
> qui les expose à notre vue et à notre manière et conformément aux règles
> qu'il a lui-même prescrites et que nous appelons les *lois de la nature*
> (*DHP*, 3, pp. 178-179).

Berkeley ne cherche pas nécessairement à prouver l'existence de
Dieu dans ce passage – son seul but est de rendre une forme de continuité aux choses. En effet, la thèse de l'intermittence qu'il semble prêt
à assumer dans les *Principes* est trop opposée au sens commun. C'est
qu'il faut accorder son importance à la question de Hylas : il ne fait que
formuler ce que tout le monde croit et dont il est finalement impossible
de douter. Souvenons-nous de l'élucidation du sens du mot «existence» à la section 3 des *Principes :* Berkeley y prenait immédiatement la peine de voir ce que nous voulons dire quand nous disons
qu'une chose que nous ne percevons pas existe. Ici, il ne fait finalement que développer ce qu'il disait alors et que Philonous reprend

---

1. Pour une analyse allant en ce sens, voir G. Brykman, *Berkeley et le voile des mots,*
op. cit., p. 282-308.

mot pour mot dans la première phrase de sa réponse : un autre esprit
« perçoit » ce que je dis exister.

Entendons bien ce que cela signifie. Le monde dépend de l'esprit
(il n'existe pas sans être perçu), ce qui ne signifie pas qu'il dépende
d'un esprit (fini) particulier. La disparition d'un esprit ne fait pas
disparaître le monde – la disparition de tous les esprits aurait exactement cet effet [1]. Mais Berkeley ne dit pas ici que le monde est perçu par
Dieu. Plus précisément, que les choses continuent d'exister signifie
que Dieu les maintient dans l'existence, c'est-à-dire qu'il les présente
aux esprits finis selon les lois ordinaires de la nature. Dieu est selon
Berkeley la cause de nos sensations – cette cause ne peut être une
substance matérielle qui n'existe pas et l'ordre même des sensations
montre qu'elles doivent être produites par une intelligence. Concevoir
que les choses existent quand nous ne les percevons pas, c'est donc
concevoir que Dieu nous les ferait sentir sous des conditions données
(c'est-à-dire causerait en nous certaines sensations conformément au
cours ordinaire des choses). Ce n'est qu'une explicitation de la définition rigoureusement phénoméniste de l'existence : je percevrai la
table qui se trouve dans le bureau si je me rends dans le bureau, parce
que cela est conforme à ce qui se passe d'ordinaire.

La réponse de Berkeley paraît bien chantournée. Et surtout, elle ne
dit rien de ce qui se passe lorsque personne n'est dans le bureau.
Encore une fois, Berkeley ne dit pas explicitement que Dieu perçoit la
table dont je crois qu'elle s'y trouve – il se contente de dire que Dieu
connaît toutes choses : cela peut vouloir dire seulement qu'il sait que si
je prends telle décision (par exemple aller dans le bureau), alors il
devra causer en moi telles sensations (par exemple, celles qui constituent la table). Cette apparente complication est liée au fait que
Berkeley doit maintenir une version relativement forte de sa définition
de l'existence, c'est-à-dire finalement de son phénoménisme. En effet,
il ne peut se satisfaire d'une interprétation de la définition de

---

1. Il y a bien des réalités dont le statut est comparable ; pensons à une langue : la mort
d'un francophone ne cause pas la disparition du français – mais si plus personne ne parle
le français, cette langue disparaît – voir M. Atherton, « Berkeley Without God », dans
R. Muehlmann (ed.), *Berkeley's Metaphysics. Structural, Interpretive and Critical
Essays*, University Park (Penn.), The Pennsylvania State University Press, 1995,
p. 244-245.

l'existence qui renverrait directement à Dieu l'existence des choses que les esprits finis ne perçoivent pas. Si ce devait être le cas, cette définition de l'existence serait triviale : tout pourrait exister, même si aucun esprit fini ne le perçoit, pourvu que Dieu le perçoive. Une telle définition n'a plus guère d'intérêt. Elle pourrait même être dangereuse : il serait alors possible d'affirmer l'existence de la substance matérielle. Cette interprétation de l'existence entrerait en contradiction avec l'immatérialisme. Il est donc nécessaire de lui garder un pouvoir discriminant. Il faut ainsi s'interroger sur les raisons que nous avons d'affirmer que les choses que nous ne percevons pas existent : il s'agit de se prononcer sur les conditions de la perception des choses. Autrement dit, si le cours ordinaire de la nature (en somme, notre expérience) nous conduit à penser que nous devrions percevoir tel objet et si nous ne nous trompons pas, alors nous avons une bonne raison de dire que l'objet en question existe (c'est-à-dire que Dieu causera en nous les sensations qui forment cet objet).

L'exemple le plus abouti de ce phénoménisme est l'interprétation que Berkeley donne de la Création. Berkeley distingue deux modes d'existence. En Dieu, les choses existent de toute éternité, puisque, par définition, Dieu les veut éternellement (quelle que soit la façon dont on le comprend, il en a toujours l'idée [1]). La création ne concerne donc que les esprits finis :

> J'imagine que, si j'avais été présent à la Création, j'aurais vu les choses amenées à l'être, autrement dit devenir perceptibles dans l'ordre décrit par l'historien sacré […] Quand on dit que les choses commencent ou finissent d'exister, ce n'est pas par rapport à Dieu qu'on l'entend ainsi, mais au regard de ses Créatures. Tous les objets sont éternellement connus de Dieu, ou, ce qui revient au même, ils ont une existence éternelle dans son esprit ; mais quand des choses auparavant imperceptibles aux créatures deviennent, par un décret de Dieu, perceptibles à celles-ci, alors on dit que ces choses commencent une existence relative, au regard des esprits créés. Donc en lisant le récit de la Création, je comprends que les différentes parties du monde devinrent graduellement perceptibles aux esprits finis dotés de facultés appropriées ; si

---

1. Ce n'est pas le lieu ici de savoir si Dieu a des idées comme nous en avons – ce serait douteux, dans la mesure où nous les recevons de Dieu justement. À tout le moins, les objets existent en Dieu à titre d'intention de les manifester sous certaines circonstances.

bien qu'elles furent véritablement perçues par tous les esprits de ce genre, quels qu'ils aient pu être, qui étaient présents (*DHP*, 3, p. 218).

Et voilà résolue la question de l'intermittence : les choses existent en Dieu et pour les esprits finis. Au mieux l'intermittence concerne les seconds. Mais l'existence en Dieu permet de dire que les objets existent même lorsque nous ne les percevons pas. Soit ils sont perçus par un autre esprit (pourquoi pas les anges pour ce qui concerne la Création du monde); soit il reste possible de dire que nous avons des raisons de penser que nous aurions pu les percevoir (si nous avions été présents lors de la Création).

Sans doute la réponse de Berkeley à l'objection de l'intermittence dans les *Dialogues* déplace-t-elle l'accent de notre perception à la cause de nos perceptions. En cela, rien ne vient contredire la position phénoméniste fondamentale de Berkeley. Et ce déplacement nous permet de mieux comprendre l'absence véritable de réponse dans les *Principes*. Il se pourrait bien finalement que cette objection n'ait pas grand sens. Berkeley entend élucider ce que nous disons quand nous parlons d'existence. Cela rend la question de l'intermittence au fond assez vaine, parce que nous croyons que les objets existent même quand nous ne les percevons pas et que nous pouvons rendre raison de cette croyance. Or étant donnée la façon dont s'explicite selon Berkeley cette croyance, l'existence de la table dans le bureau n'est pas un problème. Certes, nous constatons l'existence d'une chose en la percevant – cela ne dit de toute façon rien de ce qui se passe quand nous ne la percevons pas et par principe, nous ne pouvons pas vérifier ce qu'il en est sans le percevoir. Finalement, et conformément au sens commun sans doute, ce qui serait surprenant, c'est que la table qui était dans le bureau que je viens de quitter n'y soit plus quand j'y retourne et cela suffit pour imaginer qu'elle y est restée, d'une manière ou d'une autre.

La façon dont Berkeley entend protéger la réalité est résolument phénoméniste – c'est ce qu'il y a de plus conforme au principe de l'immatérialisme. Certes, cela impose de le reformuler : ce qui existe, ce n'est pas seulement ce qui est perçu, mais ce qui est perceptible (étant données des conditions définies)[1]. La réalité est constituée de phénomènes qui forment des paquets ou des ensembles réguliers, les choses. Celles-ci nous sont par principe transparentes : il n'y a rien en elles qu'on ne puisse percevoir (c'est une conséquence triviale de la définition de l'existence). Toutefois, on peut s'interroger non pas tant sur la valeur de la détermination berkeleyenne de la réalité que sur sa portée effective. Pour reprendre notre question initiale, on peut se demander si la réalité est réellement protégée. Nous entendons cette question du point de vue de l'esprit fini. En effet, on pourrait estimer que la réalité est suffisamment protégée par le recours à Dieu comme cause du monde : Dieu étant la cause de ce qui nous apparaît, il faut bien que cela existe réellement – que la réalité ne soit rien d'autre que ce qui nous apparaît. Sans même forcément mettre en question la validité des preuves de l'existence de Dieu que propose Berkeley, un doute subsiste quant à sa stratégie générale. Mais ce doute peut en retour nous permettre de mettre en avant un enjeu qui nous semble crucial pour la réflexion sur le phénomène.

Le propos de Berkeley conduit à redéfinir la réalité ou la nature[2]. Certes, il y a ce qui nous apparaît. Mais cela reste évanescent – et somme toute peu fiable, puisque cela ne nous apparaît pas toujours et que l'on peut se tromper à propos de ce qui apparaît. Il faut donc *lier* les phénomènes. Cela n'a pour Berkeley rien de métaphorique : la façon dont il entend privilégier la réalité repose sur la mise en avant de l'ordre des phénomènes. Cet ordre permet en effet de s'assurer de l'unité des choses : les phénomènes se présentent en formant des collections habituelles ; se constitue ainsi une expérience, qu'éventuellement le langage sédimente et qui nous rend capable de prévoir que sous des conditions données nous serions affectés de telle façon, ce qui assure de l'existence des choses (en assurant qu'elles restent

---

1. Pour cet élargissement, voir K. P. Winkler, *Berkeley, An Interpretation*, Oxford, Clarendon, Press, 1989, p. 191-203 ; G. Brykman apporte de précieux éclaircissements sur la notion de phénoménisme à propos de Berkeley – voir *Berkeley, le voile des mots*, *op. cit.*, p. 246-252.

2. Pour une analyse plus développée de cette question appliquée aux sciences de la nature, voir L. Peterschmitt, « Concilier science et philosophie : l'ordre de la nature chez Berkeley », dans G. Marmasse et N. Lechopier (éd.), *La nature entre science et philosophie*, Paris, Société Française d'Histoire des Sciences et des Techniques/Vuibert « Cahiers d'histoire et de philosophie des sciences », 2008, p. 7-22.

perceptibles lorsque nous ne les percevons cependant pas). Les relations sont à ce point essentielles pour définir la réalité, que le phénoménisme de Berkeley fait de la nature comme un tissu de relations.

Il faut établir ce point de façon un peu plus précise, ce qui nous permettra au passage de régler une question que nous avons laissée en suspens. La façon classique de poser ce problème est de remarquer que les idées des sens et celles de l'imagination sont de nature identique. Mais la difficulté se renforce pour Berkeley, puisqu'il y a plus dans la perception que dans la stricte sensation : nous l'avons vu, ce supplément est la visée de l'imagination – l'imagination nous permet de percevoir un arbre, là où nous sentons du vert, du brun, du rugueux, de la résine etc. Il faut donc pouvoir faire la distinction entre les idées des sens et les idées de l'imagination (nous entendons ici les produits de l'imagination, à distinguer, justement, de l'objet perçu). Berkeley, de façon tout à fait classique, propose trois critères : la vivacité, la passivité et l'ordre. Or, comme l'a remarqué R. Glauser [1], les deux premiers critères ne sont pas satisfaisants : les idées de l'imagination peuvent être tout aussi vives que celles des sens ; et dans le cas des hallucinations, l'esprit semble tout aussi bien passif que dans le cas de la sensation. Il ne reste donc guère que le troisième critère, à savoir celui qui établit des relations d'ordre entre les idées à même de déterminer la réalité des idées en question.

Il faut donc s'interroger un peu sur ce critère. La réalité serait garantie par la régularité de la nature, c'est-à-dire finalement de l'action divine [2]. Or cette régularité ne nous est accessible que par l'expérience :

---

1. R. Glauser, *Berkeley et les philosophes du* xvii* siècle*, Sprimont, Mardaga, 1999, p. 297-298 ; voir également l'analyse de L. Jaffro, « Sensation et imagination… » *op. cit.*, *passim*.

2. Une autre façon de le souligner consiste à remarquer qu'une chose est constituée par des idées liées entre elles : nous enrichissons notre concept d'une chose en augmentant le nombre d'idées liées sous ce concept (c'est-à-dire en étant capable de faire d'autant plus de prédictions à propos de ce que nous devons percevoir). En sorte que, comme l'écrit Berkeley, « quand je regarde à travers le microscope, ce n'est pas pour percevoir plus clairement ce que je percevais déjà à l'œil nu, puisque l'objet perçu à travers la lentille est tout à fait différent du précédent. Mais, dans les deux cas, mon but est

L'observation diligente des phénomènes qui sont à notre portée peut nous faire découvrir les lois générales de la Nature et déduire, à partir d'elles, les autres phénomènes. Je ne dis pas démontrer, car toutes les déductions de ce genre dépendent de la supposition que l'Auteur de la nature opère toujours uniformément, et en observant constamment les règles que nous prenons pour principe, ce que nous ne pouvons pas connaître avec évidence (*PHK*, § 107, p. 132).

Comme le souligne L. Jaffro, «il n'y a, dans la philosophie de Berkeley, pas d'autre expérience que celle que font les esprits finis ; et cette expérience est sans garantie possible, sans garde-fou, à nos risques et périls»[1]. On conçoit aisément le problème auquel nous sommes conduits lorsqu'il s'agit de distinguer imagination et réalité : nous ne pouvons jamais être certains de la réalité de ce que nous percevons – ou croyons percevoir. Nous n'irons pas avec L. Jaffro jusqu'à affirmer que Dieu est une pure volonté aveugle et que les régularités que nous repérons dans l'expérience ne sont des régularités que pour *nous*. De fait, Berkeley le souligne, ces régularités font du monde un lieu cohérent dans lequel nous pouvons vivre et nous repérer – on sera tenté de dire que le simple fait que nous survivons témoigne de l'effectivité de ces régularités. Dans le langage de Berkeley, cela «atteste suffisamment la sagesse et la bienveillance de leur Auteur» (*PHK*, § 30, p. 81) : il agit en sorte que nous puissions vivre. Toutefois, il restera toujours une double incertitude. Premièrement, il se pourrait que nos prédictions ne soient pas correctes et fonctionnent tout de même (à l'instar d'hypothèses *ad hoc*) ; deuxièmement, rien ne vient garantir que Dieu continuera à agir comme il a agi jusqu'à présent. Autrement dit, même si Dieu n'est guère susceptible de changer d'avis, nous ne pouvons et ne pourrons jamais *savoir* si l'ordre que nous lisons dans les phénomènes est le bon.

Du point de vue de l'esprit fini, donc, la détermination de la réalité reste un pari – au mieux une hypothèse, plus certainement une croyance. Finalement, aux dires de Berkeley, nous devons croire que Dieu est bienveillant – cet acte de foi n'est finalement que l'analogue de la croyance en la réalité. En somme, le phénoménisme de Berkeley

seulement de savoir quelles idées sont reliées entre elles ; et plus un homme connaît la connexion des idées, plus on dit qu'il connaît la nature des choses » (*DHP*, 3, p. 206)

1. L. Jaffro, « Sensation et imagination… », *op. cit.*, p. 86.

l'amène essentiellement à opposer au scepticisme que de fait nous croyons à la réalité de ce que nous percevons. Nous voilà donc reconduits au point de départ. Nous faisons la différence entre l'imagination et la réalité ; en général, ce que nous faisons ainsi est suffisant. Mais nous n'aurons pas d'autre garantie que celle-ci.

Berkeley développe et propose son phénoménisme comme une arme contre le scepticisme. L'analyse, au sens le plus strict, de la perception devait lui permettre d'assurer la valeur de cette perception, en assurant qu'elle est sans reste, c'est-à-dire qu'il n'y a rien d'autre à chercher dans la réalité que ce que nous percevons. Son phénoménisme est donc interprété comme une forme de réalisme direct. Dans la perception du moins, les choses ne sont pas représentées mais directement présentées à l'esprit percevant. Si effectivement Berkeley parvenait à l'établir, alors, de façon triviale, le scepticisme serait vaincu. Mais le propos se complique nécessairement parce que l'analyse de la perception en sensations élémentaires ne dit pas tout ce qui apparaît. La difficulté à laquelle se trouve confronté Berkeley est ainsi celle de comprendre ce hiatus entre sensation et perception. En somme, ce qui reste probablement introuvable chez Berkeley, c'est le phénomène lui-même, c'est-à-dire ce qui apparaît à l'esprit fini sans se laisser réduire en sensations simples ou immédiates. C'est finalement ce dont témoigne le pragmatisme de Berkeley. Celui-ci revient à affirmer que nous savons bien ce qui apparaît – sans que nous sachions nécessairement bien pourquoi nous le savons.

Luc PETERSCHMITT
Docteur en histoire de la philosophie et histoire des sciences

LE PHÉNOMÈNE
DANS L'IDÉALISME TRANSCENDANTAL DE KANT

Le caractère crucial du concept de phénomène pour la philosophie kantienne, constitutif du sens même de l'idéalisme transcendantal, est aussi ce qui rend difficile son élucidation succincte. Sa juste compréhension engagerait un commentaire approfondi de la *Critique de la raison pure* dans son intégralité, mais aussi de l'ensemble de l'œuvre dans ses différents volets. Les pages qui suivent n'ont pour ambition que d'en rappeler quelques lignes de force. Elles pourraient d'une certaine manière consister dans le commentaire de la phrase suivante, tirée d'un paragraphe où Kant s'efforce de cerner au plus près la signification de la phénoménalité du phénomène, passage ajouté par la seconde édition pour tenter de prévenir les lectures erronées que la première avait suscitées, lesquelles manquaient la spécificité de l'idéalisme kantien comme idéalisme *transcendantal*.

> Quand je dis : dans l'espace et dans le temps, aussi bien l'intuition des objets externes que l'auto-intuition (*Selbstanschauung*) de l'esprit représentent leur objet respectif tel qu'il affecte nos sens, c'est-à-dire tel qu'il *apparaît phénoménalement* (*wie es erscheint*), cela ne veut pas dire que ces objets soient une simple *apparence* (*Schein*). Car dans le phénomène les objets et même les propriétés que nous leur attribuons sont toujours considérées comme quelque chose de réellement donné – à cette précision près que, dans la mesure où cette propriété ne dépend que du mode d'intuition du sujet dans la relation qui s'établit entre l'objet donné et lui, cet objet en tant que *phénomène* (*Erscheinung*) est distinct de lui-même comme objet *en soi* [1].

1. *Critique de la raison pure* (abrégé *KrV*), B 69, Ak III 71, trad. A. Renaut, Flammarion, 3ᵉ éd., 2006, p. 139. Toutes les références originales renvoient à l'édition de

L'OBJET INDÉTERMINÉ D'UNE INTUITION EMPIRIQUE

Le § 1 de l'*Esthétique transcendantale*[1], décisif pour la mise en place du vocabulaire de la *Critique*, nous propose une définition du phénomène :

> L'objet indéterminé d'une intuition empirique s'appelle *phénomène* (*Erscheinung*)[2].

Il se comprend à partir de la notion d'intuition que les lignes précédentes ont définie comme faculté de donation. Les représentations de l'intuition sont toujours immédiates et singulières, là où celle de l'entendement, faculté de pensée, sont médiates et générales. L'intuition empirique, quant à elle, est cette intuition « qui se rapporte à l'objet à travers une sensation »[3]. Notre intuition ne peut se comprendre que comme sensibilité : « c'est seulement par la médiation de la sensibilité que des objets nous sont donnés »[4].

Mais que faut-il entendre par sensibilité ?

> La capacité de recevoir (réceptivité) par la manière dont nous sommes affectés par des objets s'appelle *sensibilité*[5].

Elle se définit ainsi comme réceptivité, à partir de la notion d'affection, là où le pouvoir de penser, l'entendement, se caractérise comme spontanéité. Que notre intuition ne puisse être que sensible signifie donc que rien ne peut nous être donné qu'en affectant notre esprit « sur un certain mode ». Nous pouvons certes envisager une autre sorte d'intuition, l'intuition intellectuelle, comme accès immédiat à l'intelligible : elle serait « intuitus originarius », produirait son objet, bien loin d'être affectée par lui. Mais elle n'est pas une possi-

---

l'Académie de Berlin, *Gesammelte Schriften, hrsg. von der Königlich Preussischen Akademie der Wissenschaften*, Berlin, Walter de Gruyter, 1902 *sq.* (notée Ak avec indication de volume et de page).

1. Pour l'*Esthétique transcendantale*, on pourra se référer avec profit au commentaire de F.-X. Chenet, *L'Assise de l'ontologie critique : l'esthétique transcendantale*, Villeneuve d'Ascq, Presses universitaires du Septentrion, 1994.

2. *KrV*, A20/B34, Ak III 50 [trad. A. Renaut, p. 117].

3. *Ibid.*

4. *KrV*, A19/B33, Ak III 49 [trad. A. Renaut, p. 117].

5. *Ibid.*

bilité humaine. Nous autres hommes ne possédons qu'une intuition dérivée, assignée à la réceptivité, constitutive de la finitude indépassable de notre connaissance.

La caractérisation de la sensibilité comme essentielle réceptivité était un acquis fondamental de la *Dissertation de 1770*, qui introduit pour la première fois le sens kantien du phénomène comme objet de la sensibilité :

> L'objet de la sensibilité est le sensible ; mais ce qui ne contient que ce qui doit être connu par l'intelligence est l'intelligible. Dans les écoles des Anciens, on appelait le premier phénomène (*Phaenomenon*) et le second noumène (*Noumenon*)[1].

Dans la *Dissertation*, la notion de *Phaenomenon* était cependant posée d'emblée dans son opposition à celle de *Noumenon*, qui est l'objet connu par l'intelligence, définie comme « la *faculté* du sujet par laquelle il peut représenter ce qui, en raison de sa nature même, ne peut tomber sous les sens »[2]. À côté de son « usage logique », qui se contente de subordonner des concepts selon leur généralité, l'entendement possède en effet « un usage réel », qui lui permet de connaître les choses intelligibles et sur la possibilité duquel Kant ne s'interroge pas encore : c'est là la dimension « dogmatique » de la *Dissertation*, qui reste de ce fait un texte pré-critique. Ces noumènes sont bien la représentation des choses « telles qu'elles sont en soi », alors que le phénomène n'est que la chose telle qu'elle nous apparaît, qui ne se comprend que dans le rapport au sujet : modification de notre état en tant que nous sommes affectés par la présence de l'objet, la représentation sensible est ainsi fondamentalement subjective[3].

Mais cette subjectivité essentielle ne doit pas être interprétée comme le rejet de toute objectivité au niveau de la sensibilité. Connaître ne consiste pas seulement à dépasser les phénomènes, pour saisir les choses telles qu'elles sont en soi. L'affirmation de l'irréductibilité du sensible à l'intelligible permet au contraire de fonder une authentique science des phénomènes.

---

1. *Dissertation de 1770* (abrégé *Dissertation*), § 3, Ak II 392, trad. Pelletier, Paris, Vrin, 2007 p. 85.
2. *Ibid.*
3. *Dissertation*, § 4, Ak II 392 [trad. Pelletier, p. 87].

Il y a donc une science réelle des choses sensibles, même si, puisque ce sont des phénomènes, il n'y en a pas d'intellection réelle, mais seulement logique [1].

Cependant, dans la *Dissertation*, cette science est avant tout destinée à dessiner les limites dans lesquelles elle doit s'inscrire, pour ne pas venir contaminer la connaissance purement intellectuelle que permet l'usage réel de l'entendement par un privilège inexpliqué : c'est là le précepte essentiel de la méthode de la métaphysique que dessine la Vème partie de l'ouvrage [2].

C'est sur le fondement de cette conception de la sensibilité que va se déployer la problématique de l'*Esthétique transcendantale*. Mais ce n'est qu'avec la récusation de tout usage réel que se construit la conception proprement transcendantale de la phénoménalité. Le passage de la *Dissertation* à la première *Critique* ne peut se résumer à l'abandon de toute accessibilité positive au noumène, qui laisserait inchangée par ailleurs la compréhension de la phénoménalité. Le phénomène n'y est pas d'abord posé à partir de son opposition au noumène : il faudra attendre la fin de l'*Analytique des principes* pour voir ce terme technique apparaître dans la première *Critique*. C'est au terme d'une analyse de l'intuition sensible et de ses conditions formelles qu'est dégagé le sens même de la distinction entre le phénomène et l'objet tel qu'il est en soi, bien loin d'en être le présupposé. Et cette distinction est abyssale : le phénomène est bien la chose telle qu'elle nous apparaît, mais cette apparence ne nous fait rien connaître de la chose telle qu'elle est en soi. La sensibilité est le seul lieu possible d'une donation d'objet pour nous, et l'entendement, dans sa discursivité est d'emblée assigné à notre réceptivité : il ne peut penser que ce qui est donné par ailleurs dans l'intuition. Toute constitution d'objectivité ne pourra advenir que dans l'horizon de la subjectivité de notre intuition. Nous ne connaissons donc les choses que telles que nous en sommes affectés, mais le phénomène n'exprime rien de l'être affectant lui même et ne doit pas être confondu avec lui :

---

1. *Dissertation*, § 12, Ak II 398 [trad. Pelletier, p. 103]. « Quoique les phénomènes soient proprement l'aspect (*species*) des choses, et non leur idée, et qu'ils n'expriment pas la qualité interne et absolue des objets, leur connaissance n'en est pas moins très vraie » (§ 11, Ak II 397).

2. *Dissertation*, Ak II 411 [trad. Pelletier, p. 147].

Quant à ce qui pourrait être tenu pour une caractéristique des objets en eux-mêmes et abstraction faite de toute cette réceptivité de notre sensibilité, cela nous reste inconnu [1].

MATIÈRE ET FORME DU PHÉNOMÈNE

Si le phénomène, en tant qu'il relève de l'intuition empirique, se rapporte à l'objet par la sensation, il ne s'identifie pas avec elle. L'*Erscheinung* n'est pas la seule *Empfindung*. Outre la compréhension de la sensibilité comme réceptivité et source irréductible de représentations, l'*Esthétique transcendantale* retient de la *Dissertation* le recours décisif au couple matière/forme pour la compréhension de la constitution fondamentale du phénomène.

Dans le phénomène, je nomme *matière* de celui-ci ce qui correspond à la sensation, tandis que ce qui fait que le divers du phénomène peut-être ordonné selon certains rapports, je le nomme *forme* du phénomène [2].

Simples modifications de l'état du sujet, les sensations ne sont qu'un pur divers, voué à la dispersion, si elles ne s'inscrivent pas dans des relations qu'elles sont pourtant, en tant que pure diversité, impuissantes à fonder. De ce qui n'est que matière pour le phénomène, il nous faut distinguer sa forme. La nécessité de cette distinction « que l'on remarque en ce que la diversité qui affecte les sens est coordonnée par une certaine loi naturelle de l'esprit » était posée dès le § 4 de la *Dissertation* [3] et la section III a reconnu dans l'espace et le temps ces conditions formelles de la donation sensible de tout objet.

Le phénomène ne se limite donc pas au donné : il inclut en lui ces formes de toute donation. L'*Esthétique transcendantale* donnera tout son sens à cette découverte en pensant explicitement espace et temps comme formes *a priori* de l'intuition : il nous faut reconnaître, au cœur même d'une sensibilité pourtant conçue comme fondamentale réceptivité, une dimension formelle *a priori*, qui est sa constitution subjective et la condition nécessaire et indépassable de l'apparaître des

---

1. *KrV*, A42/B58, Ak III 65 [trad. A. Renaut, p. 133].
2. A20/B34, Ak III 50 [trad. A. Renaut, p. 118].
3. Ak II 392 [trad. Pelletier, p. 87].

choses, formes qui précèdent, en tant qu'*a priori*, la matière même de la donation, identifiée aux sensations, et rendent ainsi possibles les phénomènes[1]. En tant qu'elles ne sont que les conditions subjectives nécessaires de toute donation, de notre ouverture même aux choses, elles se caractérisent par leur *idéalité transcendantale* : elles ne sont rien rapportés aux choses en elles-mêmes[2]. Mais précisément pour cela aussi, nous pouvons affirmer leur *réalité empirique* : elles vaudront nécessairement pour tout ce qui pourra s'offrir à nous comme objet. Par la récusation de tout autre mode de donation, elles apparaissent comme s'imposant à tout objet de connaissance possible. Et elles n'ont de réalité empirique que parce qu'elles sont transcendan-talement idéales, conditions subjectives mais nécessaires de tout apparaître. Tous les phénomènes des sens externes seront ainsi soumis à l'espace, qui en est la forme, tous les phénomènes du sens interne à sa forme qui est le temps (les phénomènes du sens externe étant éga-lement soumis au temps en tant qu'ils sont aussi, comme phénomènes, des modifications de notre état interne). Que l'espace et le temps soient précisément les formes de l'humaine intuition, la *Critique* ne peut davantage le justifier : il en va là d'une factualité du transcendantal, indépassable dans sa compréhension kantienne, sous peine de s'en-gager dans une connaissance proprement transcendante[3] dont il s'agit justement d'établir l'impossibilité.

---

1. A267/B323, Ak III 219 [trad. Renaut, p. 314].

2. « Ce que nous avons voulu dire, c'est que toute intuition n'est rien que la représentation du phénomène ; que les choses que nous ne sont pas en elles-mêmes telles que nous les intuitionnons, que leurs relations ne sont pas non plus constituées en elles-mêmes telles qu'elles nous apparaissent, et que si nous supprimions par la pensée notre subjectivité ou même seulement la constitution subjective des sens en général, toutes les propriétés, tous les rapports des objets dans l'espace et le temps, l'espace et le temps eux-mêmes disparaîtraient et ne peuvent comme phénomènes, exister en soi, mais seulement en nous » (*KrV*, A42/B58, Ak III 65 [trad. A. Renaut, p. 133]).

3. Sur cette factualité, *cf.* A. Grandjean, *Critique et réflexion, Essai sur le discours kantien*, Paris, Vrin, 2009.

« EN UN MOT : LEIBNIZ INTELLECTUALISAIT LES PHÉNOMÈNES » [1]

Cette compréhension du phénomène est inséparable de la critique radicale du sens qui est le sien dans la tradition leibnizienne. Kant va jusqu'à évoquer une « falsification (*Verfälschung*) du concept de sensibilité et de phénomène qui en rend toute la théorie inutile et vide » [2]. Si la critique de Leibniz [3] se déploie dans de multiples directions, la racine de ces erreurs se situe dans sa compréhension du sensible : elle a « assigné à toutes les recherches sur la nature et l'origine de nos connaissances un point de vue tout à fait faux » [4]. Il n'est donc pas surprenant de voir le chapitre III de l'*Analytique des principes*, consacré à l'élucidation de « la distinction de tous les objets en général en phénomènes et noumènes », se prolonger par une critique systématique de la philosophie leibnizienne sous le titre d'une « Amphibologie des concepts de la réflexion », qui y dévoile non pas une illusion naturelle de la raison, comme l'illusion transcendantale, mais une erreur savante de l'entendement. Cette amphibologie transcendantale n'est rien d'autre qu'une « confusion de l'objet pur de l'en-

---

1. *KrV*, A 271/B327, Ak III 221 [trad. A. Renaut, p. 316].
2. A43/B60, Ak III 66 [trad. A. Renaut, p. 134].
3. La stratégie de Kant à l'égard de Leibniz est ambiguë. Si la conception de la sensibilité comme indistinction est « une grande erreur de l'école de Leibniz et de Wolff », il est souvent tenté de jouer Leibniz contre ses épigones, comme dans la *Réponse à Eberhard*, où est envisagé que la *Critique* soit la « véritable apologie de Leibniz » (*Réponse à Eberhard (Sur une découverte selon laquelle toute nouvelle critique de la raison pure serait rendue superflue par une plus ancienne)*, Ak VIII 250, trad. J. Benoist, Paris, Vrin, 1999, p. 150), contre les déformations que lui ont imposées les wolffiens (il évoque « la sensibilité au sens où M. Eberhard en attribue le concept à Leibniz », Ak VIII 218). La *Critique* met directement en cause Leibniz, « Mais c'est Leibniz à vrai dire qui en est responsable » (*Anthropologie d'un point de vue pragmatique* (abrégé *Anthropologie*), Ak VIII 141, trad. M. Foucault, Paris, Vrin, 1991, p. 40). Mais cette reconstruction kantienne de la conception « leibnizienne » de la sensibilité ne lui rend absolument pas justice. Elle attribue à Leibniz une doctrine de la sensibilité plus proche de celle de Wolff. Sur cette question, voir D. Schultess, *Leibniz et l'invention des phénomènes*, Paris, P.U.F., 2009. ; G. H. R Parkinson, « Kant as a critic of Leibniz : the amphiboly of the concepts of reflection », *Revue internationale de philosophie*, 35, 1981/2-3 et surtout M. Fichant, « Leibniz a-t-il "intellectualisé les phénomènes" ? Eléments pour l'histoire d'une méprise », dans F. Calori, M. Foessel et D. Pradelle (éd.), *De la sensibilité : les esthétiques de Kant*, Rennes, P.U.R., 2014 (à paraître).
4. *KrV*, A271/B327, Ak III 221 [trad. A. Renaut, p. 316].

tendement avec le phénomène»[1], qui n'est rendue possible que par une méconnaissance radicale de la nature de notre sensibilité. Si le monde de Leibniz est «une sorte de monde enchanté», c'est bien «pour avoir pris les représentations des sens, comme phénomènes, non pas, ainsi qu'il aurait dû, pour un genre de représentation tout à fait différent de tout concept, à savoir une intuition, mais pour une connaissance semblable, à la confusion près, à celles que procurent les concepts qui ont leur siège dans l'entendement et non dans la sensibilité»[2].

Ce diagnostic était posé dès la *Dissertation :*

> On définit mal ce qui est sensible comme ce qui est connu plus *confusément*, et ce qui est intellectuel comme ce dont la connaissance est *distincte.* Car ce ne sont là que des différences logiques qui *n'atteignent* absolument pas les *données* qui sont soumises à toute comparaison logique. En effet, les connaissances sensibles peuvent être parfaitement distinctes et les connaissances intellectuelles très confuses[3].

Leibniz aurait donc réduit la différence entre sensible et intellectuel à une simple différence logique, de degré, celle de la confusion ou de la distinction des représentations. Or elle est impuissante à reconnaître le statut propre de la sensibilité comme authentique source originaire de représentations. Elle revient à nier toute véritable différence spécifique, qui ne peut-être qu'une différence de nature[4], une différence «manifestement transcendantale»,qui «ne concerne pas seulement la forme de la distinction et de la confusion, mais leur origine et leur contenu»[5]. Les «métaphysiciens de la vieille roche» ont ainsi fondu l'esthétique dans le logique, devenu l'unique mode de

---

1. A 270/B326, Ak III 220 [trad. A. Renaut, p. 315].

2. *Les Progrès de la métaphysique en Allemagne depuis le temps de Leibniz et de Wolff* (abrégé *Progrès*), Ak XX 285, trad. L. Guillermit, Paris, Vrin, 1968, p. 43.

3. *Dissertation*, Ak II 394 [trad. Pelletier, p. 93].

4. *Première introduction à la Critique de la faculté de juger* (abrégé *EE*), Ak XX 227, trad. A. Renaut, Paris, Flammarion, 2000, p. 117 : dans la mesure où il n'y pas de différence spécifique, «cette différence de dénomination serait totalement inutile».

5. *KrV*, A44/B61, Ak III 66 [trad. A. Renaut, p. 135]. Cf. *Réponse à Eberhard*, Ak VIII 219-220, trad. J. Benoist p. 120 : «la sensibilité se distingue de la connaissance d'entendement (…) du point de vue transcendantal, c'est-à-dire selon son origine et son contenu, ne contenant rien de la constitution des objets en soi, mais seulement la façon que le sujet a d'être affecté, fût-elle du reste si distincte que l'on voudra.»

représentation [1] : Leibniz « intellectualise » les phénomènes, recherche toutes les représentations dans le seul entendement et ne concède « aux sens que la misérable fonction de confondre et de défigurer les représentations de ce dernier » [2]. Non seulement le phénomène est compris à partir des représentations intellectuelles, mais il l'est dans le registre du manque, du moindre être, introduisant une dévalorisation de la sensibilité, réduite à la confusion et à la défiguration [3].

Connaître véritablement les choses consiste alors à dépasser ces défigurations et les simples apparences, à retrouver ce qui correspondrait au noumène, ces « monades » connaissables par le seul entendement, substances simples, inétendues, caractérisées par l'état interne de représentation. Bien loin que la phénoménalité soit le lieu propre de constitution de tout objet de connaissance, elle est cette apparence confuse, ce rêve, que nous devons dépasser pour atteindre à la chose telle qu'elle est en elle-même. Kant refuse cette continuité entre le sensible et l'intellectuel qui permettrait le passage de l'un à l'autre [4]. Par la sensibilité, « nous ne connaissons pas seulement la nature des choses en soi de façon confuse, mais nous ne la connaissons pas du tout » [5].

Cette intellectualisation se retrouverait dans toutes les dimensions du phénomène, à commencer par sa matière. En dernière instance toute sensation repose sur des éléments simples qui relèvent du non-sensible, de telle sorte qu'on pourrait, par un passage à la limite dans l'ordre de la distinction, progressivement atteindre à leur représentation et qu'ainsi « l'intuition d'un corps fournirait, dans la conscience intégrale de toutes les représentations qui y sont contenues le concept du même corps comme un agrégat de monades », à tel point que « la proposition : "les corps sont composés de monades" pourraient provenir de l'expérience, simplement par la décomposition de la perception, si seulement nous pouvions voir de façon assez

1. »La sensibilité n'était pour (Leibniz) qu'un mode confus de représentation, et non une source particulière de représentations » (*KrV*, A270/B326, Ak III 220 [trad. A. Renaut, p. 315-316]).

2. A276/B332, AK III 224 [trad. A. Renaut, p. 319].

3. *Anthropologie*, § 7, Ak VII 140 [trad. A. Renaut, p. 69]. Contre une telle représentation, Kant peut se présenter en « apologue » de la sensibilité (*cf.* le titre du § 8).

4. Cf. *EE*, Ak XX 227 [trad. A. Renaut, p. 117].

5. *KrV*, A44/B62, Ak III 66 [trad. A. Renaut, p. 135].

perçante » [1]. Mais il en intellectualisait aussi les formes, puisqu'espace et temps ne sont que les représentations confuses respectivement de la coexistence et de la succession des choses en elles-mêmes, c'est-à-dire des monades, tandis que « ce que l'un et l'autre semblent posséder en propre et indépendamment des choses, il l'attribuait à la confusion de ces concepts, laquelle ferait que ce qui est une simple forme de rapports dynamiques serait pris pour une intuition propre, possédant pour elle-même sa consistance et précédant les choses mêmes » [2].

Le critère de la distinction et de la confusion ne peut recevoir la charge de la différenciation entre sensible et intellectuel : il y a des représentations sensibles distinctes, comme il y a des concepts confus, dont l'exemple canonique est pour Kant celui du droit [3]. Distinction et indistinction conservent un sens mais au sein de chacun des ordres distingués : il nous faut reconnaître, à côté de la distinction intellectuelle ou logique, une distinction proprement esthétique [4].

C'est donc une « distance infinie » qui sépare ces deux conceptions de la sensibilité. Elle établit

de deux choses l'une : soit l'intuition est selon son objet complètement intellectuelle, c'est-à-dire que nous intuitionnons les choses comme elles sont en soi, et alors la sensibilité ne consiste que dans la confusion qui est inséparable d'une telle intuition qui embrasse la multiplicité ; soit elle n'est pas intellectuelle, nous ne comprenons par elle que la façon que nous avons d'être affectés par un objet qui en lui-même nous est tout à fait inconnu, et alors la sensibilité consiste si peu dans la confusion que, bien plutôt, quand bien même son intuition aurait-elle le degré le plus élevé de distinction et, dans la mesure où il y a en elle des parties simples, cette distinction s'étendrait-elle aussi à ses parties, elle ne contiendrait pas pour autant le moins du monde quelque chose de plus qu'un simple phénomène. On ne peut penser les deux choses à la fois dans un seul et même concept de sensibilité [5].

1. *Progrès*, Ak XX 278 [trad. L. Guillermit, p. 34].

2. A275-276/B331-332, Ak III 223 [trad. A. Renaut, p. 319].

3. *KrV*, A43/B61, Ak III 66 [trad. A. Renaut, p. 117].

4. *EE*, Ak XX 227 [trad. A. Renaut, p. 11]. Voir *Logique*, Ak IX 35, trad. L. Guillermit, Paris, Vrin, 1970, p. 37 et *Réponse à Eberhard*, Ak VIII 217 [trad. J. Benoist, p. 118].

5. *Réponse à Eberhard*, Ak VIII 219 [trad. J. Benoist, p. 120].

Seule la conception kantienne, en établissant la pleine positivité de la sensibilité, en la reconnaissant comme source de représentations à part entière, unique source de donation pour la pensée, sans laquelle il ne saurait y avoir de connaissance et d'objectivité, permet de sortir de l'amphibolie fatale dans laquelle ne peut manquer de s'enferrer la philosophie leibnizienne. Elle le peut par une «topique transcendantale» qui, sur le fondement du sens réel de la différenciation entre noumène et phénomène, s'efforce, par la réflexion, de déterminer le lieu propre auquel appartiennent les représentations des choses, la faculté à laquelle elle se rattache, sensibilité ou entendement, dans leur différence irréductible.

LE PHÉNOMÈNE ET L'OBJET

Mais s'il faut donc se garder d'intellectualiser les phénomènes, comment penser les rapports de l'entendement au phénomène ?

Il nous faut revenir à la définition du phénomène comme « objet indéterminé d'une intuition empirique ». Sa qualification comme objet *indéterminé* doit encore être élucidée. Être déterminé, pour le phénomène, c'est être soumis au réseau de déterminations catégoriales qui constituent véritablement l'objet comme objet d'expérience. L'indétermination désigne précisément ici le fait que nous faisons abstraction de ces déterminations conceptuelles, que nous nous situons au seul niveau de l'intuition, et non pas encore à celui de l'*expérience* proprement dite, en tant que celle-ci doit être considérée comme liaison des *Erscheinungen* selon les règles a priori de l'entendement. L'enjeu fondamental de la pensée critique est de comprendre comment peut se constituer le sens d'une objectivité à même la subjectivité des phénomènes tels qu'ils nous sont donnés par l'intuition. L'objet est alors pensé comme corrélat des fonctions objectivantes a priori de la pensée. C'est seulement en tant que les intuitions sont reliées et déterminables d'après les lois réglant l'unité de l'expérience qu'elles peuvent être désignées comme des objets. L'objet comme phénomène est donc non seulement donné dans les formes a priori de l'espace et de du temps, mais soumis aux catégories et principes a priori de l'entendement, qui déploient l'activité synthétique originaire de l'aperception. Connaître un objet ne consiste pas à dépasser des apparences seulement subjectives pour atteindre un objet par delà toute phénoménalité, mais revient au contraire à savoir comment se constitue le sens d'une objectivité par la synthèse réglée de nos représentations subjectives.

La phénoménalité devient dès lors l'horizon indépassable de toute constitution d'objectivité et de toute connaissance. Les catégories sont seulement susceptibles d'un usage empirique et non pas d'un usage transcendantal : elles n'ont de validité qu'à titre de conditions de possibilité de toute expérience possible et n'ont de signification que schématisées par l'imagination transcendantale dans leur application au sensible. Les principes de l'entendement sont « seulement des principes de l'exposition des phénomènes ». L'objet de connaissance ne peut être que l'objet en tant que phénomène : c'est pourquoi « le nom orgueilleux d'une ontologie » laquelle prétend déployer une connaissance des choses en général, en deçà du partage entre phénomènes et choses en soi, et sans référence aucune à l'expérience, doit céder la place « au nom modeste d'une simple analytique de l'entendement pur »[1], qui s'attache à montrer qu'« entendement et sensibilité ne peuvent chez nous déterminer des objets qu'à la faveur de leur union » et que « si nous les séparons, nous avons des intuitions sans concepts ou des concepts sans intuitions, mais dans les deux cas des représentations que nous ne pouvons rapporter à nul objet déterminé »[2].

Mais il faut noter ici une équivoque dans l'usage kantien d'*Erscheinung*. Défini au niveau de l'*Esthétique*, comme « objet d'une intuition empirique indéterminée », il renvoie une dimension de l'apparaître pré-objective, hors forme catégoriale, en deçà de l'expérience proprement dite[3]. Pourtant, Kant ne s'en tient pas à cette caractérisation, et utilise constamment le terme *Erscheinung* en un sens qui englobe l'objet d'expérience en tant que tel, soumis à la détermination catégoriale de l'entendement, et vaut pour tout ce qui

1. A247/B303, Ak III 207 [trad. A. Renaut, p. 300].

2. A258/B314, Ak III 213 [trad. A. Renaut, p. 308].

3. Dans la *Dissertation*, Kant distingue du *Phaenomenon* ce qu'il nomme *Apparentia* pour désigner une dimension de la phénoménalité qui précède tout usage logique de l'entendement et se tient en deçà de l'expérience proprement dite conçue comme « comparaison de plusieurs apparitions par l'entendement » (*Dissertation*, § 5, Ak II 394 [trad. Pelletier, p. 91].

s'oppose à la chose telle qu'elle est en soi[1]. Tout se passe comme si le fait même qu'il ne puisse se constituer d'objectivité que dans l'ordre phénoménal autorisait Kant à étendre l'usage du terme à l'objet déterminé lui-même. Une fois pourtant, Kant semble convoquer une distinction terminologique susceptible de surmonter cette équivocité : « Les apparitions (*Erscheinungen*), pour autant qu'elles sont pensées comme objet selon l'unité des catégories, s'appellent phénomènes (*Phaenomena*)[2]. » Kant joue ici sur les deux racines, germaniques et gréco-latines, du vocabulaire de la phénoménalité. En effet, si la *Dissertation*, écrite en latin, imposait le terme de *phaenomenon*, la *Critique* a recours à *Erscheinung* et *Phaenomenon* selon des usages presque constamment indifférenciés. C'est pourquoi les traductions sont justifiées lorsqu'elles rendent les deux termes par « phénomène ». Seule l'occurrence citée disjoint les deux usages, en utilisant le terme plus technique pour l'objet d'expérience, déterminé par les formes catégoriales, et en réservant celui d'*Erscheinung* pour la seule apparition indéterminée. Mais Kant ne s'y tiendra pas, et la phrase disparaît de la seconde édition.

Cette indistinction n'est pas inconséquente. Il ne peut y avoir d'objectivité théorique que phénoménale. La légitimation de toute validité objective dans l'*Analytique* est suspendue à la distinction du phénomène et de la chose en soi dans l'*Esthétique*. Mais l'*Analytique* montrera que pour être *mienne*, l'intuition doit être soumise à l'unité originairement synthétique de l'aperception et donc entrer dans les règles d'unification imposées par l'entendement : « les phénomènes ont une relation nécessaire à l'entendement »[3]. Reste qu'il nous faut cependant maintenir la possibilité de penser l'*Erscheinung* comme apparition encore indéterminée, pré-catégoriale, pour manifester l'ir-

---

1. Par exemple en A239/B298, Ak III 204 [trad. A. Renaut, p. 296] : « L'usage transcendantal d'un concept, dans un quelconque principe, est celui qui consiste à le rapporter à des choses *en général et en soi*, tandis que l'usage empirique intervient quand il se rapporte seulement à des *phénomènes*, c'est-à-dire à des objets d'une *expérience possible* ».

2. A 248, Ak IV 163 [trad. A. Renaut, p. 301]. Voir la note de Guillermit dans sa traduction des *Progrès*, p. 123 : « il faudrait à vrai dire trois termes : phénomène, apparence et « apparition », ce dernier (au sens de : apparition d'une comète, p. ex. et non de : spectre ou vision) traduisant : *Erscheinung*. »

3. A 119, AK IV 89 [trad. A. Renaut, p. 190].

réductibilité de l'esthétique au logique et la priorité relative de l'intuition sur l'entendement, dont l'activité doit lui être rapportée. Que les représentations doivent être liées par l'entendement implique qu'elles soient d'abord reçues par l'intuition.

ERSCHEINUNG ET SCHEIN

Mais que l'objet intuitionné soit un « *simple* phénomène », qu'il ne soit que la chose telle qu'elle nous apparaît, qu'il ne puisse exister « qu'en nous » et ne soit qu'une modification de notre sensibilité, qu'il ne puisse se comprendre que dans la relation à une subjectivité et aux conditions de l'apparaître qu'elle impose [1], ne signifie pas qu'il puisse être tenu pour une simple apparence, au sens d'apparence trompeuse. Il nous faut disjoindre les deux sens de l'apparence, l'apparence comme apparition et l'apparence comme illusion, à travers la distinction entre *Erscheinung* et *Schein*. En aucun cas « est-il permis de confondre le phénomène et l'apparence en une seule et même chose » [2]. Kant ne cesse de rappeler l'importance de cette distinction, « non seulement ici, mais dans toute la philosophie » car « sinon, lorsqu'il s'agit du phénomène, et qu'on prend ce mot comme signifiant la même chose que le terme d'apparence, on est toujours compris de travers » [3]. Au simple niveau de l'intuition, il n'y a pas de

---

1. »Ce qui ne peut aucunement être rencontré dans l'objet en soi, mais toujours dans la représentation de l'objet au sujet et est inséparable de la représentation que le sujet se forge de celui-ci, est phénomène » (*KrV*, B70, Ak III 71 [trad. A. Renaut, p. 140]).

2. *KrV*, A293/B349, Ak III 234 [trad. A. Renaut, p. 329].

3. Kant fait ce rappel au 4ᵉ livre des *Premiers principes métaphysique de la science de la nature*, lorsqu'il emploie le terme « phénoménologie » pour la discipline qui s'attache au mouvement et au repos selon leur modalité (Ak IV 554-555, *Œuvres philosophiques*, « Bibliothèque de la Pléiade », Paris, Gallimard, 1980-1986, II, p. 479). Il y a là sans doute une pointe contre les premiers usages du terme « phénoménologie ». Il a reçu sa première détermination conceptuelle de Lambert dans son *Neues Organon* (1764), dont la 4ᵉ partie s'intitule « la phénoménologie en tant que doctrine de l'apparence » où le terme d'apparence traduit *Schein*, que cette phénoménologie a pour destination de prévenir. Kant utilise un temps cette terminologie, comme dans la lettre à Lambert du 2 septembre 1770, dans la continuité de la *Dissertation* : « Il semble qu'une science toute particulière, quoique simplement négative (*phaenomenologica generalis*) doive précéder la métaphysique : les principes de la sensibilité s'y verront fixer leur

place pour l'apparence en tant qu'elle induit en erreur: «vérité ou apparence sont, non pas dans l'objet en tant qu'il est intuitionné, mais dans le jugement porté sur lui, en tant que cet objet est pensé»[1]. Les sens ne commettent pas d'erreur puisqu'ils ne jugent pas.

Kant ne cesse ainsi de se défendre de l'objection de «transformer toutes les choses du monde sensible en pure apparence»[2], commune chez ses premiers lecteurs:

> La proposition: toutes les représentations des sens ne nous donnent les objets à connaître que comme phénomènes (*Erscheinungen*) n'a absolument rien à voir avec l'affirmation qu'elles ne contiennent que l'apparence (*Schein*) des objets, comme le prétendaient l'idéaliste[3].

Il en va ici de la signification propre de l'idéalisme transcendantal kantien, dans sa différence avec les deux autres formes d'idéalisme: l'idéalisme problématique d'un Descartes, idéalisme empirique sceptique, qui se contente de tenir l'existence des choses hors de nous pour douteuse et indémontrable, ne retenant que le «je suis» comme unique affirmation indubitable, et l'idéalisme dogmatique d'un Berkeley[4] qui

---

validité et leurs bornes, afin qu'ils n'embrouillent pas les jugements portant sur les objets de la raison pure, comme cela s'est presque toujours produit jusqu'à présent.» (*Correspondance*, trad. M.-C. Challiol, M. Halimi, V. Séroussi, N. Aumonier, M. B. de Launay et M. Marcuzzi, Paris, Gallimard, 1991, p. 70-71). La lettre à M. Herz du 21 février 1772 reprend à nouveau le terme pour désigner une des parties de l'ouvrage projeté, *Les limites de la sensibilité et de la raison* (*Correspondance*, p. 94). Mais dès lors qu'il ne s'agit plus de déterminer les principes de la connaissance sensible pour qu'ils ne contaminent pas la connaissance intellectuelle, mais de délimiter l'ordre des phénomènes comme seul domaine légitime de connaissance possible, Kant ne retient plus le terme de phénoménologie, sans doute trop marqué par l'usage lambertien, et produit une *Esthétique transcendantale*. Il ne désignera plus que la détermination du mouvement et du repos par rapport à leur mode de représentation, car «se demander si un corps est mû dans l'espace relatif, tandis que l'espace est déclaré immobile, ou s'il faut dire au contraire que l'espace se meut avec une vitesse égale dans une direction opposée, c'est un débat qui concerne non pas l'objet, mais seulement son rapport avec le sujet, donc non pas l'expérience, mais le phénomène» (Ak IV 555, Pléiade II, p. 479).

1. *KrV*, A293/B350, Ak III 234 [tr. Renaut, p. 329. Cf *Anthropologie* § 11, Ak VII 146 [trad. A. Renaut, p. 76].

2. *Prolégomènes à toute métaphysique future qui pourra se présenter comme science* (abrégé *Prolégomènes*), Ak IV 290, trad. L. Guillermit, Paris, Vrin, 1986, p. 55.

3. *Progrès*, Ak XX 269 [trad. L. Guillermit, p. 22].

4. Il s'agit de Berkeley tel que Kant le comprend: pour une interprétation plus authentique, voir le chapitre que lui consacre ce volume.

tient l'espace et les choses extérieures pour des choses impossibles en soi et de « simples fictions ».

Bien loin que l'idéalisme transcendantal puisse leur être identifié, il en est l'antidote. Car c'est le refus de l'idéalité transcendantale des formes de l'intuition et, avec elles, des phénomènes, qui condamne à un monde de « simple apparence »[1], comparable à celui du « bon Berkeley ». Il rend incompréhensible le statut de l'espace et du temps et ne permet pas de rendre compte de la possibilité de la constitution de la validité objective de nos représentations en empêchant toute justification de la possibilité d'une connaissance synthétique a priori. L'idéalisme transcendantal kantien n'est pas seulement compatible avec un réalisme empirique, il en est sa garantie. Ce sont les deux faces d'une même position ontologique. Et inversement l'idéalisme empirique d'un Berkeley est la vérité de tout réalisme transcendantal qui méconnait la différence irréductible du phénomène à la chose en soi. Seul le geste critique, fondé sur l'Esthétique transcendantale où se conquiert la juste compréhension de l'être du phénomène et le retrait absolu de la chose telle qu'elle est en soi, garantit la possibilité d'une véritable connaissance objective, irréductiblement limitée aux phénomènes eux-mêmes.

Si, d'une certaine manière, l'esthétique transcendantale est déjà en elle–même une réfutation de l'idéalisme dogmatique, celle de l'idéalisme sceptique, position plus subtile, réclame que nous nous attachions d'abord à un autre aspect fondamental de la phénoménalité kantienne.

SENS INTERNE ET PHÉNOMÉNALITÉ

Il nous faut en effet donner toute son extension à la phénoménalité sensible comme unique registre de donation : il vaut autant de notre rapport à nous-mêmes que de notre rapport à l'objet extérieur. C'est là ce qui est le plus « étrangement singulier » : « je ne puis me connaître moi-même comme objet du sens interne, c'est-à-dire comme âme, que

---

1. *KrV*, B 70, Ak III 71 [trad. A. Renaut, p. 140].

comme simple phénomène et non selon ce que je suis comme chose en soi »[1].

Dès le § 2 de l'*Esthétique*, Kant introduit cette dualité du sens externe et interne, en les plaçant d'emblée sous le même régime de phénoménalité. Comme y insiste avec force J. Benoist, la reprise kantienne de la thématique lockéenne du sens interne s'accompagne de l'affirmation pleine et entière, non-métaphorique, de sa nature de sens, comprise comme réceptivité et affection[2]. Le sens interne est un sens à part entière, passivement affecté par son objet : nous ne nous connaissons que tels que nous nous affectons nous-mêmes. Pas plus que pour les objets des sens externes, il n'y a d'intuition intellectuelle de soi. Il importe en particulier, contre l'habitude prise dans les « systèmes de psychologie », de distinguer « scrupuleusement » le sens interne de l'aperception transcendantale, ce « je pense » qui est l'unité synthétique originaire de la conscience, pure spontanéité qui doit pouvoir accompagner toutes mes représentations, mais qui en aucune manière n'est un pouvoir de donation et qui ne peut valoir comme connaissance de soi[3] :

> La conscience de soi-même (l'aperception) est la simple représentation du moi et si uniquement par là tout le divers qui est dans le sujet se trouvait donné *de manière spontanée*, l'intuition interne serait intellectuelle. Chez l'être humain, cette conscience requiert une perception interne du divers qui est préalablement donné dans le sujet, et le mode selon lequel ce divers est donné dans l'esprit sans spontanéité doit en vertu de cette différence s'appeler sensibilité. Si le pouvoir de prendre conscience de soi doit découvrir (appréhender) ce qui est présent dans l'esprit, il faut que ce pouvoir affecte l'esprit, et c'est seulement ainsi qu'il peut produire une intuition de soi-même, dont toutefois la forme, qui intervient préalablement comme fondement dans l'esprit, détermine

---

1. *Progrès*, Ak XX 269, trad. L. Guillermit p. 22. Voir *Anthropologie*, Ak VII 142.

2. J. Benoist, *Kant et les limites de la synthèse. Le sujet sensible,* Paris, P.U.F., 1996, p. 132-135. Sur cette dimension interne de la phénoménalité, *cf.* J. Nabert, « L'expérience interne chez Kant », *Revue de Métaphysique et de Morale,* 1924, repris dans *L'expérience intérieure de la liberté et autres essais de philosophie morale*, Paris, P.U.F., 1994 et A. Grandjean « La constitution esthétique de l'intériorité : Kant, Locke et l'invention du sens interne », dans *De la sensibilité : les esthétiques de Kant, op.cit.*

3. *KrV*, B 153 sq, Ak III 20 sq [trad. A. Renaut, p. 210 *sq.*]. Cf. *Anthropologie*, Ak VII 142 [trad. A. Renaut, p. 72].

dans la représentation du temps la manière dont le divers est rassemblé dans l'esprit ; car de fait il s'intuitionne lui-même, non pas tel qu'il se représenterait immédiatement de manière spontanée, mais selon la façon dont il est intérieurement affecté, par conséquent tel qu'il s'apparaît phénoménalement, et non pas tel qu'il est [1].

Il n'y a ainsi aucun privilège ontologique accordé à l'intériorité et aux représentations du sens interne, nulle sphère d'immanence absolue, qui autoriserait une éventuelle « percée vers l'intelligible » et un dépassement de la finitude.

Dans la comparaison des deux formes de l'intuition, le temps comme forme du sens interne peut certes avoir une sorte de privilège, du point de vue de son extension (puisqu'il vaut aussi des phénomènes du sens externe, alors que l'espace ne vaut que pour ces derniers). Mais d'un autre point de vue, le rapport est inversé. Le temps, en lui-même infigurable, est astreint pour sa représentation à une nécessaire figuration spatiale [2]. De plus, « les représentations des *sens externes* constituent la matière propre dont nous remplissons notre esprit » [3] : c'est le divers spatial, le donné des sens externes, qui, en tant qu'il est une modification de notre capacité de représentation, constitue la matière même du sens interne, sous la forme du temps. En dernière instance, c'est du sens externe que le sens interne tire son contenu.

Les textes qui prendront pour objet la réfutation de l'idéalisme insisteront sur ce rapport entre sens interne et externe. C'est le propre de l'idéalisme empirique que d'instituer entre eux une fondamentale dissymétrie : il attribue une certitude et une portée absolue aux données du sens interne et met en doute la réalité des données du sens externe. Dans la première édition, la récusation du paralogisme de l'idéalité [4] prend appui sur l'homogénéité fondamentale de la phénoménalité du sens interne et du sens externe. Représentation externe et représentation interne sont aussi immédiates l'une que l'autre dans la mesure où elles sont à chaque fois perception, et l'objet extérieur ne pose pas davantage de problème que la représentation interne : « des

---

1. B 68-69, Ak III 70-71 [trad. A. Renaut, p. 139].
2. *KrV*, A 33/B50, Ak III 60 [trad. A. Renaut, p. 128] ; B156, Ak III 122 [trad. A. Renaut, p. 212].
3. *KrV*, B 67, Ak III 70 [trad. A. Renaut, p. 138].
4. *KrV*, A 366sq, Ak IV 230sq [trad. A. Renaut, p. 375 *sq.*].

deux côtés, il ne s'agit de rien d'autre que de représentations, dont la perception immédiate (la conscience) est en même temps une preuve suffisante de la réalité qui est la leur» [1]. La représentation est appelée extérieure non pas au sens où elle se rapporterait à des objets extérieurs en soi, mais en tant qu'elles sont des perceptions qui sont rapportées non seulement au sens interne, comme les représentations de moi-même comme sujet pensant, mais aux sens externes dans la forme de l'espace : l'objet intérieur est seulement représenté dans des rapports temporels, alors que l'objet extérieur est celui qui est aussi représenté dans l'espace. La chose telle qu'elle est en soi demeure radicalement inconnue, aussi bien pour l'intuition interne que pour l'intuition externe. Aucun raisonnement supplémentaire n'est nécessaire pour établir la réalité des objets extérieurs par rapport à la réalité de mon sens interne. Ainsi, l'idéaliste sceptique peut être loué dans la mesure où il nous conduit par ses objections à prendre conscience de cette homogénéité fondamentale de la phénoménalité de toutes nos perceptions d'objets, qu'on les appelle extérieures ou intérieures.

Dans la «Réfutation de l'idéalisme» [2] qu'elle ajoute aux «Postulats de la raison empirique», l'édition de 1787 ira plus loin encore, puisqu'elle ne se contente pas d'établir le caractère également immédiat de la perception externe et de la perception interne, mais affirme, dans le passage de la perception à l'expérience, la dépendance de l'intériorité à l'égard de l'extériorité : l'expérience interne n'est possible que par l'intermédiaire de l'expérience externe. Dès lors, «la simple conscience, mais empiriquement déterminée, de ma propre existence prouve l'existence des objets dans l'espace hors de moi» [3]. Car cette conscience empiriquement déterminée suppose, comme détermination temporelle, quelque chose de permanent dans la perception, comme pour toute expérience possible d'objet. Mais le sens interne ne nous donne jamais que la succession et la fluence des représentations : cet élément permanent ne peut être trouvé que dans l'existence de choses hors de moi, objets de mon expérience externe (et non pas seulement dans la représentation des ces objets qui, en tant

1. *KrV*, A371, Ak IV 233 [trad. A. Renaut, p. 378].

2. *KrV*, B274sq, Ak III 191 *sq* [trad. A. Renaut, p. 282 sq.]. *Cf.* B XXXIX-XLI, Ak III 23-25 [trad. A. Renaut, p. 89-91 (note)].

3. *KrV*, B275, Ak III 191 [trad. A. Renaut, p. 283].

que représentations, seraient également prises dans l'écoulement du sens interne). La perception du moi comme objet de l'expérience interne et continuité dans la succession n'est donc possible qu'à partir de l'expérience externe d'une objectivité dans l'espace. L'idéaliste sceptique cartésien, qui se donne toujours l'expérience interne, ne peut douter de l'expérience externe, dans la mesure où la première n'est rendue possible que par la seconde.

PHÉNOMÈNE ET NOUMÈNE

Mais que l'ordre phénoménal soit le seul domaine de légitimité de la connaissance théorique ne signifie pas que la notion de noumène doive être abandonnée. Peu de points de la philosophie transcendantale ont concentré autant de critiques que ce maintien d'une chose en soi, en retrait de la phénoménalité et irrémédiablement inconnue. Pourtant, elle est toujours réaffirmée par Kant dans le registre de la plus grande évidence. La simple position du phénomène comme tel appelle la reconnaissance de l'existence d'une chose en soi qui tout en se dérobant par principe à toute possibilité de connaissance, doit être posée comme « cause », « fondement » ou « substrat » de la présence même du phénomène :

> Il faut toujours émettre cette réserve – et le point est à bien remarquer – que nous ne pouvons certes pas *connaître*, mais qu'il nous faut du moins *penser* ces objets aussi comme choses en soi. Car si tel n'était pas le cas, il s'ensuivrait l'absurde proposition selon laquelle il y aurait un phénomène (*Erscheinung*) sans rien qui s'y phénoménalise (*was da erscheint*)[1].

Revenant sur cette distinction, le texte des *Prolégomènes* insistera sur son caractère « inévitable » : admettre les phénomènes comme apparitions, c'est toujours admettre que *quelque chose* nous apparaît, que nous devons penser à défaut de pouvoir le connaître.

> Dans le fait, si, comme il convient, nous considérons les objets des sens comme de simples phénomènes, par là nous reconnaissons du même

---

1. *KrV*, préface, B XXVI-XXVII, Ak III 17 [trad. A. Renaut, p. 82-83].

coup qu'ils ont comme fondement une chose en elle-même, bien que nous ne sachions pas comment elle est constituée en elle-même, et que nous ne soyons informés que de son phénomène, c'est-à-dire de la manière dont nos sens sont affectés par ce quelque chose d'inconnu. Donc l'entendement, du fait même qu'il admet les phénomènes, reconnaît également l'existence des choses en elles-mêmes, et dès lors nous pouvons dire que la représentation de tels êtres qui fondent les phénomène, donc de simples êtres de l'entendement, n'est pas seulement recevable : elle est inévitable [1].

Et s'il est absurde de prétendre connaître au-delà des limites de la phénoménalité après les démonstrations de l'analytique transcendantale, Kant va jusqu'à dire qu'il y aurait « une absurdité plus grande encore à ne concéder à aucune chose d'exister en elle-même ou encore à prétendre donner notre expérience pour le seul mode de connaissance possible des choses, par conséquent notre intuition dans l'espace et le temps pour la seule intuition possible, notre entendement discursif pour le prototype de tout entendement possible, bref à prétendre savoir tenir les principes de la possibilité de l'expérience pour conditions universelles des choses en elles mêmes » [2].

Que sommes-nous amenés à poser avec cette notion de noumène ?

Quand nous désignons certains objets en tant que phénomènes, comme des êtres des sens (*phaenomena*) en distinguant la manière dont nous les intuitionnons de la façon dont ils sont en eux-mêmes constitués, nous avons déjà l'idée d'opposer pour ainsi dire à de tels phénomènes, et d'appeler êtres de l'entendement (*noumena*), ou bien les mêmes objets considérés selon cette constitution intrinsèque, bien que nous n'en ayons pas d'intuition sous ce rapport, ou bien encore d'autres choses possibles qui ne sont aucunement des objets de nos sens, mais correspondent à des objets seulement pensés par l'entendement [3].

Kant évoque ici pour finir les idées transcendantales de la raison pure dont la *Dialectique transcendantale* s'attachera à montrer qu'elles relèvent toutes d'une illusion transcendantale de la raison et qu'elles ne peuvent jamais valoir comme connaissances d'objet. Mais quant à la considération des choses en tant qu'elles ne sont pas

---

1. *Prolégomènes*, § 32, Ak IV 314-315, trad. L. Guillermit p. 85-86].

2. *Prolégomènes*, § 57, Ak IV 350-351 [trad. L. Guillermit, p. 129].

3. B 306, Ak III 209 [trad. A. Renaut, p. 304].

soumises aux conditions de notre intuition, nous ne devons pas penser l'objet en soi comme un autre objet que le phénomène lui-même, mais pour le même étant pris en des «significations» (*Bedeutung*) différentes[1], selon «ses deux faces» ou «ses deux versants» (*zwei Seiten*)[2]. L'*Opus Postumum* insistera tout particulièrement sur cette identification:

> La différence des concepts d'une chose en soi et d'une chose dans le phénomène n'est pas objective, mais seulement subjective. La chose en soi (*ens per se*) n'est pas un autre objet, mais une autre relation (*respectus*) de la représentation au même objet[3].

Dès lors, la notion de noumène doit être maintenue, mais ne peut pas être prise en un sens positif, comme objet d'une intuition intellectuelle dont nous ne pouvons même pas nous représenter la possibilité. Il ne peut être pris qu'en un sens négatif, comme «une chose en tant qu'elle n'est pas objet de notre intuition sensible, où nous faisons abstraction de notre manière de l'intuitionner»[4]. Il est ainsi simplement un concept problématique, un «concept-limite (*Grenzbegriff*)» qui n'a d'usage que négatif, celui de «limiter les prétentions de la sensibilité»[5], de nous éviter d'absolutiser le point de vue qui est le nôtre et de faire des conditions des objets d'expérience les conditions des choses en elles-mêmes. Paradoxalement, la doctrine du noumène en son sens négatif vient s'identifier à la doctrine de la sensibilité[6], en ce qu'elle permet cerner sa nature et sa portée et de délimiter le champ des phénomènes comme unique domaine légitime d'une connaissance possible, tout en le destituant de toute prétention ontologique absolue.

---

1. B XXVII, Ak III 17 [trad. A. Renaut, p. 83].

2. A38/B55, Ak III 131 [trad. A. Renaut, p. 131].

3. *Opus Postumum* (abrégé *OP*), Ak XXII 26, trad. F. Marty, Paris, P.U.F., 1986, p. 144. *Cf.* Ak XXII 42 [trad. F. Marty, p. 149]: «la chose en soi = X ne signifie pas un autre objet, mais seulement un autre point de vue, négatif, à partir duquel précisément le même objet est considéré. – Ce dernier est le principe de l'idéalité des objets des sens comme phénomène».

4. *KrV*, A 252/B 307, Ak III 209 [trad. A. Renaut, p. 304].

5. A255/B311, Ak III 211 [trad. A. Renaut, p. 306].

6. »La doctrine de la sensibilité est ainsi en même temps la doctrine des noumènes en son sens négatif», A253/B307, Ak III 210 [trad. A. Renaut, p. 304].

L'entreprise de délimitation qu'est la critique doit être comprise dans toute sa complexité, et ne peut être réduite à une limitation de l'entendement par la sensibilité. Elle est double :

> Notre entendement reçoit donc ainsi une extension négative, c'est-à-dire qu'il n'est pas borné par la sensibilité, mais borne bien plutôt celle-ci du fait qu'il appelle noumènes les choses en soi (quand elles ne sont pas considérées comme phénomènes). Néanmoins se pose-t-il également tout aussitôt à lui-même des limites : celles qui font qu'il ne peut les connaître par aucune de ses catégories, et qu'il ne peut les penser que sous le nom de quelque chose d'inconnu [1].

Le concept de noumène laisse ainsi « disponible un espace que nous ne pouvons combler ni par une expérience possible, ni par l'entendement pur »[2]. Mais la représentation de cet espace vide et la distinction phénomènes/noumènes apportent un précieux gain théorique. Elles sont essentielles à la résolution des antinomies de la raison, phénomène « le plus remarquable de la raison humaine », celui qui « agit le plus efficacement pour réveiller la philosophie de son sommeil dogmatique et pour l'inciter à la lourde tâche de la critique de la raison »[3]. L'idéalisme transcendantal est la « clef pour résoudre la dialectique cosmologique »[4], qui repose sur une illusion inévitable par laquelle nous appliquons indûment aux phénomènes, comme s'ils étaient des choses en soi, la proposition selon laquelle « pour tout conditionné donné, il doit y avoir un absolument inconditionné ». Pour les antinomies mathématiques, la solution consistera à montrer que thèse et antithèse sont également fausses, puisque reposant toutes deux sur un présupposé commun qui tient le monde tel qu'il se donne dans l'expérience pour existant en soi, ce qui « équivaut à se représenter que l'expérience existe réellement sans expérience »[5]. Pour les antinomies dynamiques, elle consistera à montrer que ce qui apparaît contradictoire, du fait de la confusion entre phénomène et chose en soi, est en fait conciliable à condition de distinguer ces deux plans, permettant de reconnaître la possibilité que thèse et antithèse soient toutes deux

---

1. *KrV*, A256/B312, Ak III 212 [trad. A. Renaut, p. 307].
2. A289/B345, Ak III 231 [trad. A. Renaut, p. 326].
3. *Prolégomènes*, Ak IV 338-339, trad. L. Guillermit p. 113-115].
4. *KrV*, A490/B518, Ak III 338 [trad. A. Renaut, p. 470].
5. *Prolégomènes*, Ak IV 342 [trad. L. Guillermit, p. 118].

vraies, et ainsi, par exemple, « d'attribuer nature et liberté à la même chose, mais à deux points de vue différents, d'une part à titre de phéno-mène, d'autre part à titre de chose en elle-même »[1]. Les antinomies constituent alors « une sorte d'expérimentation »[2] de la raison qui a valeur de confirmation de ce qui a été conquis par l'esthétique et l'analytique transcendantale et permet même en retour de « démontrer indirectement l'idéalité transcendantale des phénomènes »[3].

Enfin, la fonction limitative du concept de noumène répond surtout à un fondamental intérêt pratique. Seule, en effet, la possibilité de « prendre l'objet en deux significations différentes », phénomène et chose en soi, permet de sauver la possibilité de penser la liberté. L'*Analytique transcendantale* a certes justifié la soumission de tout objet de connaissance possible à la causalité naturelle comme caté-gorie et principe de l'entendement pur, condition de possibilité de l'expérience en général. Mais il importe au plus au point de ne pas confondre les conditions de l'expérience des choses avec les condi-tions des choses elles-mêmes afin d'offrir la possibilité de penser la liberté au niveau du suprasensible, ou plutôt dans le rapport du supra-sensible au sensible, quand bien même nous ne pourrions la connaître. C'est le principe de la résolution de la troisième antinomie. Ce qui reste encore une simple possibilité et une pensée indéterminée au niveau de la *Critique de la raison pure* recevra, dans la deuxième *Critique*, depuis le commandement catégorique de la loi morale, une objectivité pratique et autorisera ainsi une « extension de la raison pure d'un point de vue pratique », qui n'est pas pour autant une extension de sa connaissance spéculative : l'exigence nécessaire de la réalisation du Souverain Bien impose une croyance de la raison pure pratique qui donne une réalité objective aux idées de la liberté, de l'immortalité de l'âme et de Dieu, comme postulats de la raison pratique. La limitation

1. *Prolégomènes*, Ak IV 344 [trad. L. Guillermit, p. 121].
2. *Progrès*, Ak XX 291 [trad. L. Guillermit, p. 50].
3. *KrV*, A506/B534, Ak III 347 [trad. A. Renaut, p. 480]. Kant lui-même a insisté sur le rôle joué par les antinomies dans la découverte de cette idéalité. Ce sont les trois sortes d'antinomies, dans chacune des *Critiques*, qui « convergent toutes en ceci qu'elles contraignent la raison pure à s'écarter de la présupposition au demeurant très naturelle selon laquelle des objets des sens sont tenus pour les choses en soi » (*KU*, Ak V 344, trad. A. Renaut, p. 333).

de la raison pure dans son usage spéculatif au seul ordre des phénomènes est la condition de son extension pratique, et seul l'idéalisme
transcendantal est à même de fonder, par un même geste de distinction
des phénomènes et des choses en soi, la possibilité de la connaissance
objective et celle de la moralité.

UNE PRÉSENTATION SENSIBLE DU SUPRASENSIBLE ?

La compréhension kantienne de la phénoménalité qui circonscrit
ainsi à l'ordre phénoménal la constitution de toute objectivité théorique, mais ouvre l'espace pour une objectivité pratique dans l'ordre
du suprasensible, n'est cependant pas sans penser aussi la possibilité
d'une présentation sensible spécifique, à même les phénomènes, de ce
qui relève de l'intelligible. Certes, seule la possibilité d'une schéma-
tisation sensible pouvait donner sens et valeur objective aux concepts
purs de l'entendement. Mais le schématisme n'est pas la seule façon
d'envisager la problématique de la *Darstellung* (présentation) sensible, de la *Versinnlichung*. Un autre type de présentation est possible, une présentation symbolique, indirecte, reposant sur l'analogie,
comme « ressemblance complète de deux rapports entre des choses
tout à fait dissemblables », qui permet ainsi un transfert de la règle de
« la réflexion sur un objet de l'intuition à un tout autre concept auquel
peut-être une intuition ne peut jamais correspondre »[1]. Cette présentation n'enfreint pas l'interdit critique concernant la connaissance du
suprasensible : elle n'est que symbolique et indirecte. La réflexion sur
le beau comme symbole du bien, au § 59 de la troisième *Critique*
constitue une démonstration de cette possibilité.

D'autres lieux d'une possible présentation sensible de l'impré-
sentable sont repérables, comme l'analyse des idées esthétiques au
§ 49 ou l'élucidation critique du sublime. Car les phénomènes du
sublime mathématique et dynamique sont investis d'un pouvoir de
révélation paradoxal, qui nous permet de faire l'épreuve de ce « qui
dépasse toute mesure des sens »[2] : dans le sublime, « la faculté de juger

---

1. *Critique de la faculté de juger* (abrégé *KU*), Ak V 352-353, trad. A. Renaut, Paris,
Flammarion, 2000, p. 341.
2. *KU*, Ak V 250 [trad. A. Renaut, p. 232].

esthétique rapporte l'imagination à la raison pour l'accorder subjec-
tivement avec les idées de celle-ci »[1], alors même que ces dernières se
définissent précisément comme ce qui échappe à toute présentation
sensible. L'expérience de l'illimitation mathématique ou de l'irrésis-
tibilité dynamique de la force dans la nature n'est pas en elle-même
une présentation du suprasensible : devant le sublime de la nature,
nous éprouvons d'abord qu'il n'y a pas, à proprement parler, de
sublime dans la nature, et que seule peut être dite sublime la destination suprasensible qui est la nôtre. Le phénomène naturel n'est ici
que l'occasion d'éprouver notre propre sublimité et nous « rend *en
quelque sorte intuitionnable* (*gleichsam anschaulich*) la supériorité de
la destination rationnelle de nos pouvoirs de connaître sur le pouvoir le
plus grand de la sensibilité »[2]. La formule soulignée est remarquable.
Il en va bien d'une forme de présentation sensible, mais qui, en aucune
manière, ne parvient à la plénitude d'une intuition positive et directe.
Une telle compréhension n'en ferait qu'une forme redoutable de
Schwärmerei, « cette illusion qui consiste à voir quelque chose par
delà toutes les limites de la sensibilité »[3]. Cette quasi-intuition ne peut
être qu'une présentation négative, en creux, non par un nouveau
pouvoir reconnu à la sensibilité, qui lui permettrait soudain
une « percée vers l'intelligible », mais par son impuissance même. Le
« mode de présentation » propre au sublime est « totalement négatif du
côté du sensible »[4]. La débâcle de l'imagination la libère paradoxalement de n'être jamais que la faculté qui déploie, assujettie à
l'entendement, l'horizon fini de toute connaissance phénoménale,
pour lui permettre de manifester, seulement négativement, la destination suprasensible de la raison, par leur « heureux désaccord », qui
ne fait que confirmer notre finitude : « l'impuissance propre du sujet
fait surgir la conscience d'un pouvoir illimité du même sujet et l'esprit
ne peut juger et apprécier esthétiquement ce pouvoir illimité que par
son impuissance »[5].

---

1. *KU*, Ak V 256 [trad. A. Renaut, p. 238].
2. *KU*, Ak V 257 [trad. A. Renaut, p. 239].
3. *KU*, Ak V 275 [trad. A. Renaut, p. 258].
4. *KU*, Ak V 274 [trad. A. Renaut, p. 257].
5. *KU*, Ak V 259 [trad. A. Renaut, p. 241].

CONCLUSION

En refusant de faire de l'apparence une expression dévalorisée de l'être apparaissant, en établissant une rupture abyssale entre les deux, en faisant de la phénoménalité l'horizon indépassable de la constitution de toute objectivité théorique, tout en le privant de toute portée ontologique absolue, Kant a irrémédiablement marqué l'histoire du concept de phénomène, non seulement par l'héritage qu'il livrait ainsi aux philosophies ultérieures, mais aussi par les insatisfactions qu'il n'allait pas manquer de susciter. Dès les écrits de Jacobi, les philosophies dites post-kantiennes allaient faire de cette distinction entre phénomène et chose en soi l'un des points de départ et l'un des moteurs essentiels de leur propre itinéraire de pensée, *à partir* et *contre* Kant, dans des directions à chaque fois très différentes, qu'on se situe par exemple chez Fichte, Hegel ou Schopenhauer. En se posant comme philosophie transcendantale, la phénoménologie se situera elle-même dans le prolongement d'une compréhension du phénomène comme apparition originaire, où celui-ci doit s'appréhender à partir desa conjonction avec ses conditions formelles. L'interprétation et la critique [1] du geste transcendantal kantien y deviendront alors un enjeu décisif dans l'affrontement entre plusieurs conceptions différentes de l'idée même de phénoménologie [2].

François CALORI
Maître de conférences à l'Université Rennes 1

---

1. Sur la critique husserlienne, *cf.* D. Pradelle, *Par delà la révolution copernicienne. Sujet transcendantal et facultés chez Kant et Husserl*, Paris P.U.F., 2012 et « Sur le sens de l'idéalisme transcendantal : Husserl, critique de Kant » dans *De la sensibilité : les esthétiques de Kant, op. cit.*

2. Qu'on songe ici aux interprétations de Kant livrées par Husserl, Heidegger ou encore M. Henry.

LA FINITÉ RÉFLÉCHIE

LA CONCEPTION HÉGÉLIENNE DE L'*ERSCHEINUNG*

La définition hégélienne du concept de phénomène (ou d'apparition : *Erscheinung*) s'opère en opposition à deux thèses également insatisfaisantes sur le statut de la réalité et du rapport que nous entretenons avec elle. D'une part, l'entente *réaliste* du monde fait de celui-ci une collection d'étants ontologiquement autosubsistants (*selbstständig*), qui tiennent d'eux-mêmes et par eux-mêmes dans l'existence, imposant leur plénitude ontique à une conscience qui, dès lors, moyennant un déni de sa propre activité (théorique et pratique) de constitution du sens de l'objectivité, en recueille passivement et immédiatement le contenu dans un donné empirique au sein duquel l'instabilité de l'apparaître semble se résorber dans l'être massif des choses ; de l'autre, l'*idéalisme subjectif* assigne à la conscience un rôle de médiation dans notre accès au monde et prend en compte, à ce titre, la phénoménalité comme un mode d'apparaître du réel conditionné par les facultés de représentation du sujet humain, introduisant ainsi un *hiatus* entre l'être et l'apparaître qui se trouve d'emblée compris comme opérant une séparation entre « l'en soi » et le « pour nous ». Tandis que le réalisme nous propose une dissolution de la phénoménalité dans l'être en soi du monde, l'idéalisme subjectif la rabat sur la subjectivité de « l'être rationnel fini » qui appréhende le réel, introduisant une dualité entre la chose telle qu'elle apparaît et la « chose considérée en elle-même (*das Ding an sich selbst betrachtet*) » que nous appelons désormais – au moyen d'un raccourci malencontreux –

la « chose en soi »[1]. Si l'idéalisme subjectif a tort, selon Hegel, de réduire la phénoménalité à son versant subjectif, le réalisme fait tout aussi illégitimement l'impasse sur la prise en compte de l'idéalité du réel qui préside à sa phénoménalisation : tout en refusant d'être relégué « dans un cercle infranchissable de représentations simplement subjectives », il faut concéder que « nous avons tout lieu d'être satisfaits de ce que, dans les choses qui nous entourent, nous ayons affaire simplement à des apparitions et non à des existences fermes et subsistantes-par-soi, parce que, dans ce dernier cas, nous mourrions aussitôt de faim aussi bien corporellement que spirituellement »[2]. Entre le réalisme objectif et l'idéalisme subjectif, Hegel entend tracer une troisième voie en vue de référer l'apparaître du monde à une *idéalité objective*, logiquement antérieure au travail d'idéalisation du réel par la conscience et permettant à ce titre d'en rendre compte. Ce n'est point parce que l'expérience du monde passe par la conscience humaine qu'une telle expérience est phénoménale : c'est parce que la réalité est en elle-même phénoménale (car idéelle) que la conscience sera en mesure de faire l'expérience de celle-ci comme d'un ensemble de phénomènes.

Afin d'expliciter cette position originale (et de prime abord déconcertante) sur le statut de la phénoménalité, nous envisagerons dans un premier temps comment s'opère la jonction complexe entre phénomène et savoir au sein de la justification dialectique du point de vue du savoir absolu opérée dans la *Phénoménologie de l'esprit*. Il sera alors possible d'envisager la manière dont Hegel assigne à l'*Erscheinung* un statut logique déterminé, celui du moment médian de la partie elle-même médiane de la *Science de la logique* qu'est la « Doctrine de l'essence ». Nous verrons enfin comment une telle reconstitution du statut logique de la phénoménalité permet à Hegel d'appréhender le concept de conscience *à partir* de celui de phénomène et de rendre ainsi compte de son activité subjective d'idéalisation (donc

---

1. Sur ce raccourci et ses conséquences, *cf.* F.-X. Chenet, *L'Assise de l'ontologie critique*, Lille, Presses Universitaires de Lille, 1994, p. 313 *sq.*

2. *Encyclopédie des sciences philosophiques*, t. I, *La Science de la logique*, trad. B. Bourgeois, Paris, Vrin, 1970, édition de 1830, abrégé *Enc. 1830 – SL*, Add. § 131, p. 565. Nous modifions parfois les traductions, sans le mentionner systématiquement.

d'ouverture à l'apparaître du réel comme un monde d'objets) à partir
de la dynamique phénoménale du réel lui-même.

LA *PHÉNOMENOLOGIE DE L'ESPRIT*:
DU PHÉNOMÈNE DU SAVOIR AU SAVOIR DU PHÉNOMÈNE

En premier lieu, la notion de phénomène désigne pour Hegel le lieu
d'un *problème* épistémologique décisif, celui d'une introduction
légitime à la science, de la reconstitution génétique du point de vue du
savoir achevé à partir de l'expérience polymorphe que la conscience
fait de son rapport épistémique au monde. Comment distinguer le
savoir philosophique accompli des autres prétendants à la science ?
Comment faire la part du savoir vrai et des pseudo-savoirs voués à la
partialité ou à l'incohérence ? Suffit-il d'opposer le savoir authentique
à l'apparence de savoir pour en asseoir la légitimité spéculative ?
Introduire au savoir vrai suppose d'assumer lucidement
l'impossibilité d'opérer de manière préalable – comme s'y essaie une
certaine théorie de la connaissance raillée par Hegel[1] – une
démarcation satisfaisante entre science et non-science, dans la mesure
où la science non encore atteinte, non encore développée en la totalité
nécessaire de ses articulations systématiques, ne saurait exhiber
prématurément ses titres de noblesse, c'est-à-dire les critères
épistémologiques qui permettront de la distinguer avantageusement
des autres candidats à la scientificité. La science véritable doit faire ses
preuves en assumant d'être mise à l'épreuve de l'expérience[2], en
renonçant à toute affirmation anticipée de sa propre validité.
Autrement dit, elle doit accepter de n'être elle-même au départ qu'un
phénomène apparaissant immédiatement parmi d'autres phénomènes
épistémiques, qu'une promesse de vérité parmi d'autres promesses

---

1. Cf. *Phénoménologie de l'esprit*, trad. B. Bourgeois, Paris, Vrin, 2006, abrégé
Phéno., introduction, p. 117-121. C'est Reinhold qui est visé au premier chef, mais aussi
Kant lui-même.

2. *Cf.* J. Beaufret, «Hegel et la proposition spéculative», dans *Dialogue avec
Heidegger*, t. II, Paris, Minuit, 1973, p. 118-119: «Un autre mot pour expérience serait
[...] celui d'*épreuve*. [...] Avec Kant et plus encore avec Hegel, le mot expérience prend
ainsi une ampleur et une portée qu'il n'avait pas encore avant eux, réduit qu'il était à ne
signifier que la connaissance empirique d'un prétendu "donné". »

possibles, en attente d'une éventuelle validation par la dialectique de l'expérience phénoménale elle-même :

> La science, en ceci qu'elle entre en scène, est elle-même une apparition ; son entrée en scène n'est pas encore elle-même, réalisée et déployée dans sa vérité. Il est en l'occurrence indifférent de se représenter qu'*elle* est l'apparition parce qu'elle entre en scène *à côté d'autre chose*, ou de nommer cet autre savoir sans vérité dont il a été question son apparaître. Mais il faut que la science se libère de cette apparence ; et elle ne le peut qu'en se tournant vers elle [1].

L'autocritique dialectique du savoir apparaissant doit pallier l'absence de pertinence d'une simple « assurance » immédiate d'incarner le savoir véritable, laquelle ne vaudrait pas plus, comme affirmation péremptoire de sa propre vérité, que d'autres opinions concurrentes. Autrement dit, la science

> ne peut, quant à un savoir qui n'est pas véritable, ni se contenter de le rejeter comme une vue commune des choses et d'assurer qu'elle est une tout autre connaissance et que ce savoir-là n'est pour elle rien du tout, ni en appeler au pressentiment d'un savoir meilleur au-dedans de lui-même. En *assurant* ce qu'on a dit, elle présenterait son *être* comme sa force ; mais le savoir sans vérité en appelle tout aussi bien au fait qu'*il est*, et il *assure* que la science ne lui est rien ; mais assurer sec *une* chose vaut exactement autant qu'en assurer une autre [2].

La conscience scientifique ne peut avérer sa primauté qu'en se démontrant comme la vérité du développement immanent des prétentions au savoir de la conscience naturelle : la libération à l'égard de la simple « apparence <*Schein*> » de savoir, qui constitue le point de départ obligé de toute procédure de justification épistémologique, passe par la présentation critique de l'»apparition (*Erscheinung*) » d'elle-même comme savoir immergé dans l'expérience de la conscience. Il s'agit bien de « se tourner vers » l'apparence du savoir, de s'immerger en elle et d'opérer de manière strictement immanente l'élévation de cette apparence à la vérité de l'expérience de la conscience, qui sera tout aussi bien vérité du savoir, autojustification accomplie d'un savoir dès lors libéré de la partialité initiale de son

---

1. *Phéno.*, introduction, p. 120.
2. *Ibid.*

assurance, accession au savoir libéré des biais théoriques et pratiques de la conscience naturelle, au « savoir absolu ».

D'où le projet d'une « phénoménologie de l'esprit », non au simple sens d'une science de l'apparaître (ou de ce que Johann Lambert, inventeur du terme « phénoménologie », nommait une « optique transcendante [1] ») qui définirait les conditions de phénoménalisation des structures du monde référées aux facultés perceptives et intellectives d'un esprit humain, mais au sens pleinement autoréflexif d'une *science de l'apparaître de la science*, s'interrogeant sur la manière dont la science elle-même se déploie dans l'expérience phénoménale et dévoile progressivement la justification de son propre point de vue moyennant l'autoréfutation dialectique des points de vue concurrents que la conscience incarne tour à tour [2]. La *Phénoménologie de l'esprit* est une « science de l'expérience » (sous-titre de l'ouvrage) à la fois au sens où l'expérience de la conscience constitue son *objet* et où elle-même *s'identifie* au déploiement dialectique d'une telle expérience. Dans la mesure où une telle expérience consiste dans le déploiement phénoménal de configurations (*Gestaltungen*) corrélant à chaque étape une modalité déterminée de la subjectivité épistémique (la visée sensible, la perception, l'intellection d'entendement…) et une modalité déterminée de l'objectivité mondaine (le ceci sensible, la chose et ses propriétés, le monde phénoménal et ses lois), la phénoménalité constituera aussi bien, comme chez Lambert ou Kant, le contenu propédeutique de l'introduction à la science, que l'élément différencié à partir duquel émergera le savoir vrai lui-même, moyennant la mise en évidence de la nature contradictoire (donc non-vraie) des figures successives du savoir de la conscience.

On perçoit d'emblée l'originalité du traitement hégélien du concept de phénomène par rapport aux devanciers de l'auteur de la *Phénoménologie de l'esprit* : là où Kant, par exemple, abordait le domaine phénoménal depuis un savoir critique déjà assuré de ses critères de validité, conformément à un modèle normatif de la science reposant

---

1. J. H. Lambert, *Nouvel Organon. Phénoménologie*, trad. G. Fanfalone, Paris, Vrin, 2002, § 4, p. 33.

2. Nous avons développé ce point dans l'article « Science de l'expérience et expérience de la science dans la *Phénoménologie de l'esprit* de Hegel », dans L. Perreau (dir.), *L'Expérience*, Paris, Vrin, 2009.

sur des présupposés indiscutés[1], Hegel refuse cette stratégie d'auto-immunisation épistémique par laquelle le savoir se dote d'une position abusive de surplomb en regard d'une phénoménalité réduite à n'être qu'un simple *objet* de la conscience philosophante. Le sujet de la connaissance ne se tient pas en retrait des phénomènes pour en analyser les conditions de possibilité : contrairement à ceux qui voudraient « nager avant d'aller dans l'eau »[2], il ne saurait échapper, en sa position subjective, aux conditions de l'expérience du savoir qu'il dévoile en analysant son objet. Sa posture épistémique appartient elle-même au domaine phénoménal et doit à ce titre s'avérer dans et par cette immersion dans la phénoménalité de la vie humaine confrontée au monde environnant de la nature et de la culture. Un geste de rupture s'impose donc vis-à-vis des tentatives modernes d'arrimage de la phénoménalité du monde à un sujet de la connaissance arbitrairement défini comme imperméable à ses ambiguïtés. À la logique du *doute* (*Zweifel*), par laquelle Descartes inaugure une stratégie de cloisonnement de la sphère des phénomènes (devenue le corrélat objectif – le *cogitatum* – d'un *cogito* assuré de sa propre validité), Hegel substitue une logique du *désespoir* (*Verzweiflung*), doute redoublé et radicalisé en un « scepticisme s'accomplissant » qui inclut désormais le sujet de la connaissance (et ses normes épistémiques) dans la dialectique phénoménologique pour penser l'advenir progressif d'un savoir à même le déploiement de ses apparitions successives comme face-à-face renouvelé d'une visée subjective et d'un objet incarnant puis (au terme de la dialectique interne à chaque configuration) déjouant une telle visée : le chemin de la conscience en quête de savoir

> peut être regardé comme le chemin du *doute*, ou, plus proprement, comme le chemin du désespoir ; en effet, ce qui survient en son cours, ce n'est pas ce que l'on a coutume d'entendre par douter, un acte d'ébranler

---

1. Sur ce point, cf. J. Habermas, *Connaissance et intérêt*, trad. G. Clémençon, Paris, Gallimard, 1976, chap. I, p. 46 *sq.*

2. *Leçons sur l'histoire de la philosophie*, t. VII, trad. P. Garniron, Paris, Vrin, 1991, p. 1854 : « Examiner la faculté de connaissance signifie la connaître. L'exigence est donc celle-ci : on doit connaître la faculté de connaissance avant de connaître ; c'est la même chose que de vouloir nager avant d'aller dans l'eau. » Voir aussi *Enc. 1830 – SL*, § 10R, p. 175 : « Vouloir connaître *avant* de connaître est aussi absurde que le sage projet qu'avait ce scolastique, d'apprendre *à nager avant de se risquer dans l'eau.* »

telle ou telle vérité présumée, auquel fait suite une disparition, à son tour, comme il se doit, du doute, et un retour à la première vérité, en sorte qu'à la fin la Chose est prise comme auparavant. Mais le chemin en question est le discernement conscient de la non-vérité du savoir apparaissant, pour lequel ce qu'il y a de plus réel est ce qui n'est, bien plutôt, en vérité, que le concept non réalisé. C'est pourquoi ce scepticisme en train de s'accomplir n'est pas non plus ce avec quoi le zèle sérieux pour la vérité et la science s'imagine bien s'être préparé et équipé pour celles-ci, – à savoir : le *propos* de ne pas, dans la science, s'en remettre, sur autorité, aux pensées d'autrui, mais de tout examiner par soi-même et de ne suivre que sa conviction propre, ou mieux encore : de tout produire soi-même et de ne tenir pour le vrai que ce que l'on fait soi-même. La série de ses configurations, que la conscience parcourt sur ce chemin, est, bien plutôt, l'histoire réalisée en son détail de la *culture* par laquelle la conscience elle-même se forme à la science. (…) Le scepticisme qui se dirige sur tout le champ de la conscience prise en son apparaître rend seul (…) l'esprit apte à examiner ce qui est vérité, en tant qu'il amène à désespérer des représentations, pensées et opinions prétendument naturelles [1].

La *Phénoménologie de l'esprit* va exposer ce scepticisme d'un nouveau genre, élargi à « tout le champ de la conscience » : les différentes figures de la conscience seront autant de déterminations phénoménologiques de l'esprit comme différenciation phénoménale d'un sujet et d'un objet qui lui fait face (*Gegen-Stand*). L'une des difficultés les plus importantes d'une telle exposition est que la conscience campée par le phénoménologue, après avoir pris tour à tour la figure épistémique de la visée sensible des ceci singuliers (le vrai comme objet sensible singulier) et de la perception des choses sensibles et de leurs propriétés (le vrai comme objet sensible universel), va se confronter au régime même de sa propre expérience, à savoir la phénoménalité elle-même et les lois qui la régissent (objet intelligible universel). Le chapitre III de l'ouvrage, « Force et entendement. Phénomène et monde suprasensible », va ainsi nous proposer une présentation redoublée de l'expérience du monde phénoménal, puisque la conscience qui vise intellectuellement le sens intérieur de la phénoménalité (comme force puis comme loi du monde phénoménal) le fait

---

1. *Phéno.*, introduction, p. 122-123.

au prisme de la phénoménalité de sa propre posture épistémique elle-même, selon la différenciation oppositive du sujet et de l'objet qui caractérise la conscience. Nous ne nous engagerons pas ici dans le détail des difficultés redoutables de ce chapitre[1] mais nous nous contenterons d'en repérer les lignes de force.

L'ensemble de la section «Conscience» met en scène une conscience aux prises avec elle-même (donc avec sa propre phénoménalité) sans le savoir (puisqu'elle est conscience, dont visée de l'objet oublieuse d'elle-même comme instauration d'un rapport subjectif à l'objet): en tant que conscience, l'esprit consiste dans la projection-réification de sa propre réflexion subjective dans un objet censé incarner en et par lui-même le sens vrai de son expérience. D'où la conclusion décisive du chapitre III : l'objet visé par la conscience n'est autre qu'elle-même, la vérité de la conscience, c'est la conscience de soi. Ou encore : «derrière le prétendu rideau censé recouvrir l'intérieur, il n'y a rien à vous si *nous*, nous n'allons pas nous-mêmes nous mettre par derrière, tout autant pour que l'on voie que pour que, derrière, il y ait quelque chose qui puisse être vu[2].» C'est d'abord le «ceci sensible» (chapitre I) qui condense dans sa fausse simplicité l'articulation instable d'une visée singulière et d'un sens universel (l'«ici» et le «maintenant» sont à la fois des corrélats singuliers de la certitude sensible et des significations universelles qui révèlent l'impossibilité d'un sens purement singulier de l'objectivité). C'est ensuite la «chose» (chapitre II) qui incarne ce «mélange de déterminations sensibles et de déterminations réflexives[3]», déterminations que la conscience percevante va transposer dans l'objet perçu, se débattant entre des modalités contradictoires de définition du sens de cette chose (la chose comme singularité sensible, la chose comme collection de propriétés universelles) sans apercevoir que ces contradictions de l'objet perçu sont d'abord les contradictions des catégories qu'elle investit inconsciemment dans la saisie empirique d'un tel objet. C'est

1. Pour une introduction, voir notre étude «Désespérer de l'objet : les premières expériences de la conscience», dans C. Michalewski (dir.), *La* Phénoménologie de l'esprit *à plusieurs voix*, Paris, Ellipses, 2008, notamment p. 81-85.

2. *Phéno.*, p. 190.

3. *Propédeutique philosophique*, trad. M. de Gandillac, Paris, Minuit, 1963, abrégé *PP*, p. 75.

enfin le «phénomène» (chapitre III), objet explicitement variable et instable, dont la conscience, désormais configurée comme entendement, va entreprendre de dégager «l'intérieur», le sens intelligible immuable, d'abord en l'appréhendant comme «force» (puis comme «jeu des forces»), c'est-à-dire comme autodifférenciation phénoménale d'un principe intelligible simple, puis comme «loi», «image mobile et universelle[1]» du changement phénoménal. S'embourbant dans l'articulation problématique de l'identité de la loi et de la différenciation multiforme du phénomène, la conscience, aux prises avec une compréhension dualiste du monde (qui l'incitera à postuler un «monde renversé» redoublant le monde phénoménal[2]), ne peut se rendre compte «qu'il s'agit là d'une projection de soi de l'entendement, pensant comme transcendance l'achèvement de ses propres opérations[3]». Prise dans les rets de la phénoménalité de l'expérience, la conscience s'avère incapable de penser cette même phénoménalité autrement que comme un *objet* distinct d'elle, indépendant des procédures phénoménologiquement déterminées qu'elle investit dans son expérience dialectique des critères du savoir vrai. La métaphysique implicite qu'elle injecte dans son rapport à l'objet prend l'apparence trompeuse d'un sens «fétichisé», incarné dans une réalité objective supposément autonome. Le sens de l'*Erscheinung* échappe fatalement à une conscience inconsciente des tenants et aboutissants de sa propre phénoménalité.

Il est dès lors opportun, dans un deuxième temps, de s'émanciper du cadre phénoménal de l'expérience de la conscience et de ressaisir la phénoménalité à partir du point de vue atteint au terme de la *Phénoménologie de l'esprit*: le «savoir absolu», savoir libéré du biais phénoménologique, condition de l'élaboration d'une authentique *logique* de l'apparaître. La mise en évidence de l'armature logique qui sous-tend l'expérience phénoménologique doit permettre de rendre compte de manière non biaisée – en se libérant du point de vue partial de la conscience elle-même sur sa propre expérience – de la manière

1. *Ibid.*, p. 76.
2. À ce sujet, voir H.-G. Gadamer, «Die verkherte Welt», *in* H. F. Fulda, Dieter Henrich (Hrsg.), *Materialen zu Hegels "Phänomenologie des Geistes"*, Frankfurt am Main, Suhrkamp Verlag, 1973.
3. A. Stanguennec, *Hegel*, Paris, Vrin, 1997, p. 91.

dont se constitue le *sens* du concept d'*Erscheinung*, la «grammaire générative [1]» des catégories dont l'articulation dialectique définit la genèse et la structure de l'apparaître.

LA LOGIQUE DE L'APPARAÎTRE

Le concept d'*Erscheinung* constitue un point pivot de la *Science de la logique*, science qui constitue l'exposition dialectisée et hiérarchisée des catégories fondamentales impliquées dans les différentes définitions possibles de l'absolu : tant dans la «Grande logique» de 1812-1816 (la *Science de la logique*) que dans la «Petite logique» de 1817-1830 (la «Science de la logique» qui constitue la première partie des trois éditions de l'*Encyclopédie des sciences philosophiques*), ce concept sert d'intitulé à la deuxième section de la Doctrine de l'essence, qui est elle-même la deuxième partie de la Logique [2]. La notion d'«apparition» se trouve donc exactement au centre du processus logique, elle constitue le point de bascule entre une logique objective et dualiste, accusant le contraste entre l'immédiateté tout extérieure de l'être et l'intériorité elle-même immédiate de l'essence, et une logique subjective et moniste, qui s'émancipe de l'abstraction des dualismes métaphysiques de l'entendement pour déployer de manière unifiée les grandes articulations internes de l'idée absolue. En tant que catégorie relevant de la logique de l'essence, l'apparition est un concept *relationnel*, spéculaire, inséré dans un jeu de miroirs qui rapporte nécessairement son sens à celui d'autres concepts définis par cette réflexivité interne. Plus précisément, parler d'apparition suppose de se référer à une essence distincte de son apparence, l'être immédiat, dont elle est à la fois la négation et le décalque intériorisé : «c'est seulement en tant que le savoir s'*intériorise* à partir de l'être immédiat que par cette médiation il trouve l'essence. (…) l'essence (*Wesen*) est

---

1. J.-F. Kervégan, *Hegel et l'hégélianisme*, Paris, P.U.F., 2005, p. 75.
2. La Doctrine de l'essence a subi des modifications notables entre la *Science de la logique* de 1812-1816 et l'*Encyclopédie des sciences philosophiques*. Nous réglons notre exposé sur l'élaboration la plus tardive de cette logique, à savoir celle de la dernière édition de l'*Encyclopédie* (1830) et des leçons qui en sont contemporaines, sans nous interdire de recourir ponctuellement à des textes antérieurs pour conforter nos analyses.

l'être passé (*gewesen*), mais intemporellement passé[1] ». La terminologie liée à la notion d'essence engage d'emblée un dédoublement du sens de l'être, renvoyé simultanément à l'être immédiat – l'apparence (*Schein*) – et à l'être réfléchi – l'essence : « Lorsque nous parlons de l'essence, nous en distinguons l'être en tant qu'il est immédiat, et nous considérons celui-ci, par rapport à l'essence, comme une simple *apparence*[2] ». Se représenter la réalité en mobilisant le cadre conceptuel de l'essence suppose ainsi d'introduire un décalage ontologique entre la présence immédiate des choses et leur être véritable, leur noyau permanent de sens dissimulé derrière la scène où se succèdent leurs changements qualitatifs et quantitatifs :

> L'être immédiat des choses est ici représenté en quelque sorte comme une écorce ou comme un rideau derrière lequel est cachée l'essence. – Lorsque ensuite on dit « Toutes les choses ont une essence », on exprime par là qu'elles ne sont pas véritablement ce comme quoi elles se montrent immédiatement. Tout n'est pas encore dit avec une simple course çà et là d'une qualité à une autre, et avec une simple progression du qualitatif au quantitatif et inversement, mais il y a dans les choses un élément qui demeure, et celui-ci est tout d'abord l'essence[3].

La logique de l'essence va consister dans le déploiement ordonné des dualismes conceptuels permettant d'appréhender un tel redoublement spéculaire du rapport au réel. Cette logique est de part en part régie par le mouvement du *Scheinen in sich selbst*, du « paraître dans soi-même » ou de la réflexion entendue en un sens quasiment optique : « Le terme "réflexion" est employé tout d'abord à propos de la lumière, en tant qu'elle rencontre dans sa progression rectiligne une surface réfléchissante et qu'elle est renvoyée par celle-ci ». De même que la lumière se réfléchit au contact d'une surface pour se dédoubler sans pour autant perdre son unité physique, de même les catégories de l'essence se réfléchissent les unes les autres et manifestent ainsi la solidarité logique de leur sens respectif : essence et apparence, identité et différence, fondement et existence, substance et accident, cause et

---

1. *Science de la logique,* 1ᵉʳ tome, 2ᵉ livre, *La Doctrine de l'essence,* trad. G. Jarczyk et P.-J. Labarrière, Paris, Aubier, 1976, *abrégé SL II,* p. 1. Voir aussi *Enc. 1830 – SL,* § 112 et Add., p. 371 et 547.

2. *Enc. 1830 – SL,* Add. § 112, p. 547.

3. *Ibid.*

effet... seront autant de jeux de miroirs conceptuels permettant d'approfondir la tournure dualiste de l'investigation ontologique du monde. Une appréhension atomistique des catégories logiques de l'essence serait donc inappropriée car cela reviendrait à absolutiser un sens qui ne se détermine que de manière relative, holistique : « dans l'essence, les déterminations sont seulement relatives (...). Ce sont de pures catégories, qui ne sont plus absolument subsistantes par soi, mais qui portent la marque de cette réflexion, de ce rapport à leur autre »[1].

Prenant ses distances avec les interprétations unilatéralement dépréciatives de la notion d'apparence, Hegel pense un double niveau de paraître (*Scheinen*) de l'essence : un paraître dans elle-même et un paraître dans un autre. L'essence se détermine tout d'abord en interne, comme fondement (*Grund*) permettant de rendre raison de l'existence : le début de la Logique de l'essence met en place les coordonnées logiques permettant de rapporter l'être immédiat à un sens interne qui en assure la consistance ontologique. L'essence se réfléchit d'abord comme un sens identique à soi, puis comme différente de ce qui n'est pas elle, enfin comme sens total de l'articulation d'une telle identité et de la différence pensée comme condition de l'identité, c'est-à-dire comme *fondement* de ce qui est : « quelque chose n'est ce qu'il est que dans la mesure où il n'est pas l'autre, pour cela l'autre est requis ; car il doit être ce qu'il est dans la mesure où il n'est pas l'autre »[2]. Au terme de ce mouvement de réflexion interne, l'essence, pensée comme fondement, ne fait sens qu'en se réfléchissant en autre chose qu'elle, à savoir une *existence* posée comme un « fondé », comme ce qui trouve sa raison d'être dans un fondement, tout en jouant à son tour le rôle de fondement pour d'autres existences. Le monde de l'existence est un « monde de dépendance réciproque et d'une connexion infinie de fondements et de réalités fondées[3] ». C'est le niveau de la *relativité* par excellence dans lequel tout renvoie à tout comme à ce qui « est issu de » (*ex-sistere*), prétexte à une casuistique proliférante et indéfinie de la réflexion subjective : « dans ce jeu

---

1. *Leçons sur la logique. Berlin 1831*, trad. J.-M. Buée et D. Wittmann, Paris, Vrin, 2007, *abrégé LL 1831*, p. 129.
2. *LL 1831*, p. 135.
3. *Enc. 1830 – SL*, § 123, p. 381.

multicolore du monde en tant qu'ensemble de l'existant, ne se montre tout d'abord nulle part un point fixe où s'arrêter, tout n'apparaît ici que comme que comme quelque chose de relatif, conditionné par autre chose et tout aussi bien conditionnant autre chose. L'entendement réfléchissant se donne pour tâche de découvrir et de poursuivre ces relations qui vont en tous sens, mais la question portant sur un but final reste là sans réponse » [1].

À ce niveau de l'existence, Hegel nous présente pour elle-même la réflexivité logique qui sous-tendait la dialectique phénoménologique de la conscience perceptive : la chose (*Ding*), avant d'être réifiée par la conscience comme le corrélat objectif de l'activité perceptive, est une catégorie de la réflexion permettant de dégager des pôles d'identité dans le flux bariolé des existences, un « *abstractum* » [2] qui condense provisoirement en une unité métastable ce jeu relativiste de l'identité et de la différence, de la fondation et de l'être-fondé, de la réflexion dans soi et de la réflexion dans autre chose. La contradiction interne à la catégorie de chose, prétexte au déploiement incontrôlé de « fictions de l'entendement » [3], consiste précisément à juxtaposer deux modalités contradictoires de l'existence, d'une part celle qui ramène la consistance de la chose à celle de ses « matières », d'autre part celle qui en fait un être doté d'une forme unitaire rabaissant ces matières à de simples « propriétés ». L'entendement aux prises avec la dialectique relativiste de l'existence oscille perpétuellement entre ces deux options ontologiques qui renvoient sans cesse l'une à l'autre, en un jeu de reflets conceptuels qui sont autant de variations dualistes sur le thème hylémorphique : « La chose doit être la forme : la forme fait que la chose est déterminée en propriétés, la chose a alors une matière. La matière doit seulement être un ensemble de propriétés, elle ne doit pas

1. *Ibid.*, Add. § 123, p. 559.
2. *LL 1831*, p. 139. Hegel opère à cette occasion une généalogie décisive de ce qui deviendra la *Ding an sich* kantienne : « La *chose-en-soi*, qui est devenue si célèbre dans la philosophie kantienne, se montre ici dans sa genèse, c'est-à-dire comme l'abstraite réflexion-en-soi à laquelle on se tient fixement face à la réflexion-en-un-autre et face aux déterminations différenciées en général, comme à leur *assise fondamentale* vide » (*Enc. 1830–SL*, § 124R, p. 382). Voir aussi *SL II*, p. 162-163. Pour une critique de l'usage kantien de la notion de « chose en soi », cf. André Stanguennec, *Hegel critique de Kant*, Paris, P.U.F., 1985, 2ᵉ partie, ch. III. 5.
3. *Enc. 1830–SL*, § 130R, p. 385.

avoir de subsistance pour soi-même, elle est rabaissée à des propriétés par la forme, mais alors les matières sont ce qui subsiste, la chose ce qui ne subsiste pas. La chose se contredit »[1]. Ces reflets sont « un produit de l'entendement réfléchissant qui, tandis qu'il observe et prétend indiquer ce qu'il a observé, produit bien plutôt une métaphysique, qui est de tous côtés une contradiction qui toutefois lui demeure cachée »[2]. La logique de l'essence exhibe cette métaphysique inconsciente et tâtonnante de l'entendement se confrontant à la précarité ontologique des étants finis.

Le nœud conceptuel de l'existence, que le recours à la catégorie de chose ne permettait pas de dénouer, se trouve ensuite envisagé à un niveau supérieur de réflexivité, celui de la « *totalité* et [du] *monde* de l'apparition, de la finité réfléchie »[3]. La catégorie d'*Erscheinung*, qui constituait le concept opératoire décisif de la présentation phénoménologique de l'expérience de la conscience, bénéficie également d'un statut central dans l'économie de la *Science de la logique*, dans la mesure où elle est l'antichambre de la logique « concrète » qui va s'amorcer dès la fin de la Doctrine de l'essence, avec la notion d'effectivité (*Wirklichkeit*) : en elle et par elle vont s'expliciter les insuffisances de la logique dualiste de l'essence, par la mise en scène de « rapports » impliquant des liens de plus en plus intimes entre les éléments rapportés. L'apparition constitue le point d'aboutissement du processus de paraître de l'essence et en révèle l'unité profonde, par-delà les tentations d'isoler et d'absolutiser tel ou tel moment pour en faire l'assise abstraite d'une métaphysique d'entendement s'enfermant dans les dualismes figés de l'essence et de l'apparence, du fondement et de l'existence ou encore de la chose et du phénomène : « le paraître est la détermination moyennant laquelle l'essence est non pas être, mais essence, et le paraître développé est l'apparition. C'est pourquoi l'essence n'est pas *derrière* l'apparition ou *au-delà* d'elle, mais du fait que c'est l'essence qui existe, l'existence est apparition »[4].

La catégorie d'apparition est inséparable de l'idée d'une compréhension *non dualiste* du processus d'explicitation de l'essence :

1. *LL 1831*, p. 142.
2. *Enc. 1830 – SL*, § 130R, p. 385.
3. *Ibid.*, § 132, p. 386.
4. *Ibid.*, § 131, p. 386.

« l'essence doit apparaître (*das Wesen muss erscheinen*) »[1] et non se contenter de « paraître » en une série de reflets internes et externes, reflets qui en font certes résonner les harmoniques logiques, mais qui exposent l'entendement au risque d'une rigidification dogmatique des procédures de dualisation qui scandent le mouvement dialectique du sens de l'être. Le « paraître développé » qu'est l'apparition doit à la fois accomplir la réflexivité de l'essence et en suggérer l'insuffisance spéculative : libérée des biais de la conscience naturelle, l'analyse philosophique peut désormais exposer pour elle-même la logique de l'apparaître, logique du « monde de la finité réfléchie », donc « d'une multiplicité variée indéterminée de choses existantes dont l'être n'est absolument que médiation et qui, par conséquent, ne reposent pas sur elles-mêmes mais n'ont leur validité que comme moments »[2].

Une telle logique conduit à déplacer peu à peu l'accent des étants finis vers les connexions ontologiques qui en organisent non seulement le déploiement, mais aussi l'incessante *Aufhebung*. Le monde appréhendé comme « monde de l'apparition » expose pour elle-même l'idéalité de toute réalité finie[3], son incapacité à subsister par elle-même, sa dépendance à l'égard de ce qui au terme de la Logique prendra le nom d'idée absolue, et qui peut d'emblée se traduire sur le plan de la représentation religieuse en explicitant la double subordination du paraître à l'apparaître et de l'apparaître à la révélation (*Offenbarung*) de l'infini : « En tant qu'il est l'essence, Dieu, de même qu'il est la bonté – en ce qu'il prête une existence aux moments de son paraître dans lui-même – de créer un monde, se montre en même temps comme la puissance disposant de ce dernier et comme la justice qui consiste à manifester le contenu de ce monde existant, pour autant qu'il veut exister pour lui-même, comme simple apparition ». Ce motif théologique trouve sa forme adéquate (conceptuelle) d'exposition dans le dévoilement philosophique de l'idéalité du fini : « la philosophie se différencie de la conscience commune en ce qu'elle considère comme simple apparition ce qui vaut pour celle-ci comme un

---

1. *SL II*, p. 145 ; *PP*, p. 93 ; *Enc. 1830 – SL*, § 131, p. 385 ; *LL 1831*, p. 143.

2. *Enc. 1830 – SL*, Add. § 131, p. 564.

3. Cf. *Enc. 1830 – SL*, § 95R et Add. § 96. Sur ce thème de l'idéalité du fini, qu'on nous permette de renvoyer à deux de nos ouvrages : *Hegel*, Paris, Le Seuil, 2011, Présentation, et *L'Idéalisme hégélien*, Paris, CNRS-Éditions, 2013, chap. III.

étant et quelque chose de subsistant-par-soi »[1]. L'apparition désigne ainsi chez Hegel la manière dont les existences finies sont intégrées dans un processus de différenciation et de «médiation infinie» qui s'unifie peu à peu comme un «monde»[2] régi par des lois et des rapports tendant vers l'unification spéculative des termes qu'ils articulent. L'idéalité de ces existences ne les renvoie ainsi pas à une instance subjective d'idéalisation, la conscience finie, qui les réduirait à de pures élaborations phénoménales de celle-ci, ce qui pour Hegel équivaudrait à confondre l'idéalité objective du réel (par rapport à l'idée absolue) avec l'idéalité subjective de nos représentations empiriques dès lors coupées de l'essence véritable des choses. L'idéalisme transcendantal de Kant tire sa valeur de la mise en évidence de cette phénoménalité du monde, mais il a pour limite d'avoir ramené cette phénoménalité à un pur rapport subjectif aux choses, introduisant ainsi un *hiatus* fatal entre l'essence du réel et ce qui apparaît à l'esprit humain :

> Dans l'histoire de la philosophie moderne, c'est à *Kant* que revient le mérite d'avoir le premier redonné valeur à la différence (…) entre la conscience commune et la conscience philosophique. Cependant, Kant est encore resté à mi-chemin, dans la mesure où il a appréhendé l'apparition seulement dans le sens subjectif et a fixé en dehors d'elle l'essence abstraite comme la *chose en soi* inaccessible à notre connaissance. Être seulement apparition, telle est la nature propre du monde immédiatement objectif lui-même, et, en tant que nous le savons comme tel, nous connaissons par là en même temps l'essence, qui ne reste pas derrière l'apparition ou au-delà d'elle, mais se manifeste comme essence précisément en ce qu'elle rabaisse ce monde à la simple apparition[3].

La catégorie d'apparition nous impose donc de renoncer tout autant au réalisme naïf de la conscience commune, qui néglige l'idéalité (la «non-subsistance-par-soi») propre à toute réalité et absolutise le fini comme tel, qu'à l'idéalisme subjectif, qui réduit indûment la phénoménalité du monde au versant subjectif de la conscience et absolutise ainsi cette dernière en en faisant le pôle absolu de constitution de

---

1. *Ibid.*, Add. § 131, p. 564.
2. *Ibid.*, § 132, p. 386.
3. *Ibid.*, Add. § 131, p. 564-565.

l'apparaître, négligeant son inclusion dans le monde de l'apparition, donc son incapacité à constituer ce qui, tout bien considéré, la constitue en dernière instance. L'idéalisme objectif proposé par Hegel permet donc de ne pas enfermer la problématique de la phénoménalité du monde dans un subjectivisme de la représentation et de s'interroger sur les conditions pré-subjectives d'idéalisation de la réalité, de l'explicitation du « noyau rationnel » qui la structure et l'organise en une réalité sensée, en une « effectivité ».

Une première modalité réflexive de déploiement logique du monde de l'apparition est la distinction entre contenu et forme, qui prépare l'exposition des grands « rapports » de l'apparition, par lesquels va s'opérer l'unification supérieure de l'essence et de l'existence dans la catégorie d'effectivité puis dans la « Logique du concept ». À l'encontre de la pensée d'entendement, qui appréhende le monde phénoménal comme le produit d'une mise en forme d'un contenu fini par une pensée réduite à sa dimension formelle de mise en ordre du donné empirique, Hegel pense le contenu mondain comme étant d'emblée régi par une forme immanente à elle qui en développe les déterminations essentielles : c'est ainsi que la forme poétique de l'*Iliade* déploie la colère d'Achille pour en faire le contenu spirituel d'une authentique œuvre d'art[1]. Cette forme se redouble ensuite pour manifester l'unité inséparable de plusieurs contenus déjà dotés d'une forme propre : c'est ainsi que la loi juridique des phénomènes permet d'unifier crime et peine comme deux moments d'un seul et même processus[2]. Plus largement, le « système des lois » manifeste le contenu de l'apparition comme un monde dont tous les moments sont solidaires, un monde appréhendable comme un « rapport (*Verhältnis*) »[3]

---

1. *Ibid.*, Add. § 133, p. 566.
2. *LL 1831*, p. 143.
3. Signalons que Gwendoline Jarczyk et Pierre-Jean Labarrière, dans leur traduction de la *Science de la logique*, ainsi que Jean-Michel Buée et David Wittmann, dans leur traduction des *Leçons sur la logique* de 1831, rendent ce terme par « relation ». Nous jugeons plus opportun de suivre Bernard Bourgeois, traducteur de l'*Encyclopédie*, qui rend *Verhältnis* par « Rapport » (avec une majuscule qui ne nous semble pas nécessaire) et *Beziehung* par « relation ». La notion de rapport permet d'insister sur la *différenciation* des termes logiquement articulés l'un à l'autre, tandis que la notion de relation met l'accent sur l'*identité* sous-jacente à toute différenciation, comme le souligne sans équivoque Hegel à propos de l'apparition : « L'apparition, ainsi posée, est le *rapport*, à

en lequel le jeu spéculaire des catégories de l'essence manifeste l'unité profonde des termes différenciés[1].

C'est ainsi que le « rapport du tout et des parties », en dépit de l'autonomie illusoire qu'il semble conférer à ses termes, énonce sous deux formes (le rapport à soi du tout, le rapport à l'autre des parties) une même réalité qui n'est pensable que comme articulation des deux termes rapportés, dans la mesure où il existe une relation d'étroite dépendance sémantique et ontologique entre ceux-ci : « Le tout est subsistant par soi, mais si je n'ai aucune partie, je n'ai aucun tout ; si j'ôte le tout, je n'ai de même aucune partie ; c'est la contradiction présente dans ce rapport »[2]. Cette juxtaposition apparente du tout et des parties se déploie sous une forme encore plus unifiée, celle du « rapport de la force et de son extériorisation », manifestation duale d'un contenu identique dont le sens même est de s'extérioriser et de nier par là la différence de ces deux moments : « la force n'est que dans son extériorisation, elle est l'acte de s'extérioriser »[3]. Le processus d'apparition de la force révèle la forme supérieure du rapport qui structure le monde phénoménal, le « rapport de l'intérieur et de l'extérieur », rapport qui n'en est plus tout à fait un, si tant est que « l'extérieur est *le même contenu* que l'intérieur. Ce qui est intérieur est aussi présent extérieurement, et inversement ; l'apparition ne montre rien qui ne soit dans l'essence, et dans l'essence, il n'y a rien qui ne soit manifesté »[4]. L'intérieur et l'extérieur sont les catégories récapitulatives de l'ensemble du processus logique décrit précédemment, elles sont la désignation encore duale – et par là prétexte aux errances dualistes de l'entendement – de l'immanence profonde de l'apparaître à l'essence, de l'absence de tout secret ontologique, de

---

savoir qu'un être un et identique, le contenu, est comme la forme développée, comme l'extériorité et *opposition* d'existences subsistantes-par-soi et leur *relation* identique, relation dans laquelle seulement les termes différents sont ce qu'ils sont » (*Enc. 1830 – SL*, § 134, p. 388).

1. Voir *Vorlesungen über die Philosophie des Geistes, Berlin 1827-1828*, Hambourg, Meiner, 1994, abrégé *VPG 1827*, p. 143 : « Un tel rapport consiste en ceci : il y a deux termes autosubsistants et chacun des deux côtés n'a de sens que dans sa relation [à l'autre]. »

2. *LL 1831*, p. 144.

3. *Ibid.*, p. 146.

4. *Enc. 1830 – SL*, § 139, p. 391.

même qu'il n'y a pas de secret éthique de l'homme qui agit, donc s'en remet à l'extériorisation phénoménale de ses intentions : « l'homme, tel qu'il est extérieurement, c'est-à-dire dans ses actes (...), tel il est intérieurement ; et s'il est vertueux, moral, *seulement* intérieurement, c'est-à-dire *seulement* en ses intentions, sentiments, et si son extérieur n'est pas identique à cela, l'un est aussi creux et vide que l'autre »[1]. Cette immanence de l'essence et de l'apparaître a pour nom *effectivité*, par quoi Hegel désigne précisément cette résorption des « abstractions vides »[2] de l'entendement dans l'articulation logique d'un seul et même processus d'effectuation (donc de manifestation) de l'essence *comme* existence.

L'*Erscheinung* désigne ainsi le plein déploiement de l'essence qui tout à la fois révèle l'idéalité des existences finies et manifeste la cohésion profonde de la totalité processuelle qui préside à leur déploiement. Le travail logique de cette catégorie permet à Hegel d'opérer un double décentrement :

1) Le réalisme naïf se trouve congédié par la mise en évidence de l'idéalité des existences finies, ce qui interdit de penser la réalité immédiate comme l'assise ultime de sa propre subsistance. Une telle idéalité se trouve ressaisie comme processus d'apparition, c'est-à-dire comme déploiement sans reste d'une essence infinie dont les traductions phénoménales finies ne valent que par leur intégration dans un tel mouvement d'instauration de lois et de rapports rationnels qui leur demeurent strictement immanents. Le mouvement de l'apparaître, en mettant au jour les liens multiples de dépendance des existences les unes à l'égard des autres, décentre le regard du *Dasein* ponctuel et contingent vers les relations nécessaires qui structurent et unifient l'ensemble de la réalité et la hissent au rang d'une authentique effectivité, qui est l'élément adéquat de la révélation du sens de l'idée absolue[3]. Loin que la réalité immédiate s'identifie à son apparaître, le

---

1. *Ibid.*, § 140R, p. 392. Cf. *LL 1831*, p. 147 : « L'homme, ce qu'il est, son caractère, la manière dont il s'est cultivé, tout cela il l'est intérieurement et il l'est aussi extérieurement, c'est ainsi qu'il se présente. Toutes les actions de l'homme, l'ensemble complet de ses actes, voilà l'homme. »

2. *Ibid.*, § 141, p. 393.

3. D'où la mise en garde importante de Hegel dès l'introduction de l'*Encyclopédie* : « Une considération sensée du monde différencie déjà ce qui du vaste empire de l'être-là

processus d'apparition de cette réalité nous révèle que celle-ci n'est pas encore l'effectivité : faute de s'adosser à une armature rationnelle qui solidarise intimement l'essence et l'existant, le tout et la partie, l'intérieur et l'extérieur, le fini est réduit à n'être qu'une entité contingente, évanescente, condamnée à avouer son inanité ontologique.

2) L'idéalisme subjectif, notamment sous sa forme transcendantale, se trouve lui aussi congédié, au motif que la mise en évidence de la phénoménalité du réel se trouve à tort assimilée et réduite à la simple mise en forme subjective et formelle d'un contenu étant « en soi » par les facultés de représentation d'une conscience finie. De ce point de vue, si Protagoras, énonçant que « l'homme est la mesure de toutes choses », avait raison de mettre l'accent sur le lien entre le sens du monde et l'activité de la conscience, il avait tort de restreindre cette relativité à son versant subjectif, ignorant la « relativité objective » du monde qui sous-tend l'apparaître subjectif de la réalité : « Le monde n'est pas phénomène en tant qu'il est pour la conscience, et que son être serait par suite seulement un être relatif à la conscience : il l'est également en soi » [1]. Ce n'est point parce que la conscience impose ses formes conceptuelles et sensibles qu'il y a des « phénomènes » : c'est parce que la conscience est elle-même immergée dans le mouvement total de l'apparaître (que l'on vient de résumer à grands traits) qu'elle est en mesure d'opérer l'idéalisation du réel. Pas plus que l'objet empirique, le sujet de l'expérience n'est la clé de constitution de l'apparaître du monde : c'est au sein d'un processus infini d'apparition que sujet et objet en viennent à entrer en corrélation et à définir leur sens dans cette corrélation. Développons pour terminer ce deuxième point, qui concerne la philosophie hégélienne de l'esprit.

LA CONSCIENCE COMME PHÉNOMÈNE DE L'ESPRIT

Une fois opéré ce long détour par la logique de l'essence, il est possible de reprendre à nouveaux frais l'analyse du statut de la

---

extérieur et intérieur n'est qu'*apparition*, passager et insignifiant, et ce qui mérite en soi-même véritablement le nom d'*effectivité* » (*Enc. 1830 – SL*, § 6, p. 168).

1. *Leçons sur l'histoire de la philosophie*, t. II, trad. P. Garniron, Paris, Vrin, 1971, p. 264 et 266.

conscience et de son expérience. Cette reprise est opérée par Hegel dans la philosophie de l'esprit subjectif de l'*Encyclopédie* : là où la *Phénoménologie de l'esprit* s'installait d'emblée dans l'immanence des configurations empiriques de la conscience, la philosophie de l'esprit opère une contextualisation de celle-ci moyennant son intégration dans un concept élargi d'esprit. Loin que celui-ci s'épuise dans la seule forme de la conscience, il constitue une sphère plus riche et plus complexe la relativisant comme un moment déterminé de la vie spirituelle. La conscience est désormais encadrée 1) par une forme pré-conscientielle de l'esprit, l'âme, objet de « l'anthropologie », forme fusionnelle, antérieure à la séparation sujet-objet, de l'esprit se rapportant indistinctement au monde et à lui-même sur le mode de l'osmose immédiate de ce qui n'est pas encore un « Moi » et de ce qui ne prend pas encore le sens d'un « non-Moi » extraposé en face de lui, et 2) par une forme supra-conscientielle de l'esprit, l'esprit proprement dit, objet de la « psychologie », qui ressaisit l'identité profonde de son rapport à lui-même dans son rapport au monde, par-delà la séparation apparente du sujet et de l'objet.

Dans le cadre d'un tel dispositif – que nous n'évoquons ici qu'à grands traits[1] – la conscience se voit assigner le rôle médian, thématisé par la « phénoménologie de l'esprit », consistant à incarner « le degré de la réflexion ou du *rapport* de l'esprit, de lui-même comme *phénomène (Erscheinung)* »[2]. Cette définition de la conscience confirme clairement le second décentrement entrevu *supra* : loin que la conscience constitue la phénoménalité, c'est bien celle-ci qui constitue la conscience dans la mesure où elle détermine l'esprit comme un « rapport » entre un « Moi » et un « objet subsistant par soi » qui se trouve posé comme « extérieur à lui »[3]. La conscience est l'identité de l'esprit posée dans l'élément de la différence, du face-à-face spécu-

---

1. Pour une approche plus détaillée, voir B. Mabille, *Hegel. L'épreuve de la contingence*, Paris, Aubier, 1999, sections 2-4 et (sous une forme plus ramassée et pédagogique) *Cheminer avec Hegel*, Chatou, La Transparence, 2007, leçons VII-IX.

2. *Encyclopédie des sciences philosophiques*, t. III, *Philosophie de l'esprit*, trad. B. Bourgeois, Paris, Vrin, 1988, édition de 1830, abrégé *Enc. 1830 – PE*, § 413, p. 221. Voir aussi *VPG 1827*, p. 142-143 : « La Phénoménologie est l'esprit *apparaissant* (…). Il est donc l'esprit scindé, pas encore réconcilié, et précisément pour cette raison l'esprit apparaissant, la contradiction posée, le rapport. »

3. *Ibid.*

laire avec un ob-jet <*Gegenstand*>, différence qui se mue en « *contra-diction* de la subsistance-par-soi des deux côtés du rapport, et de leur identité, dans laquelle ils sont supprimés »[1]. Elle constitue ainsi une reprise, au niveau de l'esprit, de la logique de l'apparition impliquant la position puis la suppression d'une dualité entre sa propre essence (l'esprit libre qui est « chez soi dans l'autre ») et les modalités de son apparaître, qui sont aussi (en vertu de la corrélation sujet-objet qui la constitue) les modalités de l'apparaître du monde : « l'esprit est, en tant que Moi, *essence*, mais, en tant que la réalité est, dans la sphère de l'essence, comme étant immédiatement et, en même temps, comme posée idéellement, il est, en tant que conscience, seulement l'*apparaître* de l'esprit »[2]. Si la conscience n'est que l'apparaître de l'esprit, son déploiement différencié sous une forme abstraitement oppositive, ce n'est que dans l'esprit proprement dit que sera atteint l'effectivité de la vie spirituelle, laquelle suppose de retrouver au-delà de la séparation sujet-objet un socle identitaire constituant la trame de fond de l'expé-rience de la conscience : « la détermination logique progressive de l'objet est *ce qu'il y a d'identique dans le sujet et l'objet*, leur connexion absolue, ce d'après quoi l'objet est, pour le sujet, ce qui est sien »[3]. La conscience est l'apparition de l'esprit faisant l'épreuve de sa différenciation en vue de s'approprier le riche contenu de cette expérience comme *son* contenu, comme le sens unitaire de sa liberté conquise dans l'altérité du monde phénoménal.

Si une authentique philosophie de l'esprit est celle qui parvient à relativiser la conscience comme un simple moment d'elle-même, à l'inverse, une philosophie présupposant l'absolutisation du moment « conscience », au point d'en faire le tout de la vie de l'esprit, ne sera qu'une simple « phénoménologie » : « La philosophie kantienne peut être considérée de la façon la plus déterminée comme la philosophie qui a appréhendé l'esprit en tant que conscience, et qui ne contient absolument que des déterminations de la phénoménologie, non de la philosophie de l'esprit »[4]. Ainsi s'explique la genèse de l'erreur carac-téristique de l'idéalisme subjectif : ce n'est qu'à la faveur d'une

---

1. *Ibid.*, § 414, p. 222.
2. *Ibid.*
3. *Ibid.*, § 415, p. 222.
4. *Ibid.*, § 415R, p. 222.

méprise sur la nature de l'esprit (et d'une réduction de celui-ci à son seul moment «phénoménal») que le sens même de l'apparaître se trouve manqué : l'assimilation de l'esprit à son phénomène (méconnu comme tel) incite fatalement à concevoir celui-ci comme la source subjective des phénomènes réduits à leur versant objectif. Une approche égologique du phénomène, en soustrayant l'*ego* au règne de la phénoménalité, ne peut que déboucher sur une double méprise, sur le statut de la conscience pour qui il y a de l'apparaître, et sur le sens même de l'apparaître.

CONCLUSION

La théorie hégélienne du phénomène tire sa complexité et sa richesse d'un double changement de registre requis pour rendre compte de son sens et de son statut : de la *Phénoménologie de l'esprit* à la *Science de la logique*, on passe d'une expérience elle-même phénoménale de la phénoménalité à une présentation «absolue» de la logique de l'apparition, ce qui rend possible, en retour, la formulation d'une conception élargie de la vie spirituelle dans la *Philosophie de l'esprit* de l'*Encyclopédie*, au sein de laquelle se trouve thématisé (et relativisé) le statut phénoménal de la conscience. Le premier trajet nous permet de sortir du réalisme de la conscience commune en développant dialectiquement la grande leçon du spinozisme, antichambre de l'idéalisme absolu, celle d'une relativisation de tout étant fini par sa plongée dans «l'éther de la substance unique, dans laquelle tout ce que l'on a tenu pour vrai est englouti»[1]. En ce sens, l'*Erscheinung* est un processus d'idéalisation du réel, d'explicitation de la finité des étants en vue de les intégrer dans le mouvement total de développement de l'idée absolue. Le second trajet permet de ne pas s'en tenir à un pur anéantissement du sens et de la valeur de l'expérience subjective du monde dans l'anonymat de la substance infinie s'apparaissant à elle-même : «l'esprit, dans le jugement par lequel il se constitue, face à la déterminité, comme *Moi*, comme libre subjectivité, sort de la subs-

---

1. *Leçons sur l'histoire de la philosophie*, t. VI, trad. P. Garniron, Paris, Vrin, 1979, p. 1456.

tance, et la philosophie, en tant que, pour elle, ce jugement est une détermination absolue de l'esprit, sort du spinozisme »[1]. L'apparaître qu'est la conscience n'est pas un détail inessentiel du processus global de l'apparition de l'absolu : en lui se joue une modalité essentielle de la constitution de l'esprit comme libre savoir de soi conquis dans l'altérité. Contre les tentatives d'absolutisation du sujet ou de l'objet fini, il faut penser l'apparaître comme la constitution processuelle d'une substance infinie opérant la décantation de toute réalité finie (contingente et particulière) pour en dégager les structures effectives (nécessaires et universelles) de rationalité ; mais contre la promotion d'un substantialisme abstrait (« oriental ») se contentant de dissoudre l'appréhension subjective des phénomènes dans l'obscurité ontologique de l'infini, il faut « appréhender et exprimer le vrai » non seulement « comme *substance* », mais « tout autant comme *sujet* »[2], ce qui suppose de rendre justice à la texture phénoménologique de la vie de l'esprit, à son expérience réitérée de l'apparaître comme d'une *complication féconde* rendant possible sa libération à l'égard du monde (comme objet opaque et étranger) *dans* le monde (comme distance surmontée entre la « lumière »[3] de la conscience et sa part d'ombre). Si l'esprit fini – qui tout à la fois *est* l'apparaître (comme conscience inconsciente de sa propre phénoménalité) et *a* l'apparaître (comme esprit devenu conscient de sa propre essence moyennant l'appropriation théorique et pratique de son expérience phénoménale) – ne saurait être l'auteur du drame de l'absolu, la pièce ne se jouera pas sans lui.

Olivier TINLAND
Université Montpellier III – Crises EA 4424

---

1. *Enc. 1830 – PE*, § 415R, p. 223.

2. *Phéno.*, préface, p. 68.

3. *Enc. 1830 – PE*, § 414, p. 221 : « Le Moi, en tant que cette négativité absolue, est en soi l'identité dans l'être-autre ; le Moi est lui-même et il a prise sur l'objet en tant que celui-ci est un objet *en soi* supprimé, il est l'*un* des côtés du rapport et le *tout* du rapport ; – la *lumière* qui manifeste elle-même et encore autre chose. »

LE SENS DE L'APPARAÎTRE. LE PHÉNOMÈNE
ET LE PHÉNOMÉNOLOGIQUE CHEZ HUSSERL

Et c'est précisément parce que,
de prime abord et le plus souvent,
les phénomènes ne sont pas donnés,
qu'il est besoin d'une phénoménologie [1].

La phénoménologie doit assurément sa fortune particulière à cette promesse qu'elle porte en son nom même : développer une discipline philosophique qui ne s'autoriserait que de la seule considération des « phénomènes ». Toute l'originalité de ce mouvement tient à ce vœu singulier de ne discourir qu'à propos de « ce qui apparaît » ou encore d'en revenir, comme le formule Husserl de manière inaugurale dans les *Recherches Logiques* de 1901, « aux choses mêmes » (*zu den Sachen selbst*) [2].

Mais ce titre de « phénoménologie », si hautement revendiqué par une discipline philosophique qui se pense comme radicalement nouvelle [3], ne peut manquer de susciter un certain embarras. En un

1. M. Heidegger, *Gesamtausgabe II/1. Sein und Zeit*, Frankfurt-am-Main, V. Klostermann, 1977, p. 36. Nous traduisons.

2. E. Husserl, *Recherches Logiques*. Tome 2. *Recherche* I, Paris, P.U.F., 1959 [*RL* II-1], Introduction, § 1, p. 6. Voir aussi *Idées directrices pour une phénoménologie et une philosophie phénoménologique pures*. Tome premier, Paris, Gallimard, 1950 [*ID* I], p. 63-64. Les « choses » en question ne sont bien sûr pas les objets physiques (que la langue allemande nomme *Dingen*), mais ce à quoi la pensée ou la conscience a généralement affaire, qu'il s'agisse d'une perception, d'une proposition logique, d'un souvenir, etc.

3. Sur cette question précise, nous renvoyons à notre présentation, co-écrite avec A. Grandjean, « La science des phénomènes », dans A. Grandjean et L. Perreau (éd.), *Husserl. La science des phénomènes, op. cit.*, p. 7-28.

sens, il dit *trop peu* car il pourrait bien sûr s'appliquer à toute investigation scientifique, à toute recherche méthodique de la vérité qui trouve son point de départ dans ce qui nous apparaît. Il y a ici une indétermination relative du domaine d'objet que ne présentent pas d'autres désignations disciplinaires (songeons à la psychologie, la sociologie, etc.)[1]. En un autre sens, la désignation « phénoménologie » dit *beaucoup trop* puisqu'elle semble élever une prétention démesurée à rendre compte de tout ce qui apparaît : vaine entreprise, sans doute, que celle d'une philosophie qui ambitionne de reprendre en elle l'ensemble des phénomènes, comme s'il s'agissait de rejouer le tout de la réalité dans la pensée et par la seule force de la pensée.

La promesse qui sous-tend le projet phénoménologique appelle donc une définition précise de ce qu'il faut entendre sous la rubrique du « phénomène ». Cependant, force est de constater que le concept de phénomène, tel que le mobilise la phénoménologie en général et la phénoménologie husserlienne en particulier, présente une relative indétermination, en raison même du rôle central qu'on veut lui faire jouer. Eugen Fink, qui fut un temps l'assistant de Edmund Husserl, le fondateur de la phénoménologie, en faisait l'aveu dans un article intitulé « Les concepts opératoires dans la philosophie de Husserl ». Il y établissait une distinction précieuse entre les concepts *thématiques* qui nous permettent de « fixer » objectivement « ce qui est pensé » et les concepts *opératoires* qui jouent le rôle de schèmes intellectuels : les seconds servent à penser les premiers sans être eux-mêmes pensés en propre[2]. Or le concept de « phénomène » est le premier des concepts opératoires mentionnés par Fink. Paradoxalement, la démarche phénoménologique l'implique à tout moment mais il est « plus largement utilisé de manière opératoire qu'éclairé thématiquement »[3].

La chose est étonnante : à première vue, Husserl n'a pas véritablement défini ce concept de manière univoque alors même que s'y joue toute l'originalité de la phénoménologie. Le plus souvent, la définition du phénomène est tout bonnement esquivée et quand elle ne l'est pas, Husserl la reconduit à une multitude de notions connexes : le

1. *ID* I, Introduction, p. 4.

2. E. Fink, *Proximité et distance. Essais et conférences phénoménologiques*, trad. J. Kessler, Grenoble, J. Millon, 1994, p. 151.

3. E. Fink, *Proximité et distance*, *op. cit.*, p. 165.

vécu (*Erlebnis*), le « donné » (*das Gegebene*), l'intuition, l'intentionnalité, etc. Le concept de phénomène est celui qui décide de l'accès à la phénoménologie, mais sur le mode du dépassement immédiat, comme s'il s'agissait d'un concept transitoire et propédeutique auquel il conviendrait de substituer d'autres concepts plus précis et plus diversifiés une fois la phénoménologie parvenue à maturité. Un grand nombre des concepts centraux de la philosophie husserlienne se définissent par rapport à ce concept alors même que la définition de celui-ci paraît rester en souffrance.

Corriger cette impression première, ressaisir la définition proprement phénoménologique du concept de « phénomène », exige d'enquêter sur les différents réinvestissements phénoménologiques de ce concept. Nous ferons ainsi l'hypothèse qu'il n'y a pas de définition univoque du phénomène chez Husserl. Si toutefois il y en avait une, selon laquelle le phénomène serait « ce qui nous apparaît », celle-ci demeurerait si vague qu'elle ne pourrait nous satisfaire. Admettons bien plutôt que l'œuvre husserlienne développe différentes approches d'une conceptualité *problématique* et *autoréflexive*.

À cet égard, soulignons tout d'abord le fait que la rubrique du « phénomène » nomme un problème qui n'a pas de solution immédiate mais définit la tâche même de la phénoménologie. Comme on va le voir, ce problème est encore celui, très général, de « l'apparaître » mais il trouve chez Husserl une acuité particulière avec la mise en évidence de cette propriété structurelle de la conscience qu'est l'intentionnalité (en vertu de laquelle tout acte de conscience est « visée », « conscience de »). Le phénomène, c'est le vécu de conscience par lequel quelque chose nous apparaît : un objet perçu, un souvenir, un nombre, etc. Or ce « phénomène » advient nécessairement dans le cadre de la corrélation intentionnelle sujet-objet, et mieux encore : il est la survenue même d'une telle corrélation. Toute la difficulté tient à ce que, dans le même temps, la vie intentionnelle prise en son fonctionnement naturel reste foncièrement aveugle au phénomène en tant que phénomène : telle est l'« énigme des énigmes »[1], la problématique

---

1. E. Husserl, *La crise des sciences européennes et la phénoménologie transcendantale*, trad. par G. Granel et J. Derrida, Paris, Gallimard, 1976 [*C*], p. 7 : « [...] le problème du monde, devenu problème *conscient*, celui de la plus profonde liaison

instauratrice de la phénoménologie, à laquelle seule il revient de révéler les phénomènes pour ce qu'ils sont.

Ensuite, il importe de remarquer que la définition du phénomène « au sens de la phénoménologie »[1] demeure largement tributaire de la réflexion méthodologique que celle-ci conduit sur elle-même. Tout l'enjeu de cette définition, c'est de sécuriser un domaine d'objet original qui fait de la conscience intentionnelle le lieu propre des phénomènes et rend ainsi possible la phénoménologie comme « science » des phénomènes. La réflexion conduite sur le *phénomène* doit permettre de dégager la dimension du *phénoménologique*, celle d'un discours qui décrira les structures essentielles des phénomènes, c'est-à-dire des vécus de conscience. L'ontologie de la phénoménologie est ainsi indissociable de sa méthodologie.

Or la réalisation du projet phénoménologique s'est déclinée selon différents registres qui ont mis à l'épreuve cette conceptualité problématique et autoréflexive. Le premier registre identifié comme tel par Husserl est celui de la *phénoménologie « pure »* (ou psychologie phénoménologique) qui opère dans le cadre d'une réflexion naturelle et mise sur les ressources de l'intuition eidétique pour décrire et analyser les vécus de conscience. Le second est celui de la *phénoménologie transcendantale* qui nous fait accéder à l'attitude transcendantale par le biais de la « réduction phénoménologique transcendantale » et restaure les droits de la subjectivité transcendantale. Un dernier registre développe la «*philosophie phénoménologique transcendantale*» et aboutit à un idéalisme transcendantal, où il s'avère que l'*ego* transcendantal constitue le « sens d'être » des phénomènes[2].

essentielle de la raison et de l'étant en général, *l'énigme des énigmes*, devait devenir proprement le thème de la philosophie. »

1. Nous citons le cours de 1925 *Psychologie phénoménologique*: «La compréhension de l'ensemble de la phénoménologie dépend de la compréhension de cette méthode [*la réduction phénoménologique*], c'est seulement à travers elle que nous acquérons des phénomènes au sens de la phénoménologie. », (E. Husserl, *Psychologie Phénoménologique (1925-1928)*, trad. par P. Cabestan, N. Depraz, A. Mazzù et F. Dastur, Paris, Vrin, 2001 [*Psy Ph*], § 37, p. 178).

2. Nous suivons ici une distribution du propos explicitement thématisée par Husserl lui-même dans les années 1920, notamment dans la *Postface à mes Idées directrices pour une phénoménologie pure* (E. Husserl, *Idées directrices pour une phénoménologie et une*

Ce sont ces différents moments de la réalisation du projet phénoménologique husserlien qui nous serviront de fils conducteurs pour distinguer trois approches husserliennes complémentaires du « phénomène », où s'élabore et se réélabore, progressivement et conjointement, la dimension du phénoménologique.

LA PHÉNOMÉNOLOGIE « PURE » : LE PHÉNOMÈNE REPENSÉ DEPUIS LA THÉORIE DE L'INTENTIONNALITÉ

L'invention de la phénoménologie s'opère dans cette *œuvre de percée* (*Werk des Durchbruchs*) que sont les *Recherches Logiques*[1]. Dans le sillage de sa *Philosophie de l'arithmétique*[2], Husserl a entrepris de « clarifier » (*klären*) les fondements des mathématiques et ceux de la logique et de la théorie de la connaissance dans leur ensemble, c'est-à-dire les opérations de la pensée et de la connaissance dans lesquels les objets logiques se donnent[3]. À cette fin, il promeut une « phénoménologie pure des vécus de la pensée et de la connaissance »[4], c'est-à-dire une analyse descriptive des actes de conscience. C'est sous cette perspective, celle de la « phénoménologie pure », que s'établit une première détermination conceptuelle du phénomène. La phénoménologie naissante considère les modes de donations subjectifs de l'apparaître : il lui revient de dire les phénomènes qui animent la conscience pure.

---

philosophie phénoménologique pures. Livre troisième. *La phénoménologie et les fondements des sciences*, trad. D. Tiffeneau, Paris, P.U.F., 1993, p. 179-210). Voir également la belle étude de J.-F. Lavigne, *Accéder au transcendantal ? Réduction et Idéalisme transcendantal dans les* Idées I *de Husserl*, Paris, Vrin, 2009, p. 123 *sq.*

1. E. Husserl, *Recherches Logiques*. Tome I. *Prolégomènes à la logique pure*, trad. H. Elie *et al.*, Paris, P.U.F., 1959 [*RL* I], p. XI.

2. E. Husserl, *Philosophie de l'arithmétique*, Paris, P.U.F., 1972. Notons cette intention inaugurale : « Il faut d'abord remarquer que ce que nous cherchons, ce n'est pas une définition [logique] du concept de quantité, mais une caractérisation psychologique des *phénomènes* sur lesquels repose l'abstraction de ce concept. », *op. cit.*, p. 25. Nous soulignons.

3. Cette tâche se trouve définie à l'issue des *Prolégomènes à la logique pure*, *RL* I, §66-72, p. 261-284.

4. *RL* II-1, Introduction, p. 2.

Dans un appendice à la sixième des *Recherches Logiques* intitulé
« Perception externe et perception interne. Phénomènes physiques et
phénomènes psychiques », Husserl fait état des difficultés posées par
le concept de phénomène pris en son sens courant. Ce texte propose
une première distinction où s'indique la problématicité de ce concept
et où s'esquisse déjà la possibilité de sa refonte phénoménologique :

> Le terme de *phénomène* est, à vrai dire, chargé d'équivoques qui, en
> l'occurrence précisément, s'avèrent extrêmement préjudiciables. […]
> Le terme de phénomène se rapporte de préférence aux actes de repré-
> sentation intuitive, donc, d'une part, aux actes de la *perception* et,
> d'autre part, aux actes de la présentification (*Vergegenwärtigung*), par
> exemple, ceux de la remémoration, de la représentation imaginaire ou
> de la représentation par l'image au sens habituel de ce mot (mêlée de
> perception). On entend alors par phénomène :
> 1) le vécu concret de l'intuition (le fait d'avoir alors intuitivement
> présent à l'esprit ou présentifié un certain objet) ; donc, par exemple, le
> vécu concret quand nous percevons la lampe qui se trouve devant nous.
> […]
> 2) l'objet intuitionné (phénoménal), en tant qu'il est celui qui apparaît
> *hic et nunc ;* par exemple, cette lampe avec la valeur qu'elle a pour la
> perception qu'on vient d'en avoir.
> 3) Bien qu'à tort, on appelle également phénomènes les *composantes
> réelles* du phénomène au premier sens, celui de l'*acte concret d'appa-
> raître de l'acte d'intuition.* On donne surtout le nom de phénomènes aux
> sensations présentatives, donc aux moments vécus de couleur, de
> forme, etc., qui ne sont pas distingués des *qualités* correspondantes de
> l'*objet* (coloré, de telle forme) *apparaissant* […] [1].

On a donc pris l'habitude de désigner d'un même terme des choses
fort différentes. Mais voici ce qu'est le « phénomène » au seul sens que
la phénoménologie retiendra et réélaborera : un acte de « présentification », un « vécu concret » qui assure la présence d'un objet à la
conscience. C'est là le sens unitaire et authentique du phénomène,
d'une certaine manière parfaitement conforme à la définition tradi-
tionnelle, puisque le phénomène est bien encore « ce qui apparaît ».

---

1. E. Husserl, *Recherches Logiques.* Tome III. *Eléments d'une élucidation
phénoménologique de la connaissance* (Recherche VI), trad. H. Elie *et al.*, Paris, P.U.F.,
1962 [*RL* III], Appendice à la Recherche VI, p. 281-282.

Seulement, cette définition générale et usuelle est d'emblée réorientée de trois manières. D'une part, le phénomène ne se manifeste pas exclusivement dans le registre de la perception, mais dans celui des « vécus intuitifs » qui relèvent de la catégorie, plus large, des actes de « présentification ». D'autre part, le phénomène est ce qui apparaît *à la conscience et par la conscience*, et non seulement ce qui se produit dans le monde extérieur. Enfin, le critère de définition du phénomène est celui de la présence, de la manifestation attestée ou encore de la « donation » (*Gegebenheit*), sans que celle-ci ne soit d'emblée soupçonnée d'être la révélation d'autre chose que ce qu'elle est.

On voit aussi avec quoi le phénomène ne doit plus être confondu. Tout d'abord, il ne doit pas être assimilé à l'objet phénoménal lui-même, c'est-à-dire ce qui apparaît ici et maintenant. Cette équivoque était déjà dénoncée par Husserl dans la cinquième des *Recherches Logiques* :

> On ne saurait assez fortement insister sur l'équivoque qui nous permet de donner le nom de phénomène (*Erscheinung*) non seulement au vécu en quoi réside l'apparaître (*Erscheinen*) de l'objet (par exemple au vécu concret de la perception, dans lequel l'objet est présumé être présent lui-même), mais aussi à l'objet apparaissant comme tel [1].

Cependant il est tout aussi inconvenant d'appeler « phénomène » une simple « composante » du vécu, ce qui implique, contre l'empirisme vulgaire, qu'on ne réduise pas ledit vécu aux « sensations » supposées rentrées dans sa composition. Le phénomène n'est ni l'objet phénoménal, ni une composante du vécu, mais le vécu lui-même compris comme rapport intentionnel à l'objet.

En somme, la compréhension de ce qu'est le phénomène dépend désormais de l'analyse du « vécu ». Pour Husserl, les équivoques qui nimbent le concept de phénomène disparaissent « dès qu'on cherche à se rendre compte sur le plan phénoménologique de ce qui, de l'objet apparaissant comme tel, est réellement donné dans le vécu de l'intuition » [2]. Certes, le concept de vécu ne se substitue pas entièrement à celui de phénomène, qui pense « ce qui se donne dans le vécu », mais il n'en reste pas moins que c'est depuis le « vécu » qu'il nous faut

---

1. *RL* II-2, Recherche V, p. 148-149
2. *RL* II-2, Recherche V, p. 148.

repenser le phénomène : c'est de là que le double aspect du phénomène, qui articule l'apparaître (*das Erscheinen*) et ce qui apparaît (*das
Erscheinende*), devient une différence dynamique qui ouvre la
possibilité même de la phénoménologie comme discours portant sur
les phénomènes [1].

Qu'est-ce qu'un vécu ? Pour la psychologie « moderne » (celle de
Wundt par exemple), il s'agit de « ce qui arrive réellement [...] qui,
changeant à chaque moment, constitue par ses multiples enchaînements et interpénétrations l'unité de conscience réelle de l'individu
psychique » [2]. Cette première définition est vite subvertie, puisque
Husserl suggère que l'on peut exclure toute référence à « l'existence
empirique réelle (*reale*) » [3], c'est-à-dire aborder le vécu, génériquement, comme un pur apparaître tendu entre le vécu de l'apparition
(*Erscheinung*) et l'apparaissant (*Erscheinende*) qui lui, n'est pas vécu.
À ce point, Husserl requalifie cette tension en empruntant à Brentano
une conception du « vécu » qui établit l'irréductibilité des phénomènes
psychiques vis-à-vis des phénomènes physiques. Dans la *Psychologie
du point de vue empirique* de 1874, Brentano a en effet ouvert la voie
d'une analyse *descriptive* de la conscience qui ne traite plus celle-ci
comme une chose de la nature, causalement et extérieurement
conditionnée.

Cependant s'il est possible de repenser le phénomène à partir de ce
qui se donne dans le vécu, c'est parce que l'on a mis en évidence – et
c'est là le second apport de la théorie brentanienne –, une propriété
fondamentale de tout vécu de conscience : l'intentionnalité, caractéristique essentielle des actes de conscience en vertu de laquelle ceux-ci
sont toujours « conscience de ». Plus précisément, la thèse essentielle
de Brentano tient à ce que tout phénomène psychique est caractérisé
par l'inexistence intentionnelle d'un objet. Husserl le cite expressément :

---

1. *RL* II-2, Recherche V, p. 149 : « L'apparition de la chose (le vécu) n'est pas la
chose apparaissant (ce qui est présumé se trouver "en face de nous" dans son ipséité
corporelle). Nous vivons les phénomènes comme appartenant à la trame de la conscience,
tandis que les choses nous apparaissent comme appartenant au monde phénoménal. Les
phénomènes eux-mêmes ne nous apparaissent pas, ils sont vécus. »

2. *RL* II-2, Recherche V, p. 146.

3. *Ibid.*, p. 147.

> Tout phénomène psychique est caractérisée par ce que les scolastiques du Moyen Âge ont appelé l'inexistence intentionnelle (ou encore mentale) d'un objet, et ce que nous pourrions appeler, bien qu'avec des expressions quelque peu équivoques, la relation à un contenu, l'orientation vers un objet (par quoi il ne faut pas entendre une réalité) ou l'objectivité immanente. Tout phénomène psychique contient en lui-même quelque chose comme objet bien que chacun le contient à sa façon[1].

En dépit de formulations imprécises que Husserl s'attachera à clarifier, on tient là l'idée principielle de la redéfinition phénoménologique du phénomène. Il n'y a pas d'un côté le sujet et de l'autre des objets qui lui seraient « donnés » : la théorie de l'intentionnalité invalide cette distinction métaphysique. Au contraire, il y a d'abord et avant tout une liaison intentionnelle qui est le mode de relation fondamentale de la conscience à son contenu. Dès lors, le phénomène est « pur » s'il est purement et simplement phénomène, c'est-à-dire un pur apparaître au cours duquel des objectités apparaissent à un sujet, à une conscience. Il est ce qui se donne dans le cadre d'un rapport intentionnel. C'est pour cette raison que l'enquête sur les phénomènes ne relève pas de la conscience empirique, mais de la conscience comprise selon sa structure la plus essentielle, c'est-à-dire selon l'intentionnalité, propriété essentielle en vertu de laquelle la conscience est toujours conscience de quelque chose. L'enquête phénoménologique portera dès lors sur les diverses modalités du rapport intentionnel, en distinguant ses types fondamentaux (perception, imagination, etc.).

Pourquoi la mise en évidence de cette propriété fondamentale de tout acte de conscience est-elle si décisive ? Car la théorie de l'intentionnalité permet de penser le phénomène non plus comme un pur événement surgissant dans la vie de la conscience, mais bien à partir d'une corrélation qui lie la conscience à l'objet, et réciproquement. En un sens, la théorie de l'intentionnalité permet d'« objectiver » la relation de la conscience aux phénomènes pour en faire un authentique thème de recherche. Il y a une logique de l'apparaître : l'intentionnalité permet de penser une articulation intrinsèque au

---

1. *RL* II-2, Recherche V, p. 168.

phénomène entre la conscience et l'objet intentionnel, ainsi qu'une dynamique vécue de l'apparaître et de l'apparaissant, mais toujours sur le mode de la présence manifeste.

En ce qu'elle nous reconduit à la dynamique consciente de l'apparaître, cette définition particulière du « phénomène » périme un certain nombre de conceptions qui ont pu se faire jour dans l'histoire de la philosophie.

Il va tout d'abord de soi que le phénomène n'est plus le phénomène au sens de la science physique, c'est-à-dire un événement ou une manifestation qui se produit dans le monde physique et s'explique par les caractères spécifiques d'un corps et certaines lois générales. Cette approche naturaliste, réaliste et causaliste, est bien plutôt celle qui nous aveugle quant à la nature des phénomènes « psychiques » : elle réduit le phénomène à un fait contingent dépendant d'un substrat matériel[1].

Contre toute forme de relativisme sceptique, il n'est plus possible de voir dans le phénomène un simple aspect subjectif de la réalité : il existe bien, pour Husserl, des légalités et des structures eidétiques qui régissent l'apparaître et celui-ci n'est pas une pure contingence[2]. Toute la phénoménologie est animée par l'idée qu'une connaissance des phénomènes est bien possible et que c'est même à partir de celle-ci qu'il convient de refonder l'ensemble de la philosophie.

Il est également tout à fait erroné de concevoir le phénomène comme la simple apparence d'une réalité qui demeurerait cachée ou inaccessible sans cette révélation : en témoigne la vive contestation du représentationnisme qui soutient que l'on ne se rapporte aux choses « réelles » que par la médiation de représentations immanentes, conception qui sous-tendait encore la conception brentanienne du phénomène[3]. Husserl s'oppose ainsi à cette théorie qui stipule que la conscience est intentionnellement orientée vers des représentations d'objectités, mais non vers les objectités elles-mêmes. Selon cette

---

1. Sur la critique du naturalisme philosophique : E. Husserl, *La philosophie comme science rigoureuse*, Paris, P.U.F., 1989, p. 19-59.

2. Sur le rapport au scepticisme en général, voir F. Dastur, « *Husserl* et le scepticisme », *Alter*, 11, 2003, p. 13-22.

3. Sur le rejet de la thèse de l'inexistence mentale de l'objet : *RL* II-2, Recherche V, appendice aux paragraphes 11 et 20, p. 231.

conception, la chose est « à l'extérieur de la conscience », tandis que la conscience ne connaît que « son représentant, une image »[1]. Husserl montre au contraire que ce qui apparaît à la conscience n'est pas la représentation d'une chose en soi inconnaissable, mais qu'il n'est pas non plus d'une pure immanence.

Enfin, l'approche phénoménologique des phénomènes récuse le criticisme kantien qui pense le phénomène par le biais de la référence à la chose en soi qui nous demeurerait inconnaissable[2]. Contre une longue tradition philosophique qui n'aura cessé d'opposer le phénomène de la chose à son être pour trouver en celui-ci la raison de celui-là, Husserl situe l'être même de la chose dans son apparaître. Husserl cite volontiers Herbart à cet égard : « Autant il y a d'apparence, autant il y a d'indication d'être »[3]. La redéfinition phénoménologique du phénomène nous épargne donc l'hypothèse métaphysique d'un monde en soi qui se situerait au-delà du monde phénoménal[4].

Cette compréhension nouvelle de ce que peut être le phénomène, ainsi repensé depuis l'intentionnalité, est une véritable révolution dans le domaine de la théorie de la connaissance. Elle fonde la possibilité d'une phénoménologie conçue comme une méthode descriptive, réflexive et intuitive ayant pour charge d'analyser la constitution subjective des phénomènes. Telle est la phénoménologie « pure », cette phénoménologie que Husserl appellera aussi dans ses textes de présentation et de réflexion méthodologiques des années 1920, une

---

1. *RL* II-2, Recherche V, appendice aux paragraphes 11 et 20, p. 228.

2. E. Husserl, *Méditations Cartésiennes et les Conférences de Paris*, trad. M. B. de Launay, Paris, P.U.F., 1994 [*MC*], § 64, p. 207.

3. E. Husserl, *Philosophie première* (1923/1924). Deuxième partie. *Théorie phénoménologique de la réduction*, trad. A. L. Kelkel, Paris, P.U.F., 1972, p. 66.

4. Pour autant, la question de l'en-soi n'est pas complètement évacuée, mais son traitement suppose l'exercice de la réduction phénoménologique. La corrélation entre la chose apparaissante (le phénomène) et la chose en soi ne peut être découverte que depuis la réduction phénoménologique, et ce n'est que par l'apparaissant que l'en-soi se conçoit, comme le terme idéal de la saisie objective : « Or "en soi" veut dire ceci : le processus toujours possible des corrections recèle implicitement un idéal de l'approximation, un idéal dont on peut, en tant que sujet s'adonnant librement à l'expérience, s'approcher au cours de corrections progressives et toujours plus parfaites, bien qu'on ne puisse jamais y atteindre, car chaque correction réalisée en fait laisse en principe ouverte la possibilité de corrections ultérieures. » (*Philosophie première*. Tome II. *Théorie de la réduction phénoménologique. op. cit.*, p. 74 (abrégé *PP* II).

« psychologie phénoménologique » ou encore « psychologie intentionnelle eidétique »[1]. Signalons rapidement ses deux caractéristiques méthodologiques, dictées par la définition du phénomène qui vient d'être exposée, afin d'être mieux en mesure d'apprécier la transformation ultérieure opérée avec la phénoménologie « transcendantale ».

Premièrement, la phénoménologie « pure » présente pour première caractéristique d'opérer à partir d'une réflexion « naturelle » conduite sur le phénomène lui-même. Cette réflexion est déjà une attitude phénoménologique pour Husserl car elle fait de l'expérience interne une multiplicité des vécus qui sont comme autant d'événements qui l'animent. C'est bien pour cette raison que le « phénomène » n'est pas autre chose qu'un vécu de conscience : il est ce qui apparaît quand la conscience fait retour sur elle-même, voit ses propres actes comme autant de faits empiriques et s'assigne la tâche de se connaître « soi-même »[2]. Si cette réflexion naturelle nous permet d'atteindre le phénomène, c'est qu'elle a l'intuitivité pour caractéristique essentielle. Pour Husserl, accéder aux « phénomènes », cela revient à former le vœu de ne s'en tenir qu'à ce qui se « donne » à la conscience, en restant fidèle à la connaissance immédiate que celle-ci a d'elle-même. Le célèbre paragraphe 24 du tome premier des *Idées directrices...*, nous enjoint de ne plus considérer que ce qui se donne à nous intuitivement, c'est-à-dire dans l'immanence de la vie intentionnelle. La phénoménologie husserlienne se trouve alors tout entière suspendue au « principe des principes » qui s'y énonce :

> [...] toute intuition donatrice originaire est une source de droit pour la connaissance ; tout ce qui s'offre à nous dans « l'intuition » de façon originaire (dans sa réalité corporelle pour ainsi dire) doit être

---

1. Nous nous référons en particulier à *Psy Ph*, § 37, p. 177 *sq.*, où Husserl thématise plus explicitement la distinction entre phénoménologie pure et phénoménologie transcendantale. Voir aussi, dans ce même volume, l'*Article pour l'Encyclopédie Britannica* de 1927 et les *Conférences d'Amsterdam* de 1928.

2. Conférences d'Amsterdam, § 3, in *Psy Ph*, p. 250 : ''Expérience phénoménologique'' : « cela n'est naturellement rien d'autre que cette réflexion en laquelle le psychique en son essence propre nous devient accessible, c'est-à-dire cette réflexion pensée comme accomplie dans un intérêt théorique et conduite jusqu'au bout de façon conséquente [...] ».

simplement reçu pour ce qu'il se donne, mais sans non plus outrepasser les limites dans lesquelles il se donne alors[1].

Deuxièmement, la phénoménologie pure a pour seconde caractéristique de soutenir la réflexion sur le phénomène d'une idéation spécifique qui doit en révéler « l'essence » (*Wesen*)[2]. Il s'agit de restituer les structures *a priori*, nécessaires et universelles de tout apparaître, en identifiant les types d'actes spécifiques par l'intermédiaire desquels nous nous rapportons aux objets visés (perception, imagination, etc.). La description va nécessairement de pair avec l'idéation du vécu, qui les désindividualise et restitue l'idée générique du rapport intentionnel : « La phénoménologie *pure* est alors la théorie de l'essence (*Wesenslehre*) des "*phénomènes purs*", ceux de la "*conscience pure*" d'un "*moi pur*" »[3]. L'essence n'est ni une nature simple, ni la figure d'un ordre de réalité extra-sensible, mais l'unité coordinatrice invariante des vécus réels et potentiels[4].

Sous la rubrique du « phénomène », la phénoménologie pure, réflexive et eidétique, se donne donc pour fin l'exploration structurale des visées intentionnelles objectivantes de la conscience.

LA PHÉNOMÉNOLOGIE TRANSCENDANTALE :
LE PHÉNOMÈNE TRANSCENDANTALEMENT RÉDUIT

À ce point, le projet phénoménologique ne peut manquer de rencontrer deux objections majeures. Premièrement, il peut être difficile de voir ce qui distingue la phénoménologie pure, cette « psychologie phénoménologique », de la psychologie tout court, comprise

---

1. *ID* I, § 24, p. 78.

2. Dans le résumé des *Leçons* de Göttingen de 1907, Husserl rappelle que l'étude des phénomènes implique la recherche de l'essence (*Husserliana* II. *Die Idee der Phänomenologie. Fünf Vorlesungen* (1907), W. Biemel (ed.), Den Haag, M. Nijhoff, 1950, p. 14 [*Husserliana* est abrégé *Hua*]).

3. *RL* III, Appendice, p. 284. Nous renvoyons à notre étude : L. Perreau, « La phénoménologie comme science eidétique », dans A. Grandjean et L. Perreau (éd.), *Husserl. La science des phénomènes*, CNRS-éditions, 2012, p. 33-58.

4. Sur ce terme, *cf.* les remarques que formule Husserl à l'issue de son introduction aux *Ideen I* (*ID* I, *Introduction*, p. 9), ainsi que l'ensemble du chapitre premier (*ID* I, p. 13-59).

comme science empirique de la *psyché*. Ce risque, dénoncé comme étant celui du «psychologisme» menace directement le gain procuré par la théorie de l'intentionnalité, c'est-à-dire la possibilité de repenser l'apparaître depuis l'analyse des vécus de la conscience intentionnelle. Deuxièmement, il n'est pas dit que la réflexion naturelle qui est au principe de la phénoménologie pure présente assez de garanties pour sécuriser la définition du phénomène qui vient d'être conquise. En attestent les malentendus rencontrés lors de la réception des *Recherches Logiques*, qui ont conduit Husserl à réformer sa propre démarche[1].

Pour conjurer ce double risque de malentendu ontologique et d'insuffisance méthodologique, la phénoménologie pure doit, comme le montre Husserl dans les *Idées directrices...*, se dépasser vers un second régime de l'analyse phénoménologique et se réaliser comme *phénoménologie transcendantale*, c'est-à-dire comme une analyse descriptive et eidétique de la subjectivité *transcendantale*. Cette référence au transcendantal situe évidemment Husserl dans le sillage du criticisme kantien. Celui-ci, comme on le sait, découvre les conditions de possibilité de l'objectivité dans les formes *a priori* de la sensibilité et de la pensée[2]. Cependant Husserl considère que la philosophie kantienne est restée au niveau purement *formel* des conditions de possibilité de l'expérience et qu'elle s'est contentée de démontrer l'existence de ces conditions de possibilité sans pouvoir les thématiser directement. La phénoménologie transcendantale prétend pour sa part examiner et décrire les conditions subjectives de possibilité de l'expérience phénoménale, en *constatant* directement la structuration (les «lois d'essence») de la vie consciente.

Or ce réinvestissement de la démarche transcendantale se fonde sur la réinterprétation du concept de phénomène déjà mise en évidence dans le cadre de la phénoménologie pure, réinterprétation qu'elle

---

1. J.-F. Lavigne, *Husserl et la naissance de la phénoménologie (1900-1913). Des Recherches logiques aux Ideen : la genèse de l'idéalisme transcendantal phénoménologique*, Paris, P.U.F., 2005.

2. Sur les complexités de cette filiation, voir l'étude classique d'I. Kern, *Husserl und Kant. Eine Untersuchung über Husserls Verhältnis zu Kant und zum Neukantianismus*, Den Haag, M. Nijhoff, 1964 et plus récemment D. Pradelle, *Par-delà la révolution copernicienne. Sujet transcendantal et facultés chez Kant et Husserl*, Paris, P.U.F., 2012.

informe en retour. Comme on l'a vu, l'une des ambitions de Husserl est bien de débrouiller un concept grevé d'équivoques, la première d'entre elles tenant à ce que l'on confonde souvent, sous la rubrique du phénomène, l'apparition et l'apparaissant. Pour y remédier, Husserl nous reconduit à l'apparaître comme tel, mais ceci ne peut se faire que si l'on prend préalablement au sérieux l'équivoque qui s'est établie entre l'apparaissant et l'apparition (*Erscheinung*).

D'une certaine manière, la définition que donne Husserl de ce qu'il appelle l'attitude naturelle justifie l'équivocité foncière que présente le phénomène. L'attitude naturelle est ce rapport spontané, naïvement réaliste, que nous avons à l'égard du monde, où nous confondons constamment, l'apparaissant et l'apparition, portant ainsi l'équivoque à son comble[1]. Nous y présupposons dogmatiquement la transcendance des choses. L'attitude naturelle fait du monde «une unique réalité spatio-temporelle dont je fais moi-même partie»[2] et aborde le phénomène en «posant» immédiatement l'existence de sa «réalité». Dans l'attitude naturelle, il n'y a que des apparitions d'«apparaissants» aussitôt consacrés comme réalités existantes. Le phénomène est immédiatement reconduit à un étant transcendant – la chose comme réalité matérielle –, à quoi se résume son être.

C'est la raison pour laquelle la phénoménologie transcendantale doit donc s'exercer depuis une *autre* attitude que celle de l'attitude naturelle. Il faut définir une nouvelle manière d'aborder les phénomènes, une nouvelle façon de considérer ce qui nous apparaît :

> [La phénoménologie] se nomme une science des «phénomènes» (*Phänomenen*). [...] Il reste sûr que la phénoménologie se rapporte à tous ces «phénomènes», en prenant ce terme dans tous ses sens ; mais elle le fait avec une attitude toute différente, qui modifie d'une manière déterminée chacun des sens de ce terme, tel que nous le proposent les sciences qui nous sont de longtemps familières. Ces divers sens ne pénètrent dans la sphère de la phénoménologie qu'après avoir subi cette modification[3].

---

1. *ID* I, § 27 et 30, p. 87 *sq.* ; *MC*, § 7, p. 59 *sq.*
2. *ID* I, § 30, p. 95.
3. *ID* I, Introduction, p. 3. On aura noté que la nouvelle détermination conceptuelle du phénomène s'indique dans la terminologie (*Phänomen* et non plus *Erscheinung*) ainsi

L'adoption du régime transcendantal dépend donc d'une attitude nouvelle, l'attitude « transcendantale ». Cette conversion du regard porté sur les phénomènes ne consomme nulle rupture avec l'attitude naturelle, même si elle la met effectivement à distance. L'attitude transcendantale est « un type d'attitude entièrement modifié »[1]. Le point de vue du transcendantal n'a pas pour fin de donner congé à l'attitude naturelle, mais bien de rendre compte de la détermination du monde et de l'expérience qui s'y déploie.

Dans les *Idées directrices...* de 1913, Husserl expose la méthodologie de la pratique phénoménologique en sa version canonique, c'est-à-dire *transcendantale*. Cette méthodologie réside dans une série de « réductions », parfois désignées sous le titre général de la « réduction phénoménologique »[2]. « Réduire » ne renvoie pas à l'idée d'un amoindrissement ou d'une soustraction, mais signifie reconduire à l'apparaître, à la manifestation native, c'est-à-dire, en l'occurrence, redécouvrir les phénomènes en tant que phénomènes. Dans cette démarche, un moment essentiel est celui de l'*épokhè*, qui a pour fonction de révéler la subjectivité transcendantale comme telle, en suspendant d'abord les prestiges de l'attitude naturelle. L'*épokhè* est la « mise en suspens » ou « mise hors-circuit » de l'attitude naturelle, c'est-à-dire la neutralisation de la position d'existence à l'œuvre dans l'attitude naturelle. Suspension qui a valeur de libération, l'*épokhè* est ce moment négatif qui permet de révéler positivement la dimension transcendantale de la subjectivité. Ce que l'attitude naturelle accepte comme étant donné, l'*épokhè* l'invalide en son existence mondaine. Le phénomène transcendantalement réduit est donc, d'abord et avant tout, une irréalité, en ce sens qu'il ne relève plus de la *Realität*, ce domaine des choses (*res*) existant dans l'espace et le temps. On gagne ainsi sur les phénomènes une attitude nouvelle, qui ne connaît plus des « apparitions » (*Erscheinungen*) mais bien la phénoménalité des phénomènes (*Phänomenen*) en tant que phénomènes, c'est-à-dire comme pur apparaître non immédiatement référé à un quelconque

que dans l'usage des guillemets, d'ailleurs omis dans la traduction de P. Ricœur, qui sont signes de la mise en suspens de la position d'existence effectuée par l'attitude naturelle.

1. *ID* I, Introduction, p. 6

2. Sur la réduction, voir *ID* I, § 27 *sq.* ; *MC*, § 41 ; *PP* II ; *De la réduction phénoménologique* (1926-1935), trad. J.-F. Pestureau, Grenoble, Millon, 2007.

étant présumé préalablement existant. La redétermination husser-lienne du concept de phénomène opère sur le fond d'une perspective transcendantale qui fonctionne comme une garantie durable contre toute théorie purement réaliste et naturaliste (et en particulier contre la conception, pour le coup réductrice au mauvais sens du terme, d'un monde purement physique régi par des relations causales [1]).

Le plus décisif est que la phénoménologie précise son domaine d'objet : les «phénomènes» de la phénoménologie transcendantale sont désormais les phénomènes «transcendantalement réduits» à un pur apparaître. À la faveur de cette conversion, on doit pouvoir constater la constitution subjective de tout phénomène, selon une observation spécifique, méthodiquement définie et contrôlée, et «apprendre à voir, à distinguer, à décrire ce qui se trouve sous nos yeux»[2]. L'attitude transcendantale est celle qui nous donne à voir le mouvement de donation des unités de sens à la conscience : elle laisse de côté la question de l'existence mondaine pour réorienter le regard vers les modalités de l'acte, du rapport intentionnel[3]. D'un même mouvement, nous accédons à la phénoménalité du phénomène et à la dimension transcendantale de la subjectivité, et l'un ne va pas sans l'autre.

Le sens même du transcendantal s'en trouve modifié, puisque celui-ci ne qualifie plus tant les conditions de possibilité de l'expé-rience que l'attitude qui restitue l'activité de l'*ego* transcendantal, l'instance fonctionnelle qui assure la donation de sens et de validité de tout phénomène. L'*ego* désigne chez Husserl le pôle subjectif de la relation intentionnelle, l'unité de la structuration systématiquement intentionnelle de la vie de la conscience et l'unification synthétique de l'ensemble de la vie de la conscience[4]. La conscience n'est plus une conscience naturelle incluse dans le monde et qui se rapporte à la *Realität* (à ce qui est réel mondainement et naturellement), mais une conscience transcendantale ouverte aux phénomènes et au sens qu'ils revêtent pour nous.

---

1. *C*, § 8-12, p. 25-78.
2. *ID* I, Introduction, p. 6.
3. *MC*, § 11, p. 68-70.
4. *MC*, § 30, p. 112.

Dans cette définition nouvelle de l'*ego* transcendantal, si souvent
soulignée par les commentateurs [1], il importe surtout de ne pas voir une
forme de repli subjectiviste sur une intimité qui serait comme sous-
traite au monde. La conscience transcendantale n'est pas non plus un
ensemble d'opérations prédéterminées qui soumettraient le donné à
une sorte de conditionnement préalable. Elle est, bien plutôt, *l'origine
même de toute phénoménalité*. La conscience transcendantale est à la
fois modification, réouverture et extension qualitative du domaine de
l'expérience. Tandis que, dans l'attitude naturelle, la conscience vise
les objets sur un mode unilatéral et inadéquat et s'aveugle proprement
sur son propre travail, nous découvrons, dans l'attitude transcendantale, que la phénoménalité s'origine dans des actes de conscience
dont on peut décrire les structures essentielles et dont on peut
distinguer les modalités.

La conséquence la plus remarquable de cette nouvelle orientation
méthodologique que nous assure la réduction transcendantale est une
double redéfinition du phénomène, désormais pensé comme *unité de
sens* et comme *vivre*. Il y a ici une sorte d'ambivalence transcendantale
du phénomène, selon que l'on pense le phénomène depuis l'un ou
l'autre des deux pôles de la corrélation intentionnelle.

1) Dans l'attitude transcendantale, l'être du phénomène est entièrement réductible à son « sens », ce sens étant ce que nous avons en
tête ou en vue (*was wir im Sinn haben*). C'est ainsi que « *tout* vécu
intentionnel à son "objet intentionnel", c'est-à-dire son sens objectif » [2]. Le phénomène « transcendantalement réduit » est en définitive
cette unité de sens qui fait de l'objet un objet conscient, par principe
connaissable. Il y a phénomène si quelque chose se donne dans et par
une visée et « fait sens » pour nous. Dès lors, « toutes les unités réelles
(*realen*) sont des "unités de sens" », lesquelles « présupposent une
conscience donatrice de sens » [3].

Cette caractérisation du phénomène comme « unité de sens »
donne lieu, dans les *Idées directrices*…, à une analytique qui distingue
« les composantes proprement dites des vécus intentionnels et leurs

---

1. Voir par exemple l'étude classique de E. Marbach, *Das Problem des Ich in der
Phänomenologie Husserls*, Den Haag, M. Nijhoff, 1974.
2. *ID* I, § 90, p. 310 ; voir aussi *C*, § 70, p. 271 *sq.*
3. *ID* I, § 55, p. 183.

corrélats intentionnels » [1] sous les deux rubriques de la « noèse » et du « noème ». La noèse est un processus d'animation des « data hylétiques » ou « vécus sensuels » (sensations, phantasmes, souvenirs) qui produit un « sens d'appréhension » qui les animent : elle donne forme à la matière passivement donnée de la sensibilité et la dirige intentionnellement vers l'objet. C'est ainsi par la noèse que s'opère originairement, la « donation de sens », la présence de l'objet à la conscience. Ce faisant, la noèse est par essence liée au noème, c'est-à-dire à l'objet intentionnel immanent. C'est le noème qui oriente la production noétique vers le moment du « sens », noyau identique et stable qui fixe la relation à l'objet [2]. Il y a donc, dans tout acte intentionnel, un contenu « réel » (*reel*), à savoir la noèse et les data hylétiques, et le noème qui détermine l'objet intentionnel, le *cogitatum*, et qui établit la médiation vers l'objet transcendant : c'est toujours « à travers » l'objet intentionnel que la conscience intentionnelle appréhende l'objet réel en tant qu'objet existant dans la nature.

Le phénomène « transcendantalement réduit » doit être pensé depuis cette structure de transitivité qu'est la corrélation noéticonoématique. En régime de réduction, il n'est plus une réalité physiquement existante, une chose « réale ». Cependant il n'est pas non plus une composante « réelle » de la conscience, puisqu'il est ce qui est visé par elle. Il est donc une « unité de sens », c'est-à-dire une unité objective qui dépasse le divers des vécus. Le lexique du sens exprime ainsi la nécessité qu'il y a de penser le phénomène à la fois comme irréalité *et* comme objectivité.

2. Cependant, parallèlement à cette caractérisation du phénomène comme « unité de sens » dans le cadre de l'analytique noético-noématique, il arrive aussi à Husserl de réaffirmer, sous cette même rubrique, la primauté absolue de la subjectivité *vivante*. Le phénomène est alors

---

1. *ID* I, § 88, p. 303. Cette distinction fait l'objet de deux exposés dans les *Idées directrices... I* (§ 87-99 et 128-135). Elle a donné lieu à un important débat chez les commentateurs. Sur cette question, voir É. Bimbenet, « La double théorie du noème : sur le perspectivisme husserlien », dans *La science des phénomènes*, *op. cit.*, p. 187-211.

2. *ID* I, § 91, p. 316 : « [...] à l'intérieur du noème *complet* il nous faut discerner en fait, comme nous l'avions annoncé à l'avance, des *couches essentiellement différentes* qui se rassemblent autour d'un "noyau central", autour du pur "sens objectif" ». « L'arbre pur et simple peut flamber, se résoudre en ses éléments chimiques », mais non son noème qui est « le sens de *cette* perception » (*ID* I, § 89, p. 308).

cet apparaître qui n'est autre qu'un « vivre pur ». En atteste, de manière tout à fait explicite, ce passage de la *Conférence de Londres* prononcée en 1927 :

> Pour me garantir la pureté de toutes les saisies et de toutes les descriptions, je dois avoir constamment à l'esprit la règle indéfectible de la réduction phénoménologique ou, comme nous l'appelons aussi, de l'*épokhè* phénoménologique, celle de la « mise entre parenthèses » phénoménologique, ce qui veut dire : [...] lors de tout passage à la réflexion égologique par laquelle je n'obtiens tout d'abord qu'un fait psychologique ou psychophysique du monde, je dois interrompre toute co-position de l'être réel objectif et ceci dans toute direction possible [...]. Seul le vivre pur comme fait, ce qui demeure incontestablement même si je suppose qu'il n'est aucun monde, cela seul est le « phéno-mène » apodictique, le phénomène transcendantal de la phénomé-nologie [1].

L'adoption de l'attitude transcendantale et la transition opérée vers la phénoménologie transcendantale, cette « théorie eidétique des-criptive des vécus transcendantalement purs »[2], modifie aussi la conception que l'on se fait de la subjectivité : elle révèle son œuvre et sa nature intime, celle d'un flux continuel de vécus qui donne lieu aux « unités de sens » qui rendent possible nos actes de connaissance et notre rapport au monde. Il y a phénoménalité parce qu'il y a une « vie du sujet »[3] au sein de laquelle la multiplicité mouvante des vécus se dépasse vers un rapport au monde individué. Le phénomène est alors conçu depuis une « philosophie de la vie » consciente (au sens bien particulier de la *Lebensphilosophie*) comme un « vivre », dans l'épreuve de la manifestation phénoménale.

Telle est l'ambiguïté transcendantale du phénomène, qui peut désormais être compris comme une pure unité de « sens » polarisant la conscience intentionnelle ou comme un « vivre » qui est l'expression d'une vie du sujet dans le constant dépassement de soi-même, comme tendue vers son monde.

---

1. E. Husserl, *Conférences de Londres*, trad. A. Mazzù, *Annales de phénoménologie*, 2, 2003, p. 177.

2. *ID* I, § 75, p. 238.

3. Nous empruntons cette expression à R. Bernet, *La vie du sujet. Recherches sur l'interprétation de Husserl dans la phénoménologie*, Paris, P.U.F., 1994.

L'IDÉALISME TRANSCENDANTAL : LA CONSTITUTION DU PHÉNOMÈNE

Une ultime redétermination de ce qu'est le phénomène se joue enfin au niveau de ce que Husserl appelle la «philosophie phénoménologique transcendantale», laquelle est en fait un «idéalisme transcendantal» d'un genre nouveau. À ce stade ultime du projet phénoménologique, il s'agit de préciser la spécificité de la subjectivité transcendantale en montrant tout ce que les «phénomènes» lui doivent et en faisant de celle-ci l'origine même de la phénoménalité.

De manière tout à fait symptomatique, Husserl en vient à défendre une thèse *ontologique* qui va statuer sur l'être même du phénomène. L'analyse descriptive des différentes modalités des actes de la vie intentionnelle se dépasse vers une position «métaphysique» qui prétend régler, une fois pour toutes, la question de l'être du phénomène, ou plus précisément, ce qui est sensiblement différent, celle de son *sens d'être*. Car sous la perspective phénoménologique, le mode d'être du phénomène est nécessairement celui de l'objet ou du corrélat *intentionnel*, comme cela a déjà été souligné. Toutefois, l'idéalisme transcendantal ne se contente plus d'affirmer la relativité des phénomènes à l'activité de la conscience : c'est l'être même de l'objet qui a désormais son siège dans la conscience.

Cet idéalisme transcendantal, déjà explicite dans les *Idées directrices...* de 1913, entièrement assumé dans les *Méditations cartésiennes* de 1929[1], stipule donc que la corrélation intentionnelle ne doit plus seulement être comprise comme un rapport de correspondance et d'interdépendance entre l'acte et l'objet visé, entre la noèse et le noème. Si la théorie de l'intentionnalité désignait dans sa première version, d'une manière générale, le rapport de la conscience à tout objet transcendant, elle est désormais repensée comme résultant d'une activité de *constitution*, d'une activité synthétique de production d'une unité de sens.

Comment comprendre cette «constitution»? Il s'agit pour Husserl de la «fonction»[2] de la conscience qui dégage le «sens d'être» du phénomène, de telle manière que celui-ci devient

1. *MC*, § 41.
2. *ID* I, § 86, p. 297 *et sq.*

clairement repérable et identifiable. La constitution est une prestation (*Leistung*) de la conscience, c'est-à-dire un processus d'objectivation [1], une activité synthétique qui unifie les multiplicités noétiques. L'objet de la visée est ainsi une unité de sens *constituée* et la phénoménologie, à ce niveau, se conçoit comme une analyse *constitutive* : elle révèle l'œuvre de la constitution en débrouillant la complication intentionnelle de la visée de l'objet [2]. Husserl mobilise souvent l'idée d'un entrelacement (*Verflechtung*) ou la métaphore géologique de la stratification pour penser l'émergence de l'objet par rapport à diverses objectités inférieures : le « sens » du phénomène est le produit d'une activité constitutive complexe. Les strates de la conscience tournée vers la saisie de l'objet s'interpénètrent et sont solidaires les unes des autres. L'analyse phénoménologique détaille cette « constitution » subjective de l'objectivité.

Le processus de constitution est une différenciation du sens entre les différentes espèces d'objet qui se présentent dans le champ d'expérience : il préside à la distinction des phénomènes. Dire cela, ce n'est donc pas dire que la constitution serait une sorte de création *ex nihilo* qui procéderait d'un singulier pouvoir dont la conscience serait le siège. La constitution n'est pas une création d'être qui ferait entièrement procéder l'être du phénomène de la conscience, comme certaines remarques passablement ambiguës de E. Fink ont pu le laisser entendre, donnant lieu à quelques mésinterprétations [3]. Il n'en

---

1. Husserl ne s'en tient pas toujours rigoureusement à cette définition, le «constitué» étant parfois lui-même improprement appelé «constitution». Cette ambiguïté est bien étudiée par E. Tugendhat, *Der Wahrheitsbegriff bei Husserl und Heidegger*, Berlin, Walter de Gruyter & Co, 1967, p. 220-226.

2. Le § 86 des *Ideen I* en formule le projet : « Il importe donc d'examiner sur un plan extrêmement général comment, en chaque section et catégorie, des unités objectives se "constituent pour la conscience". Il faut montrer systématiquement comment leur essence prescrit – précisément en tant que possibilités eidétiques – tous les enchaînements que peut comporter une conscience réelle ou possible de ces unités : les intuitions simples ou fondées qui s'y rapportent intentionnellement, les configurations de pensée de degré inférieur et supérieur, confuses ou claires, exprimées ou non exprimées, préscientifiques ou scientifiques, en s'élevant jusqu'aux configurations suprêmes de la science théorique rigoureuse. » (*ID I*, p. 297 *sq.*).

3. E. Fink, *De la phénoménologie*, trad. D. Franck, Paris, Minuit, 1974, p. 159-166. Pour une révision de cette conception, *cf.* : E. Tugendhat, *op. cit.*, p. 175 notamment, ainsi

reste pas moins que cet idéalisme, qui est donc un idéalisme du sens, est d'une portée considérable et qu'il a des conséquences ontologiques. Il modifie une fois encore notre compréhension du phénomène : le phénomène a désormais pour nous la validité d'un étant parce que nous effectuons des prestations constituantes, c'est-à-dire parce que nous instituons son sens. C'est sous cette perspective que la « subjectivité transcendantale » désigne le « lieu originaire de toute donation de sens et de toute avération d'être (*Seinsbewährung*) »[1].

La conséquence de ces analyses est remarquable, puisque le sens même de ce qui est dit à propos de l'« être » se trouve « renversé », comme le souligne Husserl au § 50 des *Idées directrices...* L'être que nous tenions pour premier, dans l'attitude naturelle, c'était encore celui de la réalité (*Realität*), qu'il s'agisse de la réalité des choses ou du monde. Tout phénomène s'y confondait, naïvement, avec l'étant transcendant dont nous présupposions dogmatiquement l'existence mondaine. Or il s'est avéré que cette réalité n'avait aucune « essence absolue »[2], en ce sens qu'elle n'était pas en elle-même quelque chose d'absolu, sur quoi la conscience viendrait se régler comme après. L'*épokhè* a dissipé cette confusion de l'être et du phénomène qui a cours dans l'attitude naturelle.

Tout ce qui *est* désormais, ce sont les phénomènes (*Phänomene*), mais compris depuis l'analyse des actes de la conscience intentionnelle, et plus encore, depuis l'œuvre constituante de la subjectivité transcendantale :

> Nous n'avons proprement rien perdu, mais gagné la totalité de l'être absolu, lequel, si on l'entend correctement, recèle en soi toutes les transcendances du monde, les « constitue » en son sein[3].

---

que E. Ströcker, « Intentionalität und Konstitution. Wandlungen des Intentionalitätskonzepts in der Philosophie Husserls », *Dialectica*, 38, 2-3, 1984, p. 191-208.

1. E. Husserl, *Idées directrices pour une phénoménologie et une philosophie phénoménologique pures*. Livre troisième. *La phénoménologie et les fondements des sciences*, trad. D. Tiffeneau, Paris, P.U.F., 1992, Postface aux Idées directrices de 1929, p. 181. Voir aussi *MC*, § 41, p. 132 : « La transcendance, sous quelque forme que ce soit, est un caractère d'être immanent qui se constitue au sein de l'*ego*. ».

2. *ID* I, § 50, p. 165.

3. *ID* I, § 50, p. 166.

La « conscience pure », restituée à sa phénoménalité, est ainsi « totalité de l'être absolu ». L'être est donc retrouvé, mais il n'est plus cette transcendance dogmatiquement établie par l'attitude naturelle. Il est le « champ infini des vécus absolus »[1], ce qui signifie qu'il n'est plus pensable au-delà de cette expérience que la conscience a d'elle-même dans l'activité constitutive du sens des phénomènes.

Cet « être » de la conscience pure qui est le « champ fondamental de la phénoménologie » a deux caractéristiques essentielles bien mises en évidence par Husserl. Tout d'abord, il est *absolu*, c'est-à-dire ontologiquement indépendant, tandis que le monde est relatif ou ontologiquement dépendant de la conscience :

> Ce domaine [celui des « vécus en tant qu'essences absolues »] [...] est par essence indépendant de tout être appartenant au monde, à la nature, et ne le requiert pas même pour son existence. L'existence d'une nature ne peut pas conditionner l'existence de la conscience [...][2].

Ensuite, il est le « tout » de l'être. Ce qui est parfaitement conséquent, puisqu'il n'y a pas, en régime de réduction, deux sphères d'être différentes, mais bien un seul et même monde phénoménal. Nous nous rapportons à celui-ci soit par l'attitude naturelle soit par l'attitude transcendantale. Cependant le « tout de l'être » n'apparaît qu'à celui qui adopte l'attitude transcendantale, la seule qui révèle la fondation transcendantale des phénomènes. La transcendance de l'objet ne doit plus être cherchée ailleurs qu'en lui-même, et surtout pas dans une hypothétique « chose en soi ». Au contraire, c'est la conscience qui recèle en elle toute transcendance, au titre d'une idée qui oriente le processus de la constitution.

L'idéalisme transcendantal husserlien s'autorise donc d'un certain idéalisme du sens pour proclamer la réduction de l'être à la phéno-ménalité. Mais ceci n'est tenable, il faut y insister, que parce que nous avons appris à voir l'être de la conscience comme un « flux du vécu »[3] immanent et continu. « Ce qui est transcendant est *donné* au moyen de certains enchaînements au sein de l'expérience »[4] ; autrement dit, c'est

---

1. *ID* I, § 50, p. 167.
2. *ID* I, § 51, p. 168.
3. *ID* I, § 49, p. 162.
4. Ibid.

parce que la phénoménalité procède de l'activité constitutive de la subjectivité transcendantale que son être est désormais le seul valide à nos yeux. En cela, la thèse ontologique que l'idéalisme transcendantal développe à propos du mode d'être du phénomène n'est pas arbitraire : elle est constamment prouvée et vérifiée par l'exercice même de la phénoménologie, par l'analyse de la constitution des « unités de sens » dans et par la conscience[1]. La thèse ontologique qui sous-tend l'idéalisme transcendantal husserlien n'a pas à être démontrée, puisque la pratique phénoménologique nous montre qu'elle est pleinement légitime. Elle tire sa force de cette nouvelle forme d'expérience à laquelle nous accédons désormais, depuis laquelle nous portons un regard tout différent sur les phénomènes, cette expérience que Husserl appelle « l'expérience transcendantale », puisque nous y faisons l'expérience même du transcendantal[2].

Au terme de cette brève enquête sur les différents usages du concept de phénomène dans la phénoménologie husserlienne, on distinguera trois acceptions complémentaires. La première assimile quasiment le phénomène au vécu de conscience, dans le cadre d'une réflexion naturelle (la psychologie phénoménologique) qui met au jour la corrélation intentionnelle de l'acte et de l'objet visé et détaille ses caractéristiques eidétiques. Une deuxième acception se joue avec la « transcendantalisation » du phénomène qu'occasionne la mise en œuvre de la démarche de la réduction transcendantale : le phénomène, compris à partir de la subjectivité transcendantale, se révèle être une « unité de sens noético-noématique » où s'atteste toujours, sous un autre aspect, une certaine « vie » intentionnelle. Une troisième compréhension de ce qu'*est* le phénomène se décide enfin dans le

---

1. *MC*, § 41, p. 135 : « La démonstration de cet idéalisme est donc la phénoménologie elle-même. ».
2. *MC*, § 12, p. 71-72 : « En fait, au lieu de vouloir donner à l'*ego cogito* la valeur d'une prémisse apodictiquement évidente pour des raisonnements qu'il faudrait prétendument faire aboutir à une subjectivité transcendantale, portons notre attention sur le fait que l'*épokhè* phénoménologique dégage (pour moi, le philosophe qui médite) une sphère d'être infinie d'un genre nouveau, la sphère d'une expérience d'un nouveau genre : l'expérience transcendantale. » Sur la question de l'expérience transcendantale : L. Perreau, « Expérience naturelle et expérience transcendantale chez Husserl », dans L. Perreau (éd.), *L'expérience*, Paris, Vrin, 2010, p. 177-200.

cadre de l'idéalisme transcendantal qui pense la constitution du phénomène comme œuvre des prestations de la subjectivité transcendantale : les phénomènes sont ces étants qui forment notre « expérience transcendantale ».

Chez Husserl, l'instruction du problème de la phénoménalité va donc de pair avec une série de réélaborations méthodologiques. À chaque fois, la dimension spécifique du « phénoménologique », par laquelle on aborde le phénomène, se trouve remise en chantier et révèle en retour de nouveaux aspects de la phénoménalité, inaperçus jusque-là. La phénoménologie révèle les puissances cachées des phénomènes sans aller au-delà d'eux.

Ce faisant, Husserl livre à la phénoménologie, comprise comme mouvement philosophique à la fois un et divers, sa question directrice, celle de l'accès aux phénomènes. Mais s'il définit effectivement son domaine d'objet et sa méthode, il accuse aussi la problématicité du concept de phénomène et il lui confère même une certaine polémicité. Ainsi, un grand nombre des continuateurs de la pensée husserlienne ont pu se montrer fidèles à l'idée principielle de la phénoménologie – repenser le lien de la conscience au monde, en analysant descriptivement la liaison constitutive du sujet et de l'objet au travers de l'intentionnalité –, tout en récusant tel ou tel aspect de la méthode husserlienne ou en contestant avec plus ou moins de radicalité l'idéalisme transcendantal auquel elle aboutit. Le phénomène, en ce sens, reste la tâche ouverte de la phénoménologie, le lieu privilégié où s'exerce son « auto-méditation » (*Selbstbesinnung*) [1].

Laurent PERREAU
Maître de conférences en philosophie contemporaine
Université de Picardie Jules Verne
CNRS – CURA PP- ESS/ Archives Husserl

---

1. Voir E. Husserl, « Méditation sur l'idée d'une vie individuelle et communautaire absolument responsable », trad. L. Perreau, *Alter. Revue de Phénoménologie*, 13, 2005, p. 220-235 et nos remarques dans la *Préface* de E. Husserl, *Sur l'histoire de la philosophie. Choix de textes*, Paris, Vrin, 2014.

BACHELARD
ET LA CONSTRUCTION DES PHÉNOMÈNES

> *La question reste donc plus aiguë que jamais :*
> *comment la construction peut-elle rejoindre*
> *la structure ?* [1]
>
> *L'énergétisme quantique ne nous donne pas*
> *seulement le* comment *des phénomènes, il*
> *nous donne le* pourquoi *des phénomènes* [2].

Le phénomène est communément défini comme « ce qui se donne à voir ». Or, s'il fallait résumer en une phrase la conception bachelardienne des phénomènes, on serait tenté d'écrire que le phénomène n'est justement pas « donné », il se *construit,* théoriquement et expérimentalement : « des phénomènes nouveaux sont, non pas simplement trouvés, mais inventés, mais construits de toutes pièces » [3]. Toutefois, la formule « les phénomènes sont construits » est susceptible de faire naître des malentendus. Comme l'a justement observé Mary Tiles [4], certaines citations, isolées de leur contexte, peuvent faire accroire que l'épistémologie bachelardienne devancerait les thèses faciles du constructivisme social quant à la contingence des constructions scientifiques. Celles-ci ne seraient que des conventions arbitraires : « si nous étions livrés tout entiers à la société, c'est du côté du

---

1. G. Bachelard, *Étude de l'évolution d'un problème de physique*, Paris, Vrin, 1927, 2ᵉ éd., préface D. Parrochia, 2014.

2. G. Bachelard, *L'Activité rationaliste de la physique contemporaine*, Paris, P.U.F., 1951.

3. G. Bachelard, « Noumène et microphysique », dans *Études*, Paris, Vrin, 1970, p. 19.

4. M. Tiles, « Bachelard's non-cartesian epistemology », *in* G. Gutting (ed.), *Continental Philosophy of Science*, Malden, Blackwell, 2005, p. 155-175.

général, de l'utile, du convenu, que nous rechercherions la connaissance »[1]. Au contraire, Bachelard analyse la construction des phénomènes pour en dégager la nécessité. Son constructivisme ne suggère
donc pas une plasticité soumise aux intérêts sociaux, mais la consistance, voire la résistance des phénomènes, qui impose à la connaissance de révoquer les évidences du sens commun, ses images et ses
habitudes, mais aussi à la cité scientifique d'adopter une organisation
qui manifeste « la valeur à la fois réelle et sociale de l'objectivation »[2].
Pour expliciter les modalités de cette construction, on peut présenter
les concepts principaux qui rendent compte des progrès de l'esprit
scientifique chez Bachelard (obstacle, rupture, récurrence[3]), mais, ici,
nous nous efforcerons plutôt de restituer sa démarche en retraçant, pas
à pas, comment se construisent les phénomènes.

La construction des phénomènes est traitée de deux façons chez
Bachelard : d'abord, dans la perspective de « l'approximation », dans
ses thèses de doctorat, puis, à travers le couplage entre les « noumènes » mathématiques et la « phénoménotechnique », dans les ouvrages ultérieurs. Cette reformulation résulte du « nouvel esprit scientifique » qui émerge à partir de 1905. Il n'est donc guère possible de
distinguer aussi nettement que le souhaiterait Alfons Grieder[4] entre
des « á-phénomènes », les référents matériels étudiés par la science,
et des « â-phénomènes », les concepts élucidés « phénoménologiquement » par Bachelard. Même si l'on ne doit pas confondre le concept
élaboré par le philosophe avec l'objet étudié par le savant[5], la méthode
bachelardienne exige que le phénomène scientifique ne se comprenne
qu'au travers de ce qu'elle éclaire de la construction des phénomènes
physiques. Sous sa plume, le terme « phénomène » ne renvoie pas à
une philosophie ; il n'est pas défini au sein d'un système où son sens
serait invariant ; il est repris, chargé de tensions et entouré d'une

1. G. Bachelard, *Le Nouvel Esprit scientifique*, Paris, P.U.F., 1983, p. 15.

2. *Ibid.*

3. Pour une analyse approfondie, *Cf.* V. Bontems, *Bachelard,* Paris, Les Belles
Lettres, 2010, p. 38-48.

4. A. Grieder, « Gaston Bachelard : Phenomenologist of Modern Science », *Journal
of the British Society for Phenomenology*, vol. 17, n°2, 1986, p. 107-123.

5. Sur la distinction entre objet naturel, objet scientifique et objet épistémologique,
Cf. G. Canguilhem, « L'objet de l'histoire des sciences », dans *Études d'histoire et de
philosophie des sciences*, Paris, Vrin, 1968, p. 9-23.

certaine indécision, au vocabulaire des savants eux-mêmes. Puis, il est *travaillé*.

Dans *Étude de l'évolution d'un problème de physique : la propagation thermique dans les solides* (1927), ouvrage où le terme et ses dérivés sont utilisés massivement (140 fois en 170 pages), il apparaît ainsi une quinzaine de fois cité sous la plume de Jean-Baptiste Biot, de Joseph Fourier, de Gabriel Lamé, d'Antoine Lavoisier, de James Clerk Maxwell, de Siméon-Denis Poisson... Le considérer d'emblée comme un concept philosophique serait une erreur. Il manifeste plutôt une perméabilité entre la langue des savants et l'écriture du philosophe. L'ouvrage s'apparente à une étude d'histoire des sciences[1] et reflète l'esprit *positiviste* d'un temps où « la science et la philosophie parlaient le même langage »[2]. Il faut toutefois analyser comment Bachelard récupère cette notion et la rend opératoire.

La nouvelle physique du XXe siècle opère une rupture épistémologique avec l'usage classique du concept parce qu'elle redéfinit les conditions mêmes de la phénoménalité. Avec la théorie de la relativité, les notions de temps et d'espace « tremblent »[3] ; elles sont transformées radicalement par la structure théorique. Dès lors, Bachelard modifie sa conception du phénomène en accordant une valeur ontologique (« inductive ») aux mathématiques. L'examen de la mécanique quantique complète sa réflexion : le « microphénomène » est un ensemble de *relations* dont on ne peut rendre raison qu'en mettant en tension les « noumènes » et la « phénoménotechnique ». Les phénomènes relativistes et quantiques imposent un nouveau vocabulaire dans le *Nouvel Esprit scientifique* (1934).

Le mot « phénomène », issu du vocabulaire scientifique, se voit donc progressivement purifié des intuitions primitives, puis inséré au sein d'un nouveau réseau conceptuel. Bachelard n'ignore pas pour autant la charge affective de certains phénomènes familiers, tels que le feu ou la poussière. Son travail de « psychanalyste » de la connaissance objective met en évidence la dimension imaginaire du phénomène.

1. J. Gayon, « Bachelard et l'histoire des sciences » dans J.-J. Wunenburger (éd.), *Bachelard et l'Épistémologie française*, Paris, P.U.F., 2003, p. 58.

2. G. Bachelard, *Le Nouvel Esprit scientifique*, *op. cit.*, p. 12.

3. G. Bachelard, « La dialectique des notions de la relativité » (1949), dans *L'Engagement rationaliste*, Paris, P.U.F., 1972, p. 123.

L'exploration des rêveries se voudra même une «phénoménologie» de la dynamique des images. Libéré des contraintes de la construction scientifique, cette phénoménalité de l'image mérite d'être placée en regard. En raison des limites de notre étude, nous ne ferons que l'évoquer.

Enfin, il est à noter que Bachelard critique les prétentions de nombreuses doctrines à rendre compte des phénomènes scientifiques. Ces confrontations, souvent allusives, sont autant de franges d'interférence de la notion de phénomène avec d'autres philosophies. Elles suggèrent la possibilité d'élaborer son «profil épistémologique» au cours de l'évolution des sciences. Or, *Les Intuitions atomistiques* (1933) présente la succession des doctrines atomistiques comme un enchaînement de schémas de rationalisation des phénomènes.

LA CONSTRUCTION PAR APPROXIMATIONS

L'*Étude de l'évolution d'un problème de physique : la propagation thermique dans les solides* (1927) s'ouvre sur un feint étonnement :

> voici un phénomène qui doit paraître simple entre tous : l'échauffement d'une barre métallique dont on maintient une extrémité dans un foyer. Il est l'objet d'une expérience quotidienne, on en peut faire varier facilement les divers éléments. Il semble donc que le phénomène dût être facilement compris dès que l'attention s'y fût portée [1].

En rappelant le caractère trompeur de cette évidence, Bachelard souligne la distance qui sépare l'observation quotidienne de l'expérimentation contrôlée. La familiarité avec le phénomène fait même *obstacle* à sa connaissance. Car il n'y a point de donation transparente du phénomène au travers de la perception. Et rien ne garantit la retranscription fidèle des expériences perceptives. De la relation scrupuleuse de ses observations par Guillaume Amontons, Bachelard écrit qu'elle constitue «une description très imaginée du phénomène» [2]. Pas «imagée», *imaginée*. Même si la perception ne fournit

---

1. G. Bachelard, *Étude de l'évolution d'un problème de physique : la propagation thermique dans les solides*, Paris, Vrin, 1973, p. 7.
    2. *Ibid.*, p. 8.

qu'un accès superficiel et déformé aux phénomènes, le langage ordinaire est encore trop pauvre pour la décrire correctement : « On n'a qu'un mot "calor" pour désigner tous les caractères d'un phénomène complexe. »[1]. Aussi fait-on subrepticement appel à des images et la traduction langagière se trouve contaminée par l'imagination. Les efforts méritoires des savants du XVIIIe siècle aboutissent à une précision langagière qui représente une utile clarification conceptuelle. Celle-ci ne suffit pas, toutefois, à jeter les bases d'une construction rationnelle des phénomènes :

> malgré la précision définitive des concepts, bien que le langage fut désormais nettement défini et précisé et qu'au surplus l'hypothèse du calorique fût très propre à exprimer les faits, le XVIIIe siècle s'achevait sans qu'on eût tenté une véritable liaison mathématique des faits[2].

L'apport décisif de Biot est de rompre avec les spéculations sur la nature du fluide calorifique et de mettre en place un dispositif de mesure des températures rigoureux :

> Plutôt que de construire *a priori* des propriétés particulières qui confèrent au fluide hypothétique tous les caractères du phénomène envisagé, on essaiera de maintenir la généralité que le substantif symbolise et on se donnera pour tâche d'en étudier et d'en mesurer un phénomène d'ensemble nettement distinguée[3].

Biot s'appuie sur la quantification précise du phénomène pour dégager la régularité de son évolution et en induire une équation qui l'approxime. Dans ce modèle, le « calorifique » n'est rien d'autre que – il le dira lui-même – « le sujet du verbe chauffer ». Pourtant, ce phénomène est nettement mieux défini qu'auparavant : « rien ne s'oppose à ce qu'on atteigne une description algébrique des phénomènes bien qu'on soit dans l'ignorance absolue de leurs causes. »[4]. Bachelard est fondé à caractériser ce modèle comme étant « phénoménologique » au sens scientifique, c'est-à-dire en tant que modèle prédisant l'évolution d'un phénomène sans en préciser les causes. En

1. *Ibid.*, p. 15.
2. *Ibid.*, p. 24.
3. *Ibid.*, p. 26.
4. G. Bachelard, *Étude de l'évolution d'un problème de physique*, *op. cit.*, p. 27.

procédant à la suspension de la spéculation sur la nature de ces dernières, puis, à la quantification du phénomène par des mesures précises et, enfin, à l'induction d'une loi d'évolution, Biot se pliait par avance à la méthode préconisée par Auguste Comte : il faisait preuve d'un « positivisme avant la lettre »[1]. On pourrait, par ailleurs, appliquer à son modèle une analyse dans le style du positivisme logique, puisqu'il s'efforçait de lier par le calcul de manière cohérente des sortes d'« énoncés protocolaires » : « il ne s'agit que de températures, mieux, que d'indications thermométriques »[2].

En dépit des améliorations apportées par César-Mansuète Despretz (qui raffine les mesures et détecte une simplification abusive dans la loi de Biot), la construction inductive de ce modèle de la propagation de la chaleur dans les métaux ne pouvait guère aller plus loin. Pour qu'un progrès fût accompli, il fallait que le formalisme permît une approximation plus fine, c'est-à-dire que Fourier appliquât son analyse de la décomposition des fonctions périodiques en séries trigonométriques convergentes (transformées de Fourier) à la loi d'évolution de la conduction thermique, mettant ainsi en évidence la « valeur d'analyse en quelque sorte phénoménale des méthodes mathématiques »[3]. Les séries de Fourier ne fournissaient d'ailleurs pas seulement un instrument d'analyse plus fin, elles imposaient du même coup des hypothèses de base à la construction du phénomène :

> Il est assez remarquable que le phénomène arrive finalement à suivre une loi conditionnée uniquement par la forme géométrique des corps où il se manifeste et qu'il se libère complètement d'une distribution qui est pourtant, au début, la cause déterminante du mouvement calorifique[4].

L'indépendance à l'égard des conditions initiales constitue la base de la thermodynamique.Cette première manifestation de la puissance du formalisme suggère la réalité des schémas mathématiques modélisant les phénomènes. Les séries de Fourier font « voir » la trigonométrie au sein du réel : « Nul plus que Fourier n'a eu le sentiment de la réalité des êtres mathématiques. Il ne s'agit pas

1. G. Bachelard, *Étude de l'évolution d'un problème de physique*, *op. cit.*, p. 31.
2. *Ibid.*, p. 28.
3. *Ibid.*, p. 45.
4. *Ibid.*, p. 38.

seulement d'une réalité platonicienne, mais d'une réalité qui trouve sa racine dans le phénomène physique lui-même »[1]. Le travail de Fourier ne marque pourtant pas un changement de perspective dans la conception du rôle des mathématiques dans la construction des phénomènes ; il revendique toujours, avant tout, une origine et une légitimité expérimentales. Sa théorie analytique de la chaleur est ainsi « la mathématique du positivisme »[2].

On sait que Fourier et Comte s'appréciaient. Bachelard se fait fort de démontrer que les travaux du premier ont, en outre, eu une influence décisive sur la philosophie du second. La positivité des connaissances est établie, selon Comte, quand l'expérience est entièrement organisable par la raison mathématique. Ce que la théorie de Fourier suggère, c'est que le résidu irrationnel que laisse une première approximation des phénomènes se résorbe par la découverte « sous le phénomène des éléments cachés qui sont déjà en correspondance avec les éléments mathématiques »[3]. De sorte que la doctrine positiviste progresse par des approximations successives qui ne sont pas que des affinements mais la découverte de la structure profonde des phénomènes. Le positivisme est donc susceptible d'*approfondissements* : « Le positivisme serait dans cette vue, non pas une simple description des faits, mais une explication des faits par des faits d'un autre ordre, par de véritables schémas qui arrivent à rejoindre les faits mathématiques »[4]. On perçoit la tension qui travaille la philosophie de l'approximation tant qu'elle reste dans le prolongement du positivisme : comment la construction parvient-elle à rejoindre la structure ?

Si l'approfondissement expérimental se formule en termes de précision des mesures, selon les ordres de grandeur, son pendant théorique est d'abord un progrès dans l'ordre de la *généralité*. Il faut prendre garde à ce que la généralité n'est pas, en mathématique, le signe d'une détermination plus sommaire que la spécificité. Au contraire, la généralité d'une formule est ce qui la préserve des simplifications abusives. Ce sont les travaux de Poisson qui mettent ce point en évidence : sa théorie mathématique de la chaleur « garde jusqu'au

1. *Ibid.*, p. 49.
2. *Ibid.*, p. 54.
3. *Ibid.*, p. 67.
4. G. Bachelard, *Étude de l'évolution d'un problème de physique*, *op. cit.*, p. 68.

bout une généralité qui réserve toutes les applications et qui garantit même contre les simplifications fautives »[1]. Elle se présente comme une construction déductive, dont on aurait posé les éléments comme *a priori*, de manière abstraite et homogène au calcul : « soit m, la quantité de chaleur émise, pendant l'unité de temps, par une masse prise pour unité… ». Dans une telle théorie, le « fluide calorifique » a été *désubstantialisé* : c'est un phénomène idéal, défini sur les bases mathématiques les plus larges possibles, un phénomène général qui peut être spécifié au contact de l'expérience. Le paradoxe est que cette généralisation mathématique soit justement apte à faire apparaître des traits fondamentaux du phénomène de manière plus précise que les études de cas : « par une simple symbolisation mathématique, s'introduit dans la théorie de Poisson le paramètre de conductivité sans que d'ailleurs ce mot ne soit encore prononcé »[2]. Il y a un gain de « réalisme » dans l'abstraction parce qu'elle ouvre à la seconde approximation. Le fait même de « rompre avec les habitudes puisées dans l'expérience commune »[3] explique la valeur de cette construction : c'est en ne se fiant qu'à la rigueur de la structure mathématique que Poisson aperçoit une erreur de ces prédécesseurs qui résulte de la simplification prématurée d'un coefficient dont on ne pouvait soupçonner l'importance en s'en tenant à l'accord avec les expériences de première approximation. La complexité du coefficient devient la raison de nouvelles expérimentations.

C'est ici que se joue la rupture du concept de « phénomène » avec l'indécision du langage savant positiviste. Celui-ci employait le terme tantôt pour désigner le fait (ou plutôt le processus) étudié, tantôt pour désigner le schéma sur lequel se base le raisonnement. Mais cette indécision n'est valable qu'en première approximation. Pour Bachelard, le phénomène doit, certes, encore désigner les deux pôles de la construction scientifique, mais, après Poisson, il est définitivement établi que la structure du schéma ne pourra plus être supposée isomorphe à l'apparence initiale du fait : sa construction procèdera d'autres bases. Les hypothèses du « phénomène d'ensemble » sont, dès le départ, complexes parce qu'elles doivent être très générales.

1. G. Bachelard, *Étude de l'évolution d'un problème de physique*, *op. cit.*, p. 83.
2. *Ibid.*, p. 81.
3. *Ibid.*, p. 83.

Voilà qui heurte les préceptes méthodologiques de Comte, pour qui les problèmes devaient être abordés par ordre de complexité croissante. Si la simplicité espérée des hypothèses générales n'est plus de mise, Bachelard estime toutefois que « la connaissance positiviste se satisferait peut-être plus facilement de la méthode de Poisson »[1]. Car la simplicité n'est pas une qualité première, elle apparaît après coup : la théorie de Poisson est simple lorsque l'on considère qu'elle « prend le phénomène dans une richesse plus grande en l'abordant cependant avec des notions réduites au minimum »[2].

Elle se limite encore, toutefois, aux corps homogènes. Ce sont les études sur la propagation thermique dans les milieux cristallins qui vont achever de préciser la construction des phénomènes. L'étude de la propagation thermique privilégiait jusque-là les métaux en partant de l'idée qu'il fallait étudier le phénomène en écartant ses perturbations contingentes, donc dans un corps homogène. Intuition simple, évidente, et fausse : pour appréhender le phénomène d'ensemble dans toute sa généralité, il faut le considérer dans sa complexité et, par conséquent, ne pas supposer l'isotropie du milieu. Or, les cristaux, de par leur structure régulière mais non forcément symétrique, étaient les corps les plus à même de révéler toutes les variations spatiales du phénomène. En se contentant d'expérimenter sur des corps amorphes, on n'appréhenderait pas un phénomène basique, plus simple, mais un phénomène grossier, compensé, qui limite la finesse de l'approximation.

Avec la synthèse de Lamé, le sens de la construction du phénomène se renverse. Désormais, la tâche du savant ne consiste plus à élaborer mathématiquement un modèle qui se rapproche du phénomène mesuré, mais, au contraire, à se baser sur le formalisme de son schéma pour spécifier expérimentalement les variables du phénomène à contrôler :

> ce n'est pas en fonction du phénomène qu'il fixe l'ordre d'approximation, mais d'une manière strictement inverse, il prend pour plus

1. *Ibid.*, p. 88.

2. *Ibid.* Cette généralisation par une complexification algébrique qui produit en fin de compte une simplification épistémologique est analysée dans S. Bachelard, *La Conscience de rationalité. Étude phénoménologique sur la physique mathématique*, Paris, P.U.F., 1958, p. 181.

rationnel de déterminer en fonction de l'ordre d'approximation ce que l'on peut saisir du phénomène [1].

Lamé conçoit le développement de Taylor des fonctions continues comme une détermination du degré d'approximation. C'est pourquoi, avant même de se pencher sur la « valeur inductive » de la relativité, Bachelard signale, à propos de la construction des phénomènes thermiques, l'action d'une « induction entièrement théorique, d'ordre en quelque sorte algébrique »[2]. Le phénomène est défini par cette induction renversée, où la construction mathématique détermine l'approximation des structures phénoménales. Elle joue aussi bien pour les phénomènes thermiques que pour les phénomènes mécaniques d'élasticité : « en réalité, les deux théories, si différentes quand on les prend à l'origine, vont en se rapprochant un peu plus à chaque nouveau progrès »[3]. Le scientifique évolue dans un cadre théorico-expérimental polyvalent ; il doit s'assurer de construire en parallèle le schéma et l'effet techniquement contrôlé : « Il doit fournir l'hypothèse, coordonner les domaines, construire de toutes pièces le phénomène »[4].

Au terme de ce parcours, le phénomène a été arraché à son imprécision linguistique, redéfini par la mesure, approfondi par l'analyse, « généralisé » par la théorie, soumis à l'induction algébrique, et finalement coordonné au sein d'un schéma intégrant d'autres types de phénomènes. Son sens a été totalement réinvesti par la construction laborieuse des concepts scientifiques. Il n'a plus grand-chose à voir avec le phénomène mal dégrossi initialement observé. Il serait même impossible de lire autrement que comme une série de tautologies obscures le passage suivant sans avoir en tête cette complexe redéfinition :

> Comme les ordres de grandeur permettent d'analyser les faits algébriques et d'en isoler les termes importants, de même un ordre de sensibilité apparaît dans les phénomènes physiques et cet ordre en

1. G. Bachelard, *Étude de l'évolution d'un problème de physique*, *op. cit.*, p. 106.

2. *Ibid.*, p. 108.

3. G. Lamé, *Leçons sur la théorie analytique de la chaleur*, Paris, Mallet-Bachelier, 1861, p. xx.

4. G. Bachelard, *Étude de l'évolution d'un problème de physique*, *op. cit.*, p. 104.

détermine une analyse vraiment naturelle. C'est là une explication phénoménologique d'une homogénéité évidente puisqu'on y réfère le phénomène au phénomène. Tout l'art est de choisir, pour un phénomène donné, l'ordre du phénomène explicatif le mieux adapté[1].

Notons que Bachelard insiste sur le fait que le principe de l'échange calorifique, que Lamé place résolument à la base de sa construction, s'impose après coup : « Le fait qu'on l'est découvert tardivement, après avoir reconnu insuffisantes d'autres hypothèses n'empêche pas qu'il soit posé finalement comme immédiat »[2]. Il oriente déjà son analyse vers le dégagement de « récurrences » quand il établit le parallèle entre cette fondation tardive et la révolution des théories relativistes : « Ce soin apporté à maintenir la généralité dans toutes les transformations algébriques, à lutter contre tout ce qui spécifie, à réserver un possible assez large pour n'être jamais dépassé par la réalité, nous le retrouvons dans la science relativiste contemporaine »[3].

Au terme de son analyse, Bachelard parvient à deux conclusions provisoires au sujet de la construction du phénomène. La première est que le concept opératoire ne renvoie pas à une classe de phénomènes observés mais à une détermination abstraite de leurs potentialités, c'est-à-dire à la détermination des « observables » du phénomène : « Le phénomène général qui est l'objet de la physique mathématique est placé en quelque sorte sur le plan de la possibilité. On implique dans son schéma initial non seulement ce que le phénomène présente de manifestement important, mais toutes les variables qui pourraient le modifier »[4]. La seconde est que ces variables sont pertinentes en fonction de l'approximation : « toute la complexité des phénomènes résulte de l'interférence des divers ordres de grandeur. C'est dans une juste appréciation des diverses approximations que le talent du physicien-analyste se montre dans toute sa valeur »[5]. Si bien que l'on se trouve reconduit à notre question initiale : comment le déploiement virtuel de la construction mathématique peut-il rejoindre la com-

1. *Ibid.*, p. 111.
2. *Ibid.*, p. 117.
3. *Ibid.*, p. 123.
4. *Ibid.*, p. 166.
5. *Ibid.*, p. 135.

plexité des manifestations potentielles de la structure profonde du phénomène ?

La philosophie positiviste, même prolongée charitablement, ne saurait rendre raison de cette valeur inductive des mathématiques :

> Qu'une méthode expérimentale, construite en quelque sorte sur le canevas du phénomène, arrive à dépasser légèrement le phénomène, à anticiper un peu sur sa conclusion, c'est ce qu'on pourra, à la rigueur, accorder. Mais qu'on puisse attacher à un phénomène particulier des symboles qui, par leur vie propre, permettront de découvrir d'autres phénomènes inconnus entièrement différent du phénomène initial, c'est ce qu'on ne sait pas justifier [1].

La raison pour laquelle la mathématique parvient à pénétrer dans l'intimité du phénomène n'est pas encore établie clairement. L'analyse conduite en parallèle, du point de vue des opérations de l'esprit, dans *L'Essai sur la connaissance approchée*, aboutit à la même perplexité : vers quelle « réalité sans substance » converge le double processus d'approximation algébrique et technique, s'il découvre en seconde, puis en troisième approximation, une nouvelle organisation des phénomènes ? Pour apporter une réponse, Bachelard ne devra plus se contenter de discuter les positions d'Abel Rey et de Léon Brunschvicg [2]. Il lui faudra quitter l'horizon de la physique classique et radicaliser sa conception du rôle des mathématiques et de la technique dans la construction des phénomènes.

LA CONSTRUCTION DES RELATIONS :
NOUMÈNES ET PHÉNOMÉNOTECHNIQUES

Dans l'*Essai sur la connaissance approchée*, Bachelard expliquait pourquoi il avait négligé les implications épistémologiques de la théorie d'Einstein

---

1. G. Bachelard, *Étude de l'évolution d'un problème de physique*, *op. cit.*, p. 158.

2. Il est à noter que Bachelard se livre à une critique *croisée* puisqu'il est en dialogue avec le scientisme de Rey dans sa thèse complémentaire, dirigée par Brunschvicg, et avec l'idéalisme critique de Brunschvicg dans sa thèse principale, dirigée par Rey.

La relativité se présente alors comme une rectification d'un corps de mesure. Et cette rectification, à l'inverse des rectifications usuelles, est transcendante puisqu'elle rompt avec le principe même de la mesure. (…) son succès ne peut remonter de la deuxième approximation (et peut-être de la troisième) à la première [1].

Bachelard soulignait donc l'impossibilité de prolonger sans solution de continuité l'analyse des approximations à la reconstruction relativiste des phénomènes. Il avait compris que la relativité restreinte, en forgeant le concept d'espace-temps, périmait les conceptions de l'approximation qui se tiennent dans le cadre de la physique classique : « une analyse qui sépare de prime abord les caractères spatiaux et les caractères temporels des phénomènes scientifiques est une analyse grossière » [2]. Le phénomène étant défini par Kant comme « ce qui apparaît dans l'espace et le temps », la formation du concept d'« espace-temps » affecte la définition de la phénoménalité, les conditions formelles de construction du phénomène : « la notion d'espace-temps est désormais une notion de base pour la connaissance ultra-précise des phénomènes » [3]. La théorie de la relativité restreinte détache la phénoménalité d'une fondation au sein de formes *a priori* de la sensibilité pour la transposer au plan d'une synthèse rationnelle.

Davantage, la relativité générale, identifiant la géométrie de l'espace-temps à une variété riemannienne soumise au calcul tensoriel, développe une relation totalement nouvelle entre le cadre de la phénoménalité et les phénomènes. Elle est la première théorie où les conditions géométriques de la phénoménalité sont indissolublement solidaires des phénomènes eux-mêmes. Le langage de la vulgarisation traduit souvent cette solidarité en affirmant que « la masse courbe l'espace ». Cela est insuffisant et trompeur, car « matière et espace apparaissent dans deux espaces phénoménologiques différents quand on prétend que la matière *déforme* l'espace » [4]. En toute rigueur, l'existence de la matière n'est pas antérieure à la force exercée : « la

---

1. G. Bachelard, *Essai sur la connaissance approchée*, Paris, Vrin, 1973, p. 48.

2. G. Bachelard, « La dialectique des notions de relativité » (1949), dans *L'Engagement rationaliste*, Paris, P.U.F., 1972, p. 127.

3. *Ibid.*

4. G. Bachelard, *La Valeur inductive de la relativité*, *op. cit.*, p. 225, 2ᵉ éd., préf. D. Parrochia. Paris, Vrin 2014.

force est contemporaine de ses phénomènes. Il n'y a pas un circuit d'être qui donnerait successivement l'être à la matière, puis à ses forces, puis à des déformations de la matière »[1]. Il faut donc s'efforcer de «penser l'espace-temps dans la totalité de ses fonctions, dans des obligations algébriques et dans sa valeur d'information des phénomènes scientifiques »[2] pour comprendre comment les théories de la relativité transforment radicalement la phénoménalité et impose la perspective d'une construction transcendante des phénomènes :

> Tout le long de la construction relativiste, nous avons vu ainsi se déposer des réalités tardivement définies, qui se présentaient comme l'achèvement d'une pensée. La direction de notre effort vers le réel est d'une netteté inflexible. C'est une conquête, non une trouvaille. Notre pensée va au réel, elle n'en part pas[3].

Dans *Le Nouvel esprit scientifique* (1934), Bachelard précise les nouvelles conditions de cette construction des phénomènes où «c'est l'effort mathématique qui forme l'axe de la découverte, c'est l'expression mathématique qui, seule, permet de penser le phénomène »[4]. Cette élucidation passe par trois reformulations majeures de son épistémologie :

– La première est que Bachelard adopte un autre concept que celui de «schéma» pour désigner la structure algébrique des phénomènes : le «noumène».

– La deuxième est que la construction de phénomènes procède d'une technique qui n'est plus seulement applicative mais aussi productrice : la «phénoménotechnique».

– La troisième est que chacune de ces deux instances, ainsi que le phénomène résultant de leur couplage, relèvent d'un «réalisme des relations».

La notion de noumène est d'origine kantienne, mais son détournement marque une rupture épistémologique avec Kant : «Alors que la chose en soi est un noumène par exclusion des valeurs phéno-

---

1. G. Bachelard, «La dialectique des notions de relativité » (1949), art.cit., p. 136.

2. *Ibid.*, p. 129.

3. G. Bachelard, *La Valeur inductive de la relativité, op. cit.*, p. 241. Sur les enjeux du constructivisme dans cet ouvrage, *Cf.* C. Alunni, « Relativités et puissances spectrales chez Gaston Bachelard », *Revue de Synthèse*, n° 1, 1999, p. 73-110.

4. G. Bachelard, *Le Nouvel Esprit scientifique, op. cit.*, p. 58.

ménales, il nous semble bien que le réel scientifique est fait d'une contexture nouménale propre à indiquer les axes de l'expérimentation»[1]. Le noumène bachelardien n'est plus la chose en soi inconnaissable. Au contraire, il désigne la structure mathématique qui sous-tend la construction du phénomène. Les noumènes étant eux-mêmes une construction progressive, Bachelard ne se démarque pas vis-à-vis de la seule philosophie kantienne, mais de toute théorie de la connaissance basée sur des certitudes intuitives ou des catégories intangibles : «dans le règne des sciences physiques, il n'y a pas de place pour une intuition du phénomène qui désignerait d'un seul coup les fondements du réel ; pas davantage pour une conviction rationnelle – absolue et définitive – qui imposerait des catégories fondamentales à nos méthodes de recherches expérimentales»[2].

Il n'y a nullement à redouter que Bachelard ait restauré une forme de platonisme où les idéalités se suffiraient à elles-mêmes. Au contraire, l'affirmation de l'existence des noumènes ne prend sens qu'au travers de leur valeur inductive, c'est-à-dire à travers la réalisation technique de nouveaux phénomènes. Inversement, la technique ne constitue pas un *deus ex machina ;* elle n'est pas dans une situation d'extériorité radicale par rapport à la structure mathématique de la théorie. Les phénomènes sont produits par des dispositifs qui sont eux-mêmes la matérialisation de théories :

> Alors il faut que le phénomène soit trié, filtré, épuré, coulé dans le moule des instruments produit sur le plan des instruments. Or les instruments ne sont que des théories matérialisées. Il en sort des phénomènes qui portent de toutes parts la marque théorique. Entre le phénomène scientifique et le noumène scientifique, il ne s'agit plus d'une dialectique lointaine et oisive, mais d'un mouvement alternatif qui, après quelques rectifications des projets, tend toujours à une réalisation effective du noumène. La véritable phénoménologie scientifique est donc bien essentiellement une phénoménotechnique[3].

Le couplage noumène-phénoménotechnique ne se superpose pas à la dialectique du schéma et du fait observé. Il symbolise la polarité

1. *Ibid.,* p. 9.
2. *Ibid.,* p. 13.
3. *Ibid.,* p. 16-17.

entre théorie et expérience quand celle-ci est toujours déjà prise dans le cycle de la recherche : « Les réseaux expérimentaux sont des arrangements récursifs, dans lesquels émerge un nouveau savoir qui oblige constamment à justifier d'une nouvelle manière les présupposés implicites dans les procédures appliqués » [1]. Les instruments sont constitués d'après les structures de la théorie en vigueur, pour produire des phénomènes potentiellement inédits, au fur et à mesure qu'ils effectuent des mesures toujours plus fines des prédictions de cette théorie.

La structure des tenseurs en relativité générale révèle ainsi des potentialités insoupçonnées : « les pures possibilités mathématiques appartiennent au phénomène réel, même contre les premières instructions d'une expérience immédiate » [2]. Néanmoins, pour dégager les implications du couplage du noumène avec l'appareillage phénoménotechnique, c'est plutôt vers la mécanique quantique et ses « microphénomènes » qu'il faut se tourner. Aux petites échelles, l'énigme de la dualité des phénomènes ondulatoires et corpusculaires s'explique par la possibilité d'actualisations divergentes d'un noumène (la fonction d'onde) par la phénoménotechnique : « Dans l'infiniment petit, les propriétés nouménales sont plus nombreuses que les propriétés phénoménales » [3]. Selon que le physicien choisit une décomposition sur telle ou telle « base » (qui correspond à un choix d'observables), il adopte une préparation du système dans le dispositif de mesure correspondant, et il obtient des informations différentes et incompatibles sur la valeur des propriétés du système. La préexistence de valeurs déterminées est une impossibilité en mécanique quantique [4].

Dès lors, se pose la question de savoir quelle « réalité » attribuer aux phénomènes produits par la phénoménotechnique de la mécanique quantique : « Tous ces succès légitiment-ils le réalisme de la

1. H.-J. Rheinberger, *Introduction à la philosophie des sciences*, Paris, La Découverte, 2014, p. 31-32.

2. G. Bachelard, *Le Nouvel Esprit scientifique, op. cit.*, p. 60.

3. G. Bachelard, « Noumène et microphysique » (1932), art. cit., p. 18.

4. V. Bontems & C. de Ronde, « La notion d'entité en tant qu'obstacle épistémologique. Bachelard, la mécanique quantique et la logique », *Bulletin de l'Association des Amis de Gaston Bachelard*, n° 13, 2011, p. 12-38.

construction ? » [1]. Pour y répondre positivement, il faut intégrer les relations d'indétermination de Heisenberg à la méthodologie en tant qu'elles conditionnent toute approximation de la structure ultrafine des phénomènes :

> Jusqu'à Heisenberg, les erreurs sur des variables *indépendantes* étaient postulées comme indépendantes. Chaque variable pouvait donner lieu *séparément* à une étude de plus en plus précise ; l'expérimentateur se croyait toujours capable d'isoler les variables, d'en perfectionner l'étude individuelle ; il avait foi en une expérience abstraite où la mesure ne rencontrait d'obstacle que dans l'insuffisance des moyens de mesure. Or avec le principe d'incertitude de Heisenberg, il s'agit d'une corrélation objective des erreurs. (…) la simple remarque méthodologique de Heisenberg a été systématisée au point qu'elle est désormais inscrite au seuil de toute méthode microphysique, mieux encore, la relation d'incertitude fournit à elle seule la véritable méthode. Elle sert en quelque manière à penser le microphénomène dans ses dualités essentielles [2].

Sceptique à l'égard de la rationalisation obtenue par exclusion mutuelle des représentations classiques (ondes et particules) que Niels Bohr nomme le « principe de complémentarité », Bachelard désigne le substrat auquel réfèrent les noumènes quantiques comme une synthèse de la chose et du mouvement, synthèse qui dépasse leur opposition dans la physique et la métaphysique classique :

> Cette synthèse physique est sous-tendue par la synthèse métaphysique de la chose et du mouvement. Elle correspond au jugement synthétique le plus difficile à formuler car ce jugement s'oppose violemment aux habitudes analytiques de l'expérience usuelle qui divise sans discussion la phénoménologie en deux domaines : le phénomène statique (la chose), le phénomène dynamique (le mouvement) [3].

Puisque la position et l'impulsion sont des variables corrélées et que la précision sur l'une est limitée par la précision sur l'autre, il n'y a pas plus de sens à absolutiser la position statique en de pures « choses » que le mouvement dynamique en de pures « actions ». Leur intrication complexe est première. Le phénomène n'existe qu'en raison de la

1. G. Bachelard, *Le Nouvel Esprit scientifique*, *op. cit.*, p. 94.
2. *Ibid.*, p. 126-127.
3. *Ibid.*, p. 144-145.

relation entre l'être et l'agir, ou, plutôt, entre les observables : « En réalité, il n'existe pas de phénomènes simples ; le phénomène est un tissu de relations » [1]. La mécanique quantique, en fixant des limites théoriques et expérimentales à l'approfondissement du phénomène chose-mouvement, impose la réalité des relations. Construire un phénomène quantique consiste à actualiser certaines relations virtuelles des noumènes au sein de dispositifs phénoménotechniques. Le phénomène *est* la construction par la phénoménotechnique de relations phénoménales à partir des relations nouménales : « C'est là que se réalise l'équation du noumène et du phénomène et que le noumène révèle subitement ses impulsions techniques » [2].

Cette production du phénomène en tant que relation de relations opère un renversement de la perspective initiale de l'approximation. Bachelard n'adopte plus la perspective d'approximations de plus en plus fines, qui se heurtent à des ruptures d'échelles. Il se projette sur l'horizon. La complexité est une propriété intrinsèque du phénomène à l'échelle quantique, si bien que toutes les approximations classiques paraissent grossières et fallacieuses. Pour bien étudier un phénomène, il faut étudier le cas le plus complexe :

> Après le stade cartésien – terme d'un mouvement du simple au complexe – on disait que le spectre des alcalins est un spectre hydrogénoïde. Après le stade non cartésien – terme d'un mouvement du complet vers le simplifié, de l'organique vers le dégénéré – on devrait dire que le spectre de l'hydrogène est un spectre alcanoïde. Si l'on veut décrire les phénomènes spectroscopiques, c'est le spectre le plus compliqué – ici le spectre des métaux alcalins – qu'il faut montrer de prime abord [3].

La phénoménotechnique des spectroscopes permet l'identification chimique des matériaux. La phénoménotechnique ne se limite par conséquent pas aux expériences de mesure en mécanique quantique. Elle trouve un champ d'application partout où la recherche use d'instruments de haute précision qui sont en même temps des outils de production : « La phénoménotechnique *étend* la phénoménologie. Un

1. *Ibid.,* p. 152.
2. *Ibid.,* p. 162.
3. *Ibid.,* p. 158.

concept est devenu scientifique dans la proportion où il est devenu technique, où il est accompagné d'une technique de réalisation »[1]. Son application est plus particulièrement pertinente à la chimie, car les propriétés de la matière y sont justement redéfinies en fonction des structures atomiques : « Dans cette région intermédiaire, d'étranges expériences sont possibles qui viennent combler l'hiatus des phénomènes physiques et des phénomènes chimiques et permettent au physicien d'agir sur la *nature chimique* des substances »[2].

Il est à noter que cette révision de la chimie correspond aussi à une transformation sociale du métier de chimiste : « la phénoménologie des substances homogènes (…) est solidaire d'une phénoméno-technique. C'est une *phénoménologie dirigée*. On oublierait un caractère important si l'on négligeait l'aspect social de l'enquête matérialiste. »[3]. Le constructivisme bachelardien n'ignore pas la dimension sociale du progrès des sciences[4], il permet en revanche d'échapper aux illusions d'un constructivisme qui n'intègre pas la nécessité théorique et technique de l'organisation sociale de la science[5].

LA PHÉNOMÉNALITÉ DES IMAGES

Il faudrait ici étudier en détail comment les procédures de surveillance mutuelle qui règlent la collaboration des « travailleurs de la preuve » vise précisément à refouler la charge affective qui s'attache aux phénomènes naturels. Par exemple, Bachelard relevait avec une certaine stupéfaction que, jusqu'à la fin du XVIIIe siècle, il était admis que la chaleur se propage de manière rayonnante *et du bas vers le haut*. Cette conviction ne reposait sur aucune expérimentation. L'expé-

1. G. Bachelard, *La Formation de l'esprit scientifique*, Paris, Vrin, 2004, p. 61.
2. G. Bachelard, *Le Nouvel Esprit scientifique*, *op. cit.*, p. 175.
3. G. Bachelard, *Le Matérialisme rationnel*, Paris, P.U.F., 1963, p. 65.
4. Pour une analyse sociologique qui complète l'analyse bachelardienne, *Cf.* Y. Gingras, « Mathématisation et exclusion : Socio-analyse de la formation des cités savantes » dans J.-J. Wunenburger (éd.), *Bachelard et l'Épistémologie française*, Paris, P.U.F., 2003, p. 115-152.
5. Pour une comparaison avec les analyses de Peter Galisson et Ian Hacking, *Cf.* T. Castelao, *Gaston Bachelard et les études critiques de la science*, Paris, L'Harmattan, 2010, p. 53-65.

rience qui la fonde est d'un autre ordre, elle est universelle et chaleu-reuse – ô combien réconfortante ! –, c'est la jouissance d'un bon feu brûlant dans une cheminée dont la chaleur *irradie* et les flammes *s'élèvent*. Bachelard a beaucoup insisté sur la prégnance de l'image du feu domestique. Il indique, dans *La Psychanalyse du feu* (1938), que, dans la mesure où « le feu n'est plus un objet scientifique »[1], son phénomène doit être saisi à partir « des expériences intimes »[2] que nous en faisons. Le phénomène possède donc un autre devenir que sa reconstruction rationnelle. Il se livre en un faisceau d'images, qui sont l'objet de rêveries. L'étude de la dynamique des associations d'images a d'abord été placée sous l'égide de la psychanalyse. Toutefois, voulant préserver cet examen des images de toute forme de réduc-tionnisme, Bachelard a évolué vers une recherche se revendiquant de la phénoménologie.

Cette « phénoménologie » n'a que peu à voir avec les travaux d'Edmund Husserl. Bachelard fait un usage très désinvolte du voca-bulaire phénoménologique. Ses références aux « phénomènes » culmi-nent dans *La Poétique de l'espace* (1957) où il se réfère aux analyses d'Eugène Minkowski sur le « retentissement » des images. La particu-larité du retentissement est de fonctionner à rebours de la causalité ordinaire : « Le poète ne me confère pas le passé de son image et ce-pendant son image prend tout de suite racine en moi. (…) Les images entraînent – après coup – mais elles ne sont pas le phénomène d'un entraînement »[3]. Le terme « phénomène » renvoie ici à ce qui se montre dans l'espace et le temps *psychiques*. Il prend sens *par analogie* avec le phénomène physique – l'analogie n'étant absolument pas parfaite et supposant, au contraire, des décalages et des renversements. Cet usage est nouveau par rapport aux textes antérieurs qui faisaient, en général, du « phénomène » un référent objectif à partir duquel se dégageait un processus de métaphorisation : « Jamais peut-être n'a-t-on tiré autant de pensées d'un phénomène physique que Novalis quand il décrit le passage du feu intime à la lumière céleste »[4]. La relative technicité de l'emploi analogique a pour conséquence que

---

1. G. Bachelard, *La Psychanalyse du feu*, Paris, Gallimard, 2008, p. 13.
2. *Ibid.,* p. 17.
3. G. Bachelard, *La Poétique de l'espace*, Paris, P.U.F., 1961, p. 8.
4. G. Bachelard, *La Psychanalyse du feu, op. cit.*, p. 180.

l'étude phénoménologique des images se détache de la référence à un phénomène physique. Bachelard propose une « phénoménologie du rond ». Sa rêverie parvient à cerner la phénoménalité des images elles-mêmes, par exemple, leur « immensité » :

> Si nous pouvions analyser les impressions d'immensité, les images de l'immensité ou ce que l'immensité apporte à une image, nous entrerions bientôt dans une région de la phénoménologie la plus pure – une phénoménologie sans phénomènes ou, pour parler moins paradoxalement, une phénoménologie qui n'a pas à attendre que les phénomènes de l'imagination se constituent et se stabilisent en des images achevées pour connaître le flux de production des images [1].

Peut-être que cette étude de la dilatation des images était encore redevable aux analyses de la psychopathologie minkowskienne, qui visaient, en particulier, à expliquer la schizophrénie par une perte de contact avec la réalité entraînant une distorsion de la perception de l'espace et du temps. En tout cas, il est frappant que ce soit en se détachant de la source métaphorique des phénomènes physiques que les phénomènes imaginaires acquièrent une solidarité intime avec la phénoménalité psychique et une générativité, qui évoquent, par analogie, la construction de l'espace en relativité générale et la production phénoménotechnique des phénomènes microphysiques [2]. En exacerbant la divergence des dynamiques rationnelles et imaginaires, Bachelard trouve le moyen de les mettre en correspondance de manière non triviale.

CONCLUSION

La construction bachelardienne des phénomènes est dense et complexe. Elle a eu d'abord le mérite de retracer l'histoire des progrès de la mathématisation des phénomènes en mettant en évidence la construction technique et sociale qui l'accompagne. Elle permet encore

---

1. G. Bachelard, *La Poétique de l'espace, op. cit.*, p. 210.
2. Pour une analyse des régimes métaphorique et analogique chez Bachelard, *Cf.* V. Bontems, « Métaphores et analogies du mouvement. Les opérateurs dynamiques chez Gaston Bachelard » dans G. Hiéronimus & J. Lamy (éd.), *Imagination et Mouvement. Autour de Bachelard et Merleau-Ponty*, Bruxelles, E.M.E., 2011, p. 69-92.

d'aborder les conditions actuelles de production des phénomènes scientifiques de manière pertinente grâce aux concepts de noumène et de phénoménotechnique : la « découverte » récente du boson de Higgs ne pourrait pas s'expliquer en faisant abstraction des structures mathématiques de son champ scalaire, de la notion de brisure de symétrie, etc., pas plus qu'en occultant le fonctionnement des instruments du grand collisionneur de hadrons. Enfin, elle fait droit aussi à la force imaginaire de l'impression sensible et onirique quand celle-ci est cultivée, raffinée, poétisée.

Dans tous les cas, la conception bachelardienne se singularise par son caractère *polémique*. Notre lecteur n'aura pas manqué de relever les piques de Bachelard à l'égard des philosophes qui l'ont précédé. Au-delà de ces confrontations allusives, la question se pose de savoir quel éclairage rétrospectif jette la construction du concept de phénomène, autrement dit, si l'on peut élaborer un « profil épistémologique » de la notion aux travers de l'histoire de la philosophie des sciences.

Bachelard esquisse une analyse spectrale de ce type dans *Les Intuitions atomistiques* (1933). Quand il affirme que l'atomisme de Démocrite a pour origine le phénomène de la poussière – « C'est devant les phénomènes de la poussière, de la poudre et de la fumée qu'il apprend à méditer sur la structure fine et sur la puissance mystérieuse de l'infiniment petit ; dans cette voie il est sur le chemin d'une connaissance de l'impalpable et de l'invisible » [1] – il souligne le caractère imaginaire de cette méditation. L'intuition primitive (l'image de petits grains de matière s'agitant dans le vide), bien qu'offrant un support aux spéculations atomistiques, est inadéquate pour construire le phénomène. Sa pauvreté en qualités sensibles la rend pertinente pour la spéculation rationnelle mais décevante lorsqu'on la confronte à l'expérience : « c'est dans la proportion où la construction s'inspire du phénomène qu'elle s'adapte mal aux caractères atomiques postulés » [2]. Sans schéma mathématique ni instrument, se contentant d'une image, l'atomisme antique n'engendre qu'un *réalisme naïf*.

---

1. G. Bachelard, *Les Intuitions atomistiques. (Essai de classification)*, Paris, Vrin, 1975, p. 19.
2. *Ibid.*, p. 6.

Les premières recherches expérimentales prolongent cette orientation réaliste et cherchent à expliquer les phénomènes par des liaisons entre atomes en projetant en eux les propriétés qui émergent de ces liaisons. L'explication chimique relie par « un lien, suffisant pour tout prouver, l'interne de la substance aux manifestations du système »[1]. C'est ainsi que l'*empirisme* explique en hypostasiant des substances : « la qualité phénoménale à expliquer devient une qualité substantielle qui n'a plus besoin d'explication puisqu'elle se pose sous le signe du réalisme »[2].

Le *positivisme* clarifie la situation, car il précise que « l'hypothèse atomique se présentera comme *uniquement chimique*, comme un résumé systématiquement unilatéral d'un phénomène saisi dans un seul de ses caractères particuliers »[3]. Sa méthodologie exclut les hypothèses qui ne peuvent se mesurer et ne peut accepter l'atome que comme une fiction provisoire. Même lorsque cette hypothèse est à la base du raisonnement, elle en neutralise la portée réaliste. Il en résulte que les savants auraient dû se contenter d'établir la loi des proportions des mélanges chimiques sans chercher à spéculer, comme Amedeo Avogadro, sur le dénombrement d'atomes inobservables.

C'est donc quasiment contraints et forcés que les chimistes vont adopter un nouveau schéma de construction des phénomènes basé explicitement sur l'hypothèse atomistique. Ils se justifieront à la façon du *criticisme*, c'est-à-dire en déterminant les conditions *a priori* de l'objectivité scientifique. La différence essentielle avec Kant étant qu'il « s'agit dès lors de trouver les conditions qui rendent possible une expérience particulière plutôt que l'expérience en général. Ces conditions sont sans doute encore *a priori* parce que ce sont des conditions *sine qua non* mais elles sont en quelque manière sous la dépendance de leur résultat »[4].

Enfin, la physique atomique place la complexité du noumène quantique à la base de sa reconstruction des phénomènes chimiques. Elle prouve la validité de cette base *axiomatique* en se donnant « les moyens de combiner des caractères multiples et construire par cette

1. *Ibid.*, p. 47.
2. *Ibid.*, p. 49.
3. *Ibid.*, p. 83-84.
4. *Ibid.*, p. 127.

combinaison des phénomènes nouveaux »[1]. Ce réalisme final est tout autant *phénoménotechnique* qu'axiomatique : « Avec ces instruments, il ne s'agit pas de reconstruire, par la pensée, le phénomène mêlé et confus, tel qu'il s'offre à nos sens ; au contraire, on ne vise qu'un phénomène précisé, schématisé, imprégné de théorie. Non pas *trouvé*, mais *produit* »[2].

Le phénomène est parvenu au terme provisoire de sa construction historique. Il demeure ouvert à la rectification, voire tendu par l'anticipation d'une révision de ces bases. Il s'inscrit dans la perspective d'un rationalisme en quête de son dépassement, dans une tension « surrationaliste »[3].

Vincent BONTEMS
LARSIM-CEA

---

1. G. Bachelard, *Les Intuitions atomistiques*, *op. cit.*, p. 133.
2. *Ibid.*, p. 139.
3. *Cf.* G. Bachelard, « Le surrationalisme » (1935), dans *L'Engagement rationaliste*, *op. cit.*

INDEX DES NOTIONS

PRÉSENTATION DES AUTEURS

Delphine BELLIS, agrégée et docteur en philosophie, est post-doctorante à l'université Radboud de Nimègue. Elle a soutenu en 2010 une thèse sur la figuration de la matière dans la philosophie de Descartes et publié plusieurs articles sur la physique cartésienne. Ses travaux de recherche actuels sont consacrés à la philosophie de Gassendi.

Baptiste BONDU, ancien élève de l'ENS de la rue d'Ulm, enseigne à l'Université Paris Ouest Nanterre La Défense. Il est l'auteur d'une thèse intitulée *Conflit des apparences et recherche du vrai: les principes épistémologiques du scepticisme de Sextus Empiricus*. Son travail de recherche se concentre tout particulièrement sur la manière dont le scepticisme antique s'est constitué sur le fond des philosophies dogmatiques, notamment le stoïcisme, tant dans le domaine épisté-mologique que moral.

Vincent BONTEMS est chercheur (ingénieur expert en méthodologie de la conception) au Laboratoire de recherche sur les sciences de la matière (LARSIM) du Commissariat à l'énergie atomique et aux énergies alternatives (CEA). Ses travaux portent sur la philosophie des techniques, l'épistémologie de la physique, la sociologie des sciences et la sémantique des images scientifiques. Il anime l'Atelier Simondon et le séminaire «C2I2». Il a publié *Bachelard* («Figures du savoir», Paris, Les Belles Lettres, 2010). Dernier article: «Causalité historique et contemporanéité relative. De la relativité einsteinienne aux sciences historiques», *Revue de Synthèse*, n°1, 2014, p. 1-19.

François CALORI est maître de conférences à l'Université Rennes 1 et membre de l'équipe EA 1240 «Philosophie des normes». Ses recherches portent sur l'histoire de la philosophie morale et politique au XVIIIe siècle, plus particulièrement sur la question de l'affectivité, notamment chez Kant et Rousseau. Il est l'auteur d'une thèse sur le sentiment dans la pensée kantienne et de divers articles comme «L'arraisonnement. Rationalité pratique et sensibilité chez Kant» (dans M. Cohen-Halimi (éd.), *Kant. La rationalité pratique*, Paris, P.U.F., 2002), «*Lebensgefühl :* vie et sentiment chez Kant» (dans C. Bouton, F. Brugère et C. Lavaud (éd.), *L'Année 1790. Critique de la faculté de juger : Beauté, Vie, Liberté*, Paris, Vrin, 2008), «La vie perdue : Michel Henry, lecteur de Kant», (dans J.-M. Brohm et J. Leclercq (éd.), *Michel Henry*, Lausanne, L'Âge d'Homme, 2009), et «*Laut Denken :* publicité et transparence chez Kant» (dans *Raison Publique*, Paris, PUPS, 2011). Il co-édite avec D. Pradelle et M. Foessel, un volume intitulé *De la sensibilité : les esthétiques de Kant*, Rennes, PUR, 2014 (à paraître).

Arnaud MACÉ est maître de conférences en philosophie ancienne à l'Université de Franche-Comté. Il a publié une anthologie de textes philosophiques sur la matière (Paris, Flammarion 1998), un ouvrage introductif à la République (Paris, Bréal, 2000) et au Gorgias (Paris, Ellipses, 2003) de Platon, ainsi qu'un essai sur la physique platonicienne des corps et des esprits (Platon, *Philosophie de l'agir et du pâtir*, Sankt Augustin, Academia Verlag, 2006).

Laurent PERREAU est maître de conférences en philosophie contemporaine à l'Université de Picardie Jules Verne, membre du CURAPP-ESS et membre associé des Archives Husserl de Paris. Ses travaux portent essentiellement sur la phénoménologie et l'épistémologie des sciences sociales. Il a publié *Le monde social selon Husserl* (Dordrecht, Springer, 2013), *L'expérience* (Paris, Vrin, 2010), *Husserl. La science des phénomènes* (Paris, CNRS Éditions, 2012, avec A. Grandjean) et *Erving Goffman et l'ordre de l'interaction* (Amiens, CURAPP-ESS/CEMS, 2012, avec D. Céfaï).

Luc PETERSCHMITT est agrégé de philosophie et docteur en histoire de la philosophie et histoire des sciences. Ses travaux portent sur les relations entre sciences naturelles et philosophie à l'Âge Classique. Il a publié notamment *Berkeley et la chimie. Une philosophie pour la chimie au XVIIIᵉ siècle* (Paris, Classiques Garnier, 2011) et dirigé *Espace et métaphysique de Gassendi à Kant* (Paris, Hermann, 2013).

Olivier TINLAND est maître de conférences en philosophie contemporaine à l'Université Montpellier III - Paul Valéry. Ses travaux portent essentiellement sur Hegel, le pragmatisme contemporain et les usages contemporains de l'idéalisme allemand. Il a notamment publié : *Hegel. Maîtrise et servitude* (Paris, Ellipses, 2003), *Lectures de Hegel* (Paris, Livre de Poche, 2005), *L'individu* (Paris, Vrin, 2008), *Hegel* (Paris, Le Seuil, 2011) et *L'idéalisme hégélien* (Paris, CNRS Éditions, 2013).

TABLE DES MATIÈRES

DANS LA MÊME COLLECTION

Le bonheur
Sous la direction d'A. SCHNELL
240 p., ISBN 978-2-7116-1800-2
Ce volume offre une approche historique et conceptuelle (Platon, Épicure, Spinoza, Mill, Bentham, Rousseau, Kant, Hegel, Heidegger, Marx) de la notion à la fois métaphysique, sociale et morale du bonheur, le bonheur étant ce à quoi tend tout être humain dès lors qu'il vit et qu'il pense.

Le corps
Sous la direction de J.-Ch. GODDARD
256 p., ISBN 978-2-7116-1730-2
Ce recueil d'études sur le statut du corps depuis l'Antiquité jusque dans la pensée contemporaine constitue un outil indispensable pour saisir la fécondité de cette thématique à travers l'histoire de la pensée.

Les émotions
Sous la direction de S. ROUX
240 p., ISBN 978-2-7116-1879-8
Ce volume s'attache à examiner le traitement philosophique des émotions, notion souvent laissée de côté au profit de celle des passions, depuis l'Antiquité (Platon, Aristote, Plotin), jusqu'à l'époque classique (Descartes, Hume, Kant, Spinoza) et moderne (Bergson, Nietzsche). Les émotions sont ainsi interrogées en lien avec l'esthétique, l'éducation, la volonté, la décision pratique ou la force créatrice.

L'expérience
Sous la direction de L. Perreau
240 p., ISBN 978-2-7116-2227-6
Ce volume se propose d'élucider la notion d'expérience en examinant
tour à tour l'empirisme classique (Newton et Hume) et ses limites
(Kant et Hegel), la conception américaine du xixe siècle (James et
Dewey), et la tradition de la philosophie analytique (empirisme
logique, Austin, Strawson et Travis) que contrebalance une
conceptualisation phénoménologique de la notion (Husserl et
Merleau-Ponty).

L'histoire
Sous la direction de G. Marmasse
240 p., ISBN 978-2-7116-2319-8
Le présent ouvrage propose une série d'analyses sur le thème de
l'histoire. La diversité des objets d'étude et des approches est
privilégiée : de l'histoire dans la Bible, à la mise en cause, chez
Foucault, d'une histoire unitaire et progressiste, en passant par l'idée
de progrès de l'humanité au Moyen Âge, l'invention de la "philosophie de l'histoire" aux Lumières, la question du fil conducteur de
l'histoire chez Kant et Hegel, le temps historique chez Marx et
Heidegger.

L'image
Sous la direction d'A. Schnell
216 p., ISBN 978-2-7116-1932-0
Le présent ouvrage expose les doctrines philosophiques « classiques »
de l'image (Platon, Maître Eckhart, Nicolas de Cues, Descartes et
Fichte) et présente les débats actuels autour des différentes théories de
l'image (Bergson, Wittgenstein, Husserl et Sartre, Deleuze et Lacan).

L'individu
Sous la direction d'O.Tinland
200 p., ISBN 978-2-7116-2171-2
De Platon à Michel Henry, en passant par Aristote, Leibniz, Schelling,
Husserl, Quine, Strawson et Rawls, c'est l'ensemble de la philosophie
occidentale qui se trouve ici convoquée pour élever à l'intelligibilité ce

qui constitue depuis toujours le défi spéculatif par excellence : l'individu est à la fois ce dont l'existence est la plus incontestable et ce dont l'essence est la plus insaisissable.

L'interprétation
Sous la direction de P. WOTLING
200 p., ISBN 978-2-7116-2308-2

Le concept d'interprétation a progressivement conquis le champ de la réflexion philosophique. Le présent volume se propose de retracer quelques-unes des étapes majeures de cette évolution, depuis la légitimation augustinienne de la notion comme rivale complémentaire de la vérité dans les situations où l'évidence fait défaut, jusqu'à sa promotion au rang de détermination fondamentale de la réalité chez Nietzsche, et à la constitution contemporaine de l'hermeneutique comme discipline à part entière chez Schleiermacher et Gadamer.

La justice
Sous la direction de P. WOTLING
200 p., ISBN 978-2-7116-1804-0

Les différents auteurs du recueil s'interrogent sur la notion de justice en examinant les postures, présupposés ou critiques que des philosophes tels que Leibniz, Fichte, Hegel ou Nietzsche, Hume, Rawls ou Honneth, ont défendu jusqu'à nos jours.

Le langage
Sous la direction de G. KÉVORKIAN
224 p., ISBN 978-2-7116-2383-9

Le présent ouvrage part du paradigme dominant de la « philosophie du langage », afin de montrer ses mérites et ses limites, en le confrontant à d'autres modèles possibles du langage. Les différentes contributions porte alors non seulement sur Frege, Russell, Austin, Wittgenstein, etc. mais aussi sur Platon, Aristote et les stoïciens, Lebniz et Hegel, ou encore Heidegger et Derrida.